语文名家自选集

用语文的方法教语文

黄厚江 著

商務印書館
创于1897 The Commercial Press

图书在版编目（CIP）数据

用语文的方法教语文 / 黄厚江著 . —北京：商务印书馆，2021（2022.6 重印）
（语文名家自选集）
ISBN 978-7-100-19453-2

Ⅰ. ①用… Ⅱ. ①黄… Ⅲ. ①中学语文课—教学研究—高中 Ⅳ. ① G633.302

中国版本图书馆 CIP 数据核字（2021）第 025964 号

语文名家自选集
用语文的方法教语文
黄厚江 著

商 务 印 书 馆 出 版
（北京王府井大街 36 号 邮政编码 100710）
商 务 印 书 馆 发 行
北京艺辉伊航图文有限公司印刷
ISBN 978 - 7 - 100 - 19453 - 2

2021 年 5 月第 1 版 开本 880 × 1230 1/32
2022 年 6 月北京第 2 次印刷 印张 12 1/4 插页 4

定价：58.00 元

本书作者黄厚江

1988 年，作者参加江苏省课堂教学比赛。

2012 年，在江苏苏州中学召开“黄厚江‘本色语文’教学研讨会”。

2012 年，作者在“黄厚江‘本色语文’教学研讨会”开幕式上致辞。

2017 年，作者在郑州“河南教师成长学院厚江班”执教公开课。

2020 年，作者和山东青州“国家语文教学名师黄厚江工作室”的徒弟们在一起。

出版前言

本馆自1897年创立以来，始终肩负中国新教育出版重任，以“昌明教育，开启民智”为宗旨，先后编辑出版中小学各科教科书、教学参考书、工具书、教师用书等，分类编纂，精益求精，深受教育界同人欢迎。

新中国成立后，国家重视发展教育事业。中小学教改实验百花齐放，高等院校教学法、课程论研究百家争鸣，全国各地涌现出许多教学、科研带头人。他们居敬好学，躬身实践，著书立说，逐渐在教学界产生影响，得到认可，成名成家。为了反映和记录当代语文教学研究成果，也为了给青年教师提供可资学习借鉴的参考资料，我们策划了“语文名家自选集”和“语文名师自选集”两套丛书。“名师”因其“著名”，“名家”因其“自成一家”；名师是中青年居多，名家是中老年居多。无论名师名家，年轻年长，这两套丛书关注的主要是在以下方面有所建树的作者：一、对语文教学的民族性、科学性有自觉认识；二、教学方法或研究方法植根于中国优秀语文教学传统，符合中国语文的特点，既有传承又有创新，能够科学有效地提高学生的语文素养；三、其教研成果具有较为广泛的影响力和积极的指导作用。

宋代学者程颢有言："古者自天子达于庶人，必须师友以成就其德业，故舜禹文武之圣，亦皆有所从学。"希望这两套丛书的编辑出版，能够激励广大语文教师读者求其师友，持志问学。欢迎中小学语文教学界的专家、学者、老师支持指导我们，共同把这两套丛书出好。

商务印书馆编辑部

2019 年 1 月

目　录

写在前面的话

首先要向您——打开这本书的每一个读者致以歉意。因为当您看到这本书的目录，或许会心生些许失望。如果您以前读过我的一些书——而且我相信绝大多数读者并不是第一次读我的书——您会觉得这本书的不少内容看上去是熟悉的。

但如果要为自己做一点不该有的解释，我只能告诉您：这本身就是一本关于教学思考和教学实践的自选集。李节老师在约稿信中说："'语文名家自选集'丛书汇集能够代表这个时代语文教学水平的语文名师，请他们深入思考自己从教几十年的历程，从已发表或未发表的作品中，精选最能体现自己教学特点的教学札记、教学实录、学术文章、读书笔记等，自拟体例，汇编成集，一方面可以为青年教师成长提供参考借鉴，另一方面也为记录这个时代的语文教学成果做一些积累。"我知道自己并没有达到李老师的遴选标准，但又很感谢李老师的抬举和错爱，并想以此激励自己，于是欣然接受了这一任务。

我还想说的是，出版这本自选集绝非是草率的。根据李节老师的创意，自选的内容要求具有"代表性"，既要有思考又要有实践，于是我就从思考和实践两个方面选择了我自以为具有代表性的内容。多年来，我对语文教学的思考，其成果主要就是两个部分：一是本色语文，一是共生教学。前者是我的教学主张，后者是我的教学方法。为了让读者能够对这两个部分有比较全面的了解，我在力求简约的情况下（李老师强调以实践为主），收罗了一些自以为重要的观点。教学实践方面的呈现，我选择了十二个实录，力求涵盖阅读教学的主要文体和写作教学的常见课型，应该都是大家比较认可和我自己觉得比较满意的案例。

尽管这是一本自选集，但在选择的过程中，我还是做了一定的修改和调整。有的表达又进行了推敲，有的内容做了压缩，有的内容做了适当的补充。比如对于语文课的描述，我一向的表达是：语文课要以语言为核心，以语文活动为主体，以提高语文综合素养为目的。在这本书中，我调整为："语文课要以语言运用为核心，以语文学习活动为载体，以提高语文综合素养为目的。"之所以这样调整，是为了更为严谨和切合课程标准等主流的说法。当我提出这一说法的时候，语文课程标准等主流文件对什么是语文课，还没有正面回答，而坊间的说法非常杂乱，甚至偏离语文的观点更为有市场。我根据自己对语文的理解，针对种种异化的认识和偏颇的行为提出了自己的观点，得到了广泛的响应和认同。随着自己对语文教学这一核心问题的不断思考和研究，随着课程标准对什么是语文越来越明确的表达，我觉得"以语言为核心"的说法，显然不如"以语言运用为核心"的说法更为准确到位。其实，当我提出语文课要"以语言为核心"这一说法时，很显然这个"语言"绝不是"语言学"的"语言"，而是"语言运用"

的“语言”，只要看一看我当初的阐述就十分清楚。同样，“以语文活动为主体”改为“以语文学习活动为载体”也是如此。“语文活动”内涵更为广泛，“语文学习活动”则更为明确。“为主体”，就是还有“非语文的活动”；“为载体”则更为强调语文课只有在语文学习活动中才得以进行，学生的语文综合素养也只有在语文学习活动中才得以提高。而对“语文综合素养”的理解，原来的表达，也只是基于自己的思考。在这本书里，我将高中语文课程标准中提出的四个核心素养的说法融进了“语文综合素养”的内涵。当然，这样的修改并非就是定论，对这些问题，或许还会有新的认识，但这样的修改表现了我对这些问题的新的思考，也说明我在编选这本自选集时并非只是简单地“拼凑”，而是持一种比较审慎的态度。

最后要说的是，因为这是一本自选集，书中的文字基本都在《中学语文教学》《语文建设》《中学语文教学参考资料》《语文教学通讯》等刊物上发表过，其中不少曾被《中国人民大学复印报刊资料》等报刊转载，也有部分文字曾在我的其他著作中出现过。非常抱歉的是，因为种种原因，有些表述可能并不完全一致。以上这些可以不说的话，全在表达我的不安和诚意，谨盼得到您的理解。

黄厚江

戊戌年初春

把语文课上成语文课

钱理群先生在《语文阅读教学历史经验的两个基本总结——读陈日亮〈如是我读——语文教学文本解读个案〉》一文中说："改变语文教学方式，是当务之急。所谓改变教学方式就是要'把语文课上成语文课'。"（《新语文学习》2012年第2期第16页）我不知道先生的引述是否和我多年提倡的本色语文教学的说法有关。但"把语文课上成语文课"是我们始终提倡和一直践行的语文教学主张。

那么，什么是"把语文课上成语文课"呢？我们认为，语文课要以语言运用为核心，以语文学习活动为载体，以提高语文综合素养为目的。

下面我们分别加以说明。

一、以语言运用为核心

什么是语文学科最核心的个性特征和课程价值呢？对此，叶圣陶先生早就有过明确论述，他说："语文这一门课是学习语言运用本领的。"2011年版的《义务教育语文课程标准》明确指出："语文课程是一门学习语言文字运用的综合性、实践性课程。”《普通高中语文课程标准》（2017年版）也明确指出：“语文课程是一门学习祖国语言文字运用的综合性、实践性课程。”还说，“语文课程作为一门实践性课程，应着力在语文实践中培养学生的语言文字运用能力”。显然，语文课程的基本任务就是培养语言运用能力。

那么，语文课如何以语言运用为核心呢？语言运用有哪些基本形式呢？如果把语言运用仅仅理解为语言表达，显然是狭隘的；如果把语言运用理解为听说读写，当然不错，但又显得比较笼统。我常常以王安石的《泊船瓜州》为例说明我对这个问题的理解。幼儿园的孩子就可以朗读这首诗，背诵这首诗，而且可以有一定的欣赏。我问过不止一个五六岁的孩子：“你能说说‘春风又绿江南岸’是什么样的情景吗？”他们大多都会说：春天江南是绿的呗。即使有的孩子会反应慢一点，但稍加启发引导，也都能说得出来。我问：这句诗写的是什么地方？江南。写的是江南什么季节？春天。江南的春天怎么样呢？绿的。你能连起来说一说吗？基本都能说得出来：江南的春天是绿的。这个过程就是感受语言的过程。这几个字，孩子并不一定会写，但他能感受诗句的基本内容。

对稍大一点的孩子，便可以提高要求。等到孩子上初中了，如果让他说说这句诗描述的情景，他还是说：江南的春天是绿的。我会追问他：你根据什么说江南的春天是绿的呢？他会说：“春风又绿江南岸”，当然是绿的了。我说这个“绿”，不是“绿色”，也不是“绿的”（我不赞同用“绿”是使动用法来解释这个问题，尤其是对初中生、小学生），它是一个过程，是一个由不绿到绿的过程，由“草色遥看近却无”的浅浅的绿到浓浓的绿的过程，你能描述这个过程吗？他如果能够这样描述：春天来了，在春风的吹拂下，江南的山一天天绿了，江南的水一天天绿了，江南的田野一天天绿了；先是浅浅的、看不分明的绿，忽然有一天就满眼是绿了。这就说明他对诗歌的理解更丰富了，也更深入了。这就是揣摩语言。

经过以上两个环节，能不能说懂得了这首诗呢？当然不能。用一般的教学要求看，要懂得一首诗，就是要能够理解作者的思想感情。那么作者描述“春风又绿江南岸”的情景要表达什么样的思想感情呢？理解作者的思想感情，当然还是要读。让学生反复读这句诗，去感受哪个字哪个词隐含着作者的思想感情。绝大多数学生都能感受到：“春风又绿江南岸”的“又”字隐含着作者强烈的思想感情。可是是什么样的思想感情呢？于是我们就要教给学生解读的最基本的方法，最主要的就是从上下文着手。“明月何时照我还”比较明确地表达了作者的感情指向是要“还”，这个“又”字表达了盼望“还”的迫切。“还”哪里呢？当然这个问题有不同理解，对于不同年级、不同年龄的孩子，我们也可以有不同的要求。初中生、小学生说作者迫切要还故乡，我们以为是可以的。但如果高中生也这样说，就显得简单。尽管对这首诗的写作背景有很多不同的说法，但至少说认定作者是迫切要还故乡也是缺少充分依据的。于是我们还要教给他们知人论世的解读方法，还要指导他们抓住核心意象理解诗歌。当然在这里我们不再专门讨论这个问题。这个过程就是语言的解读。语言的解读和语言的揣摩紧密关联，但又不能简单当作一回事。

如果是高中教学这首诗，有件事我们一般是必须做的：据洪迈《容斋笔记》卷八记载：吴中士人藏有这首诗的原稿，初写时是“又到江南岸”，自己圈去“到”字，注曰“不好”；继而改为“过”，又圈去；再改为“入”“满”……这样一共改了十几个字，最后才定为“绿”字。请说说“绿”字比“到”字，比“过”字，比“入”字，比“满”字，好在哪里？当然抓住“又”字就诗歌的主旨展开讨论也是可以的。这个环节就是语言的赏析和语言的探究。

可见，什么是以语言运用为核心呢？就是感受语言、揣摩语言、解读语言、赏析语言、探究语言，当然在这个过程中，还包含着语言表达和语言积累。简单说，以语言运用为核心，就是做好感受语言、揣摩语言、解读语言、赏析语言、探究语言、语言表达和积累语言这样几件事。

现在的问题是，我们的语文课常常不在语言运用上下功夫，而时间大都花在讲解分析上，照搬一套套结论大讲特讲，尤其不重视感受语言和语言表达的训练。似乎教师们太相信分析语言的作用了。即使揣摩语言、解读语言、赏析语言、探究语言的教学，也不是在揣摩语言、解读语言、赏析语言、探究语言本身用功夫，而是致力于有关问题的分析和讲解。

为了更好地说明以语言运用为核心在课堂教学中的体现，我再以自己的《孔乙己》教学为例加以说明。

我教学《孔乙己》的过程大致是：

①学生交流读了小说对孔乙己这个人物的印象。我常常让学

生将我和孔乙己进行比较：我和孔乙己哪个更高？我们的肤色有什么不同？

②说说印象中作者主要是从哪方面描写孔乙己的。有的学生说是肖像描写。我就让大家回顾课文，看看有哪些肖像描写。有的学生说是语言描写。我就让大家回顾课文，看看有哪些语言描写。在这个过程中，会抓住典型的肖像描写和语言描写做简略的赏析。

③和学生交流我自己的阅读感受：以前也觉得作者主要是通过肖像描写和语言描写塑造孔乙己这个人物，但最近反复阅读小说，觉得作者对孔乙己的手的描写最多。

④学生阅读小说，分组从小说里寻找关于写手的句子，然后进行交流。

⑤梳理学生从小说里找出来的写手的句子：一是写手的外形，如“长指甲”“满手是泥”等；二是写手的动作，如“摸”“敲”“罩”“蘸”“排”“走”等。

⑥学生抓住自己认为能够表现孔乙己性格的动作描写进行赏析。

⑦要求学生找出前后照应的，既能看出人物性格又能看出人物命运变化的两个词进行赏析（“摸”和“排”）。

⑧引导大家一起赏析“走”字对人物性格的表现，认识“走”在情节上和人物性格表现上的作用。先分析用手走的原因，再比较“走”和“爬”的不同，最后解读孔乙己用手走的内心世界。

⑨每位同学从文章中找一处可以写手的地方写一句手，要求：一要切合上下文的内容，二要符合人物性格。

⑩全班同学一起根据课文内容想象孔乙已死的场景和死的时候手的细节：是什么样的手？手里会拿着什么？

⑪为已经死去的孔乙己写碑文：先写中式碑文“××××××之墓”，再写西式碑文“这里躺着一个××××××的人”。

在这个教学过程中，①②③主要是语言感受的活动，当然也包含语言积累；④到⑧主要是分层次的语言的揣摩和语言的解读；⑨⑩主要是语言的运用，当然也包含语言的解读。由这节课的教学我们可以发现：

①以语言运用为核心的语言活动，有基本规律，但并没有固定的程式；

②以语言运用为核心的语言活动，并不是互相割裂的，而常常是互相融合的；

③以语言运用为核心的语言活动，并不是每节课面面俱到的，而是因文而异灵活组织的。

二、以语文学习活动为载体

学生怎样学语文？就是通过语文学习活动学语文。什么是语文学习活动呢？我们的理解是，语文学习活动就是学生完成具体语言运用任务的学习过程。语文学习活动的形式非常丰富，但最基本的还是听、说、读、写。要说明的是，我们认为语文学习活动的基本形式是听、说、读、写，但并不是说凡是听、说、读、写就是语文学习活动。必须是有明确目的、有具体要求、有具体任务、有一定思考、有明显提升的听、说、读、写才能算是语文学习活动。

一是让学生带着任务听。

应该说，我们从小学到中学的语文教学都是比较忽视学生上课听的训练的。小学教师总会让学生在课堂上认真听、认真记笔记，以后会发现很多优秀的初中生在上课的时候就是认真记笔记。上课只要认真听，这对学生的学习是一个很大的误区。学生上高中后，我会先给他们“洗脑”，首先告诉他们一句话：听比记重要。把教师上课讲的全都记下来是没有用的。一个学生如果上课就是记笔记，这个学生的学习几乎是没有质量的。在这一点上，陈钟樑老师的观点和我的基本是相同的。他引用了卡耐基的话证明了这一点，陈老师说：“把书合拢，让他们竖起耳朵听老师读，这最容易集中学生的注意力，训练的是他的听力。卡耐基的培训系统有一句名言：‘一双灵巧的耳朵胜过十张能说会道的嘴。’任何一门学科，都需要培养学生的学习品质。什么学习品质呢？注意力要集中。所以卡耐基认为，听的训练是极为重要的。”所谓听的训练就是要求学生有思考、有选择地听。所以，我和同学们经常说的第二句话是：想比听更重要。要让学生上课有思考地听，有选择地听，就要让他们带着具体的任务听。

带着任务听，从具体形式来说，大多数是与读、说和写融合在一起的，单独的听的活动不是很多。最为常见的是听写。我小时候读书，教师经常让我们听写，现在的教师基本上不听写。其实听写太有用了，对越是基础不好的学生越有用。经常搞听写活动，听写字词，听写一段话，听写一篇文章，都是重要的教学活动。

于漪老师教学《晋祠》第一个主要教学活动就是听写，而且这是一个非常经典的听写：

师：我们祖国究竟有多少名胜古迹呢？我给你们介绍一本书，［出示书］大家看：《中国名胜词典》。这本书里介绍的都是我国的名胜古迹，我们今天要学的《晋祠》，这里也有介绍……现在请同学们把笔记本拿出来听写。

［听写］晋祠在山西太原市西南25公里悬瓮山下（“悬瓮山”请你们翻到教科书的137页，“悬”是悬挂的“悬”，“瓮”是酒瓮的“瓮”）晋水发源处。北宋天圣年间［重复一遍］（请翻到书的140页，“天圣”，“圣人”的“圣”），追封唐叔虞（唐尧虞舜的“唐”，追封唐叔虞——）［板书：唐叔虞］（“唐”是地名，“叔虞”是人名，追封唐叔虞）为汾东王（“汾水”的“汾”），并为大母邑姜［板书：邑姜］修建了规模宏大的圣母殿［重复一遍］，（“圣人”的“圣”）殿内有43尊宋代彩塑［重复一遍］（“尊”在这里是量词，“尊敬”的“尊”），殿前鱼沼飞梁（请看140页最后一行，“鱼沼飞梁”）［重复一遍］。为国内所仅见［重复一遍］（“仅”，“不仅而且”的“仅”）。殿两侧为难老（“难老泉”的“难老”）、善利（“善恶”的“善”，“利益”的“利”）二泉，晋水主要源头由此流出［重复一遍］，常年不息（哪个“常”？）。

生［部分］：“长短”的“长”。

师：“长短”的“长”吗？

生［多数］：“常常”的“常”。

师：（对，“常常”的“常”。常年不息）水温17℃（“水温17℃”怎么写法？）［边做手势边讲］，清澈见底［重复一遍］。祠内贞观宝翰亭中——（“贞观之治”的“贞观”，知道吗？）

生［集体］：知道。

师：（“宝翰亭”，“宝贝”的“宝”，“翰林”的“翰”。有些同学看着我，大概不会写这个字）［板书：翰］（注意，“人”下面没有一横）宝翰亭中有唐太宗撰写的御碑——［重复一遍］（“撰写”的“撰”，什么偏旁？）

生［集体］：“扌”旁。

师：撰写的御碑，哪个“御”？

生［部分］：“防御”的“御”。

师：“晋祠之铭并序”（加引号。“陋室铭”的“铭”，知道吗？“晋祠之铭并序”）。祠内还有著名的周柏、隋槐（“柏树”的“柏”，“槐树”的“槐”。周柏、隋槐），周柏位于圣母殿左侧［重复一遍］，隋槐在关帝庙内［重复一遍］，（关帝庙是祭谁的？）

生［议论］：关公。

师：老枝纵横［重复一遍］，至今生机勃勃，郁郁苍苍，与长流不息的难老泉［重复一遍］——（这个“长”是哪个“长”？）

生［议论］：“长短”的“长”。

师：（对。与长流不息的难老泉）和精美的宋塑侍女像［重复一遍］被誉为——（哪个“誉”？）

生［议论］：“荣誉”的“誉”。

师：被誉为（被称誉为）“晋祠三绝”。现在请同学们校对。我读一遍，不仅校对字，而且要校对标点符号，看看怎样点才正确。

［师朗读，生校对］都对了吗？一字不错的有没有？举手。1、2、3、4［边数边扳手指］。错1到4个的有多少？［稍停，

学生陆续举手］看来是绝大部分。校对好了以后，请同学们做一件工作：这里一共听写了 5 句，请你把每一句用阿拉伯数字标出来。［生标号］

很显然，这个听写是"一石三鸟"的教学活动，学生了解了晋祠，进行了扎实的基础训练，同时也是一种文化的熏陶；从教学活动组织的角度看，也是为后面的教学活动进行了比较充分的铺垫。

陈钟樑老师教授《背影》的第一个环节虽然是默写词语，却也是一个很成功的听写：教师让同学们把本子打开，自己讲词语的大概意思和课文里的有关句子，学生默写词语：灾祸一个接着一个（祸不单行）；赶回家去办理丧事（奔丧）；回到家里看到了家里一片乱七八糟的样子（狼藉）；把家里的东西当得当、卖得卖（变卖典质）；当时家里的光景很不景气（惨淡）；一切原因，因为父亲失业了，下岗了，但是课文却是很文绉绉地写道，给了我一点空闲的时间（赋闲）。

默写以后请同学们打开书，自己看有哪些字是写错的。虽然教师没有说出具体的词语，但是学生要写出正确的词语，首先要听清楚教师所说的意思，然后再根据具体意思去想词语写词语。

除了听写，还有一种听的活动，叫听记，即要求学生在听的过程中记下自己以为重要的内容。我教授汪曾祺的《葡萄月令》就有一个听写活动，在让学生说说什么样的人才能写出《葡萄月令》这样的文章之后，我让学生听记了作者女儿写的一段话：

师：其实我们这样的了解还是不够深入。下面黄老师来读一段话，是汪曾祺女儿写的。我读一遍，看你能记住几个关键词。

不是记得越多越好，而是记得越关键越好。然后想一想，汪曾祺是个什么样的人。

［朗读汪曾祺女儿汪明的文章选段］不管别人怎么评价，我们知道，父亲自己对于《葡萄月令》的偏爱是不言而喻的。当年因为当了“右派”，他被下放到张家口地区的那个农科所劳动改造。在别人看来繁重单调的活计竟被他干得有滋有味、有型有款。一切草木在他眼里都充满了生命的颜色，让他在浪漫的感受中独享精神的满足。以至于在后来的文章中，他常常会用诗样的语句和画样的笔触来描绘这段平实、朴素、洁净的人生景色。果园是父亲干农活时最喜爱的地方，葡萄是长在他心里最柔软处的果子，甚至那件为葡萄喷“波尔多液”而染成了淡蓝色的衬衫在文章中都有了艺术意味，而父亲的纯真温情和对生命的感动也像“波尔多液”一样盈盈地附着在《葡萄》上。

师：让我们看看同学们都记了几个词。就记一个词的同学请举手（没有）。记 3 到 5 个词的举手（有一部分同学）。记 5 个以上的举手（很多）。你们记笔记的功夫很厉害。（学生笑）我们看看记的是不是最重要的。哪个同学主动来说说看？

生：我记的比较多。一个是“偏爱”，这是对葡萄园的感情；第二个是当时的身份，“右派”；还有“劳动改造”是他为什么到这个地方去；“单调”是别人的生活；而他（汪曾祺）是觉得生活“有滋有味、有型有款”的；还有“生命的颜色”，这也是对葡萄的感情；还有“平实、朴素”是这篇文章语言的风格；还有“纯真温情”是汪曾祺先生这个人的特点。

师：我觉得你记的够全了。如果让你删掉一个，你删哪一个？

学生在下面小声讨论。

生：删“单调”。

师：那“偏爱”你为什么舍不得删呢？你也“偏爱”吗？（学生笑）这一段的关键点其实有两个，一个是当时他的处境很不好，同时告诉我们另外一个信息，在这个非常不好的处境当中，他显得很乐观。这是一种什么样的人？

这段话其实就是介绍作者和写作背景，而我没有做一般的介绍，而是让学生听记写其中的关键词，借此进一步理解作者的精神品格。

听读也是一种很重要的听的活动。

陈钟樑老师教授《背影》就有一个很典型的听读活动：

师：同学们回顾一下，整篇文章写了几次背影？（写了四次）详写的是哪一次？（第二次）请同学们把父亲戴着黑布小帽，穿着黑布马褂翻过月台去买橘子这一段第二次写父亲背影的内容仔仔细细地看一遍。老师朗读课文，故意删去一些字和词，要求同学们不看书，听出删掉了哪些词语：

［朗读］我看见他戴着小帽，穿着大马褂，深青棉袍，走到铁道边。慢慢探身下去，尚不大难。可是他穿过铁道，要爬上那边月台就不容易。他用手攀着上边，脚再向上缩。他身子微倾，显出努力的样子。这时我看见他的背影，我的泪很快地流下来了。

［朗读完，叫同学们马上举手回答］听出来了没有，老师遗漏了哪些字？这些字和词可以删去吗？为什么？

生：老师，你把课文里“黑布小帽”的“黑”字漏掉了，“黑布大马褂”的“黑”字也漏掉了，凡是“黑”字都漏掉了。师：

为什么不能漏掉呢？“因为祖母死了。”请你用刚才默写过的词语回答。“奔丧。”

生：老师，你把课文中所有的“布”字都去掉了，“黑布小帽”的“布”，“黑布大马褂”的“布”，“深青布棉袍”的“布”。师：这个“布”字为什么不好去掉呢？“因为那时候家里很穷。”师：请你用默写过的词语回答。“因为当时家庭的光景很‘惨淡’，过着‘变卖典质’的生活。”师：原因在哪里呢？“父亲‘赋闲’了。”

生：老师，你把“蹒跚”这个词语漏掉了。师：“蹒跚”是什么意思啊？“走路跌跌冲冲的样子。”师：所以“蹒跚”这两个字是什么偏旁？“足字旁。”师：从哪里可以看出父亲“蹒跚”的样子呢？

生：老师，“他两手攀着上边”这“两”字没有了，“两脚往上缩”这“两”字也没了。应该是“他两手攀着上边”，“两脚往上缩”才“显出努力的样子”。

师：为什么父亲的身体会如此“蹒跚”呢？“老师，你漏了一个词语，‘他肥胖的身子’。因为父亲年纪大了，身体肥胖。”

师：如果当时家庭光景很富裕，父亲动作很矫健，“啪”地翻过去，“啪”地翻过来，我的泪会“很快地流下来”吗？不会的。我的泪之所以会“很快地流下来”，是和当时家庭的境遇及父亲当时衰迈的体型密切相关的。

师：同学们什么都看出来了，唯独有一个词语漏掉了，你们没有听出来。哪个词呢？就是“他肥胖的身子微倾”漏了一个“向左微倾”。“向左”“向右”不是一样的吗？一般一个人翻不过去，显出挣扎的样子，是用哪个手支撑起来的？是用右手支撑。右手支撑，身体就向左微倾。这就是朱自清。我们看其他的散文，像朱自清这样写得那么细腻的，在中国的文坛上能有几个？

在这个教学片段中，听是最主要的教学活动，在听的基础上进行比较品味和讨论。我教《谏太宗十思疏》，先听录音读，再听我读，然后让学生讨论比较谁的朗读更好。教《白雪歌送武判官归京》，让学生推选一个人和我比读，看谁对诗歌感情的把握更好，都是听读的一种形式。

除了听写、听记、听读，还有听说、听辨等多种形式的听的活动。

二是让学生按照要求说。

我和刚上高一的同学经常还说一句话：说比想更重要。这是很多同学所不能理解的。很多教师，平时上课不让学生说，公开课就拼命哄孩子说。西方人总结出了一个“金字塔学习理论”，这一理论将人的学习方式和学习效果画成一个金字塔，级别最高、学习效果最好的学习方法就是和别人交流，把你的理解和别人分享。学生一旦与别人交流了，学习效果最好。由于长期的学习习惯，我们中国课堂上就是不让学生说话，有些教师还以课堂上学生不敢说话作为值得骄傲的资本。不说话思维是停滞的，不说话上课是容易走神的，不说话上课是容易睡觉的。陈钟樑老师《背影》教学中不仅听的训练很到位，说的训练也很到位。让学生连词组段说课文的背景和内容，效果多么实在。

应该说，我们今天的课堂并不缺少说。大多数教师的课堂上都有说的活动，但是很多课堂上都是乱说，是没有要求的说。“说说喜欢的句子。”“说说自己的感受。”“说说发现了什么。”“说说对生命的理解。” “说说要做什么样的人。” “说说文章写了怎样一件事。”事实上说的活动充斥课堂，但效果却并不好，原因之一是对说没有要求，有要求也不加以落实。

从考试情况看，学生的现代文阅读基本上都不空，都写得密密麻麻，但是得分不高。为什么，因为说了一大堆，却不得要领。这不怪学生，责任在我们。因为我们上课让学生说话全是没有要求的，都是放任学生乱说。还有一些教师不管学生说得好不好，都说“很棒”；只有改试卷的时候就不棒了。一篇课文写了两件事，请同学们用简要的语言概括这篇课文写了哪两件事。这是非常常见的活动。但这样的活动常常是没效果的。有一次听课，有一位教师搞了这样的活动，让两个学生发言，教师说这个非常好，那个非常棒。其实真的不怎么好，也不怎么棒。但不知教师是没有发现，还是发现了不愿意批评指正。现在学生发言要么不开口，要么就开口没完。而我们的教师据说是按照新课程理念，绝不打断学生。可我不是这样的。他已经走上错误的道路了，我不能让他再说下去了，他越说跑得越远。没有要求的说就是培养胡说。胡说体现在试卷上就是胡写，最后的分数就一塌糊涂。

因此，我们以为，课堂中让学生说话必须是有要求的，这样的要求当然就是语言形式的要求和思想内容的要求。进行有要求的说的活动，形式也是非常多样的。

最常见的是复述。

复述是一种训练语言能力的常用手段，在心理学以及英语等学科广泛运用。2011 年 2 月《妇女生活・现代家长》中一篇《外国语文课都讲什么》引起了众多媒体的转载，得到了社会的广泛关注。其中，俄罗斯的“复述阅读课”更是引起国内小学语文界的特别注意。在俄罗斯，小学的语文课也称为“阅读复述课”，教学过程主要有概览、提出问题、精读、复述、复习五个部分组成，复述是中心环节。复述的目的除了促进学生对文章内容的理解和记忆，更重要的是帮助学生积累语言、构思文脉，对文本进行二度“开发”，锻炼学生正确连贯地说话，增强学生的语言表达能力。在俄罗斯母语教育过程中，“阅读复述课”经久不衰，历久弥新。而我国的语文教学近年来对复述这种非常语文化的教学活动渐趋淡化，或者运用不当。小学、初中不够重视，高中更不加重视。其实，复述活动的方式也非常多样，可以借助关键词复述，也可以借助板书复述；可以借助问题复述，也可以借助插图复述；可以全篇复述，也可以局部复述。

其次是转述。

陈钟樑老师教授《背影》其中有一个活动就是转述：在学生听教师说意思默写词语后，教师让同学们准备一下，把这六个词语连贯起来说一段话。陈老师对连词成段做了具体指导：可以把“祸不单行”放在前面，作为一个总领：“这是一段祸不单行的日子。”也可以把“祸不单行”放在结尾：“这真是一段祸不单行的日子啊。”他要求同学们把第一部分几个自然段看一遍，然后开始复述。复述以后，陈老师用一句总结：以上大家复述的或者读的就是《背影》这个故事产生的家庭境遇，这个故事产生的背景。这里的复述已经有了转换视角的要求，所以准确地说是转述。一位教师教授朱泳燚先生的《看云识天气》，其中一个活动也是很好的转述。教师让同学们从课文介绍的几种云中选择一种自己喜欢的云，用第一人称说说自己的特点和特长。有的同学说：我叫卷云，站得最高，也最轻盈，阳光可以透过我照到地面，我有时丝丝缕缕地飘浮着，有时像一片白色的羽毛，有时像一块洁白的纱。如果我和我姐妹们成群成行地排列在空中，好像微风吹过水面引起的鳞波，这就成了卷积云。如果看到我们，你们出门就不用带雨伞了，因为我们水分少，一般不会带来雨雪。这就是典型的转述了。

再次是描述。

其实描述是转述的一种。一般是将比较概括的内容更加具体化、形象化。某种意义上说，具有一种口头扩写的特点。我教《白雪歌送武判官归京》有一个环节就是描述意境的活动。在把握了全诗的主要内容和思路之后，我说：苏轼说王维的诗是"诗中有画"，我觉得大多数古诗中都有画。同学们欣赏古诗，就是要能从诗中读出画来。现在请同学们说说你从哪一句能读出画来？请你向同学们描述这幅画面。有的同学描述"北风卷地白草折，胡天八月即飞雪"的意境是"我看到了呼啸的北风吹过了大地，地上长满了白草，被风一吹就被折断了，然后灰蒙蒙的天空飘着的大雪就堆积到了地上"；有的同学描述的"山回路转不见君，雪上空留马行处"的意境是"山回路转不见了友人，雪山下，站在帐篷门口，望着雪上留下的一串串马蹄印"；有的同学描述"散入珠帘湿罗幕，狐裘不暖锦衾薄"的意境是"雪花从珠帘里飘进来，沾湿了罗幕，穿着狐裘皮大衣也不觉得暖，盖着用锦缎做的被子也觉得薄"；有的同学描述"纷纷暮雪下辕门，风掣红旗冻不翻"

的意境是“友人离去的时候下着纷纷大雪，大雪纷纷之中，红旗冻在冰冷的寒风里”。虽然描述还不够丰富，甚至还不够准确，但为诗歌的深入欣赏打下了基础。

交流阅读感受也是一种说的活动。

比如我教《孔乙己》，第一个环节就是让学生说说孔乙己给他们留下的印象。通常我还会让同学们从身材、脸色等角度把我和孔乙己进行比较，让他们说说印象中作者主要是从哪个方面描写孔乙己这个人物的，既可以把我“不教”的内容教了，也可以为聚焦到“手”的阅读铺垫。教《我的叔叔于勒》，我的第一个活动是让学生交流印象比较深的情节碎片，然后以此串联情节展开教学。说说阅读感受，是现在大家用得比较多的说的活动，要注意的是不能太空泛，要有具体的要求和教学指向，如果泛泛而谈，意义就不大。

发表对问题的看法也是一种说的活动。

教《给我的孩子们》，我就运用了这种活动方式。教授这篇课文，如何理解文章的主旨，即如何理解作者对现实的失望和悲哀是个难点。我先让同学们阅读三个父亲读了这篇文章以后发表的感想，说说三个父亲的态度有什么不同，再让同学们说说自己的父亲会是什么样的态度，接着说说哪一种态度更接近作者的态度，最后谈谈自己对童心的认识，并用规定的句式“不是……而是……”造句。通过多层次的“说”，比较好地解决了一个棘手的难题。

讲故事也可以说是一种说的活动。

我教《黔之驴》，一个花了很长时间的活动就是让学生以驴或老虎的口吻讲这个故事，要求既要紧扣原文，又要合理想象。效果比较理想，得到了不少教师的认可。一方面落实了一些关键词句的理解，但又不是简单的翻译，既有角色的转换，又有角色的体验；既是对文本意义的理解，又有一定的补充想象。

课堂教学中的说的活动，很多时候则体现在问题的讨论之中。某种意义上说，小组讨论就是一种群体性的说的活动。但恕我们直言，目前这个活动组织好的并不多。一是由于讨论的话题并不适宜。并不是所有问题都适合小组讨论的。《一件小事》的作者是谁，就没有讨论的价值。有的教师让学生讨论“最感动自己的瞬间”，学生怎么讨论呢？什么问题值得讨论呢？这个问题必须具有张力，具有多向性，具有复杂性，具有较大的思考空间。此外，也不是所有小组讨论都是好的说的活动。我们从很多课堂上看到，在不少小组中，有的同学从来不说或者很少说，而有些同学不停地说。如何保证大家围绕核心话题说，更是一个难题。小组讨论，应该是一种有组织、有碰撞、有提升的高质量的说的活动。

三是让学生有发现地读。

说到阅读教学，我常常引用张志公先生的一句话：阅读教学就是教师带着学生在文本中进进出出几个来回。现在有的教师自己就不进去，只读参考书，不好好读文本；有的教师自己不进去，也不让学生进去，学生只要上课记笔记，下课做练习；有的教师把学生带进去，再也不出来；有的教师带学生进去，就是为了找主题，为了找答案，找到了再也不进去了。而好的阅读教学，必然会像张志公先生说的那样：进进出出几个来回。进进出出干什么呢？每进去一次都会有新的发现、新的收获，都会“在熟悉的地方发现新的美景”。

要让学生在阅读中有发现，首先要给学生充分的阅读时间。据我们了解，现在学生课堂上读书的时间普遍是不足的。我经常举一个例子：教师说，下面请大家阅读课文，思考三个问题，看了看手表说：给大家五分钟好吗？大家都齐声说好。我们的学生现在太知道配合教师了。在一次教学活动中，一位教师提出一个问题让同学们思考，问：给大家 12 秒钟时间好吗？学生也一起说好。过了一会儿，教师看看手表说：好，时间到，开始交流。于是指名张三李四发言，结果教师一个也不满意，终于找到一个教师以为有希望答对的，结果也没有对，教师于是就恼羞成怒地问：某某某，你怎么也答不对啊？课后讨论课堂教学，教师常常都说是学生紧张，没有配合好。那么，学生回答问题为什么都不靠谱呢？没有充分的阅读时间是主要问题。我常常问：让学生读课文，思考三个问题，给五分钟时间，是根据什么确定的呢？很显然，教师们常常是根据自己的教学安排确定的，我一节课 45 分钟八个环节，这个环节，只能给你五分钟。可是五分钟，学生能完成这样的任务吗？那他不管。这个环节只能给你五分钟，看不完，就是你不配合。我们是语文教师，五分钟差不多才看完那三个段，那三个问题我们也大多没有想好；我是编写教材的，常常是课文刚刚看完，三个问题我也还没有想好；当然，执教教师事先不准备好，自己也答不出来。还有时候，说好五分钟，其实只给了四分钟。因为想到后面时间很紧，就偷偷减掉了一分钟。学生课文都没有看完，怎么能好好思考问题呢？这样的教学，只是为了完成教师的一个教学活动，一个教学环节，而不是让学生通过阅读理解文本，更不是让学生在阅读中有所收获，有所发现。所以，要让学生能够在阅读中有发现有收获，就要给学生充分的阅读时间，让学生好好地读进文本。

让学生在读中有发现，读的形式一定要适当。

一要朗读和朗诵并重，要以朗读为主。

朗读，是一种出声的阅读方式，是理解文本的重要手段，也是阅读教学的常用形式。朗诵，是一种有特定要求的朗读，它不仅是“出声的阅读”，而且是把文字作品转化为有声语言的艺术形式的创作活动，是结合各种语言手段来表达作品思想感情的一种语言艺术。朗诵不仅可以提高阅读能力，增强作品欣赏的效果，更为重要的是，朗诵可以给人艺术的享受，陶冶性情，提高人的综合素养。很显然，语文课的阅读教学也会常常运用朗诵的手段。

朗读和朗诵紧密相关，但又有着很大的区别，甚至可以说是本质的区别。和朗诵相比，朗读本质上还是一种念读，是一种应用型的朗声阅读。它更注重于突出讲解功能和理解功能。换句话说，它是附属于讲解的一种教学形式，也是表达对文本理解的一种方式。一方面，朗读者通过朗读达到理解文本的目的；另一方面，朗读者通过朗读表达自己对文本的理解。而朗诵，本质上是一种运用语言进行表演的艺术形式。朗诵要求朗诵者在朗读的基础上对文本进行艺术的加工和处理，借助语速、停顿、轻重等富于变化的个性表达手段，将朗诵材料转化为一种艺术表演。它期待的是听众的情感共鸣，追求的是让听众听之入耳、听之入心、听之动情的艺术效果。朗读的选材十分广泛，几乎一切文体都可以朗读；朗诵在选材上则会有特别的要求，一般更适于文辞优美的文学作品。朗读主要是一种教学形式或宣传形式，主要适用于课堂学习和电台电视台的播音，而朗诵更多地适合于舞台表演。朗读对声音的再现要求自然化、本色化、生活化，可以根据表达需要而有所变化，但变化不宜太多太大；朗诵则追求生动、优美，对声音再现的要求是风格化、个性化甚至是戏剧化。朗读在要求语音规范的基础上，尽量运用普通话，但又不仅限于普通话；而朗诵注重以语言艺术魅力感染听众，所以，一般情况下要求必须使用普通话，并尽可能音色优美，声音具有感染力。而且，朗诵要求朗诵者在朗诵过程中运用体态、表情、眼神等，以强化朗诵语言的艺术感染力；而朗读一般对朗读者的体态、表情、眼神等均无明确的要求。总之，实用性、普适性是朗读的基本特征，文学性、艺术性、表演性是朗诵的基本特征。

对照两者的区别，不难发现，语文课的读，主要应该是朗读而不是朗诵。从课文文本的角度看，它不仅仅只是文辞优美的文学作品，而是涵盖所有文体和文类，散文诗歌要读，说明文议论文也要读，甚至应用类实用文也要读。从读的主体的角度看，语文课上读的主体是教师或者学生。就群体而言，无论是教师还是学生，几乎都不具备艺术地朗诵的条件，普通话标准的也不是很多，具有表演天分的则少之又少。至于要做到音色优美，要求声音的再现能够风格化、个性化甚至戏剧化，更是不大可能。从读的目的的角度看，语文课上的读，目的就是理解文本。或者是表达自己的理解，或者是实现自己对文本的理解，或者是帮助别人理解。如果着眼于具体的教学过程，还会有更为具体的解读目的，或者是整体把握文本，或者是揣摩具体语句的意思。就一般情况而言，并不追求，或者说主要不是追求艺术的感染，至少说不都是追求艺术的感染。基于课堂教学的立场看，语文课的读并不是一个独立的活动，而是融合于一堂课、融合于师生之间各种活动之中的，常常也是辅助其他学习活动的。

当然，我们说语文阅读教学中的“读”主要是朗读而不是朗诵，并不是排斥朗诵。有时候根据具体的文本和教学目的，如果有条件组织一些朗诵活动，还是很有必要的。但现在的问题是，有些教师在认识上把语文教学的朗读简单地混同于艺术的朗诵，造成了很严重的负面影响。其表现一是泛滥的配乐朗读，二是过度的表演化朗读，三是随意的分角色朗读。甚至到了普通话不好（包括学生和教师）就不朗读，教师不读学生也很少读，主要使用朗诵磁带、光盘的地步。即使今天不少人热衷的所谓“吟唱”，还要讲究是什么“调”的做法，也很值得我们理性地思考和对待。如果真要提倡所谓吟唱，我则推崇叶嘉莹先生“自成一调”的做法。

二要齐读和散读并重，要以散读为主。

齐读和散读都是就朗读而言的。所谓齐读，就是全班同学齐声朗读。毫无疑问，齐读是现在阅读课上最常见的读。应该说，齐读作为一种读的形式，它有利于营造气氛，有利于互相暗示和影响，还能够带动那些缺少朗读主动性的同学参与朗读。但很多教师动不动就要求齐读课文，而且常常要求整齐响亮。为什么要齐声朗读呢？常常说不出具体的教学目的。其真实的意图就是要渲染一下课堂气氛，或者作为教学环节的过渡。有的虽然能说出原因，但形式和目的又并不一致。比如有的说齐读课文，整体感知。可是我们想一想，整体感知课文，最好的方式是不是齐读课文呢？

应该不是。有的教师让学生齐读课文是为了让学生思考问题，而且常常还不止一个问题。可是我们想一想，齐读课文能够思考问题吗？我们以为也是不能的。因为齐读要顾及朗读和大家整齐，会分散精力，很不利于思考问题；齐读的声音非常响亮，形成相互干扰，也不利于思考问题。齐读作为一种读的方式和阅读教学的手段，自然有它的教学价值和学习价值，但它并不适宜所有文本，更不适宜所有教学目的。不仅思考问题不适宜齐读，人物个性化的语言和感情复杂的文本，就都不适宜齐读。

我们以为，就阅读教学的常态而言，应该以散读或者叫自由朗读为主。自由朗读的好处是更能体现阅读主体的个性特点。每个人的朗读习惯是不相同的，即使同一篇文章同样的文字，不同的人也会有不同的朗读方式，而且这样一些不同的朗读方式、朗读形式很难说有优劣高下的区别。其次，散读也更能体现文本的不同特点。文本不仅有着丰富的文体类型，即使同一种文体也有许多不同的风格，甚至同一个作家也有着许多不同风格的作品，尤其是语言风格。体会和理解这样的作品，绝不是一种统一的朗读模式所能达到好的效果的。只有每个阅读主体以放松的、和文本极可能贴近的朗读形式，才能更好地体味不同文本的风格和特点。那种整齐划一的朗读，对文本的体会和感受常常是粗糙和浅表的。自由式的散读，最主要的优势是有利于体会复杂的情感，和品读字里行间的内涵。每个人的阅读方式不一样，思考问题的方式更不一样。齐读对个体的思维过程有着非常严重的干扰和破坏。而按照自己习惯和节奏的朗读，则可以和自己的思维节奏形成非常好的协调。从日常生活的阅读来说，散读更是朗读的基本形式，一般情况下很难见到需要大家一起朗读的。但事实上，齐读已经成为阅读教学的主要形式，而齐读的泛滥对学生朗读造成的不良后果也非常严重。常常见到的是，一旦齐读，不管什么样的文本都是一个腔调，一个节奏。

三要朗读和默读，要以默读为主。

在比较诵读和朗读时，我们的观点是更强调朗读。但这并不意味着，朗读是语文课最主要的形式。如果将朗读和默读比较，我们则以为对于中学语文教学来说，更要强调默读。

客观地说，朗读和默读无论对于文本的理解还是对于阅读能力的提高，都有着重要的、不可取代的意义。朗读利于对文本的感受，利于对文本的记忆，利于错误的发现等，优势非常明显；默读能提高阅读速度，提高阅读效率，有利于静心思考，能体现阅读的个性化，能适合各种环境，能满足终身学习的需要，优势也很突出。

之所以认为中学语文教学更要强调默读，首先是因为我们的语文课上，默读受到了忽视，而朗读（包括朗诵）被过度重视，并且常常使用得不恰当。在文章前面我们说过教师要求同学们集体朗读课文思考几个问题的例子，同样也有教师通过集体朗读检查学生字音是否准确、句读是否正确。通过集体朗读，学生是不能思考问题的；同样，通过集体朗读，教师也不能发现学生字音是否准确、句读是否正确。这都是滥用集体朗读的例子。除了集体朗读的乱用，个别朗读也常常比较随意。现在很时髦的一种做法是让学生按照自己喜欢的方式朗读。这样的朗读，某种意义上就是我们前面说的散读。它固然有利于学生体会文本情感，能够体现个性化朗读的特点，但它并不利于阅读中的思考。那种有口无心的朗读，对于深入理解文本意义更不大。因此我们在强调朗读的同时，更加强调默读。

语文课程标准非常重视默读这一阅读方法。《义务教育语文课程标准》（2011 年版）在各个学段都对默读提出了相应的目标与要求。第一学段的阅读目标中，第 2 条是“学习默读”；第二学段的阅读目标中，要求“初步学会默读”；第三学段的阅读目标中则要求“默读有一定的速度，默读一般读物每分钟不少于 300 字”；第四学段的阅读目标中则提出了更高的要求：“养成默读习惯，有一定的速度，阅读一般的现代文，每分钟不少于 500 字。”可见，语文课程标准不仅非常重视默读，而且还提出了循序渐进，逐步使学生学会默读，并内化为读书习惯的要求。

从朗读心理学或者说阅读科学的角度看，年级越高则越要重视默读的运用和默读能力的培养。有专家专门考察了小学生和中学生出声阅读和默读对材料理解的影响。实验结果发现：从一年级到五年级，一个非常明显的趋势是出声阅读的阅读理解成绩更好；在六年级，两种阅读模式下的阅读理解成绩没有差异；而在七年级，默读的阅读理解成绩明显更好。这充分表明，在个体发展过程中，占主导地位的阅读模式由出声阅读向默读转变。因此，中学语文教学必须遵循这个规律，顺应这样一个变化，在阅读教学中更加突出默读。一是在教学过程要根据具体的文本特点和不同的学习任务对学生提出具体明确的默读要求；二要培养学生根据具体的阅读需要自觉运用默读方法的意识；三是指导学生在默读中结合运用圈点、评注、联想、比较、质疑、揣摩等方法，加深对文本的理解，提高阅读效率和阅读质量，培养阅读能力。

四是让学生形式多样地写。

在我们提出的阅读教学的三个基本策略中，很重要的一个就是语言活动。而写是语言活动的主要形式。实际上，写的形式非常丰富。

最传统的是造句。

我们小时候上语文课，造句是经常性的活动。我在课堂也喜欢让学生造句，当然不再是词语运用的造句，而是立足文本理解的造句。教《我与地坛》，在完成基本任务后，我先让学生用“我”“地坛”两个词说一句话，说说我和地坛的关系，其实就是造句；再说一句话包含“我”“地坛”“母亲”三个词，概括三者的关系，也是造句。有的同学说：“我在地坛中，终于理解了母亲的苦难与伟大。”有的同学说：“地坛和母亲是我生命中的两个支点。”有的同学说：“我在地坛中真正理解了母爱的内涵和伟大。”还有的同学说：“母亲在我心中是我生命的另一个地坛。”既深化了对文本的理解，加强了语言的运用训练，也是一种情感态度价值观的熏陶。

缩写也是常见的写的活动。

我教《葡萄月令》有一个活动就是缩写。

在品味了文章淡而有味的语言特点和简单而有变化的结构之后，我对同学们说：下面我给大家一个更有难度的任务。假如让你把汪曾祺的文章缩写成一篇短文，你能缩写到多少字？而且内容比较全，忠实于原文。看谁缩写得最快，缩写得最短，内容最全。

一个人完成也可以，两三个同学商量也可以。约3分钟后，我让缩写的字数在50字以内的同学举手。只有一名学生举手，他缩写的是："一月，葡萄未出窖；二月，葡萄吐芽；三月，葡萄上架；四月，为葡萄浇水施肥；五至七月，喷药修枝；八月，葡萄成熟；九到十二月，葡萄下架入窖。"我再让大家讨论看内容全不全，能不能再短。最后我们一起将课文缩写为这样一段话：葡萄一月在窖，二月出窖，三月上架，四月五月六月浇水喷药打梢掐须，五月中下旬开花，七月膨大，八月着色，九月十月自然生长，十一月下架，十一月十二月葡萄入窖。接着讨论，这样一段话用什么题目好呢？能不能用"葡萄月令"这个原题呢？尽管"月令"就是"物候"，物候就是植物生长的周期特点以及与气候的关系，但这段话只能用"葡萄的生长周期"为题，因为"月令"有着更多的审美意味，更多的文化色彩。最后我告诉同学们：汪氏散文是说明文的内容，散文的特征，诗的语言。

补写、续写也是常见的写的活动。

最常见的补写是结尾的续写。比如教授《变色龙》和《皇帝的新装》，有的教师就让学生续写一个结尾。这样的续写可以深化对文本的理解，对人物性格的认识，对情节安排的欣赏，也可以培养学生的想象能力。教师教朱自清的《春》，让学生模仿原文的结尾"春天像刚落地的娃娃，从头到脚都是新的，它生长着。春天像小姑娘，花枝招展的，笑着，走着。春天像健壮的青年，有铁一般的胳膊和腰脚，领着我们上前去"的句式续写一个句子，也是很好的写的活动。不仅可以让学生对这篇文章有进一步的理解，训练语言运用的能力，还体现了情感态度价值观的教育。因为后面接下去的话必须写出春天积极、美好的特点，既表现了语言活动的综合性，又实现了语文学科的工具性和人文性的统一。再比如高中语文课本中有一篇新诗是食指的《相信未来》，这首诗每一段的句式都不一样，我在教学时，就让学生在诗歌的段与段之间选择一个位置仿写一段。学生完成这个活动，首先要思考这两节之间的关系，又要认真分析前一段诗句形式的特点，同时要考虑诗句的感情取向和前后段、和全诗和谐一致，这就让学生对诗歌的主旨、情感、内涵、语言特点都有了深入的思考和理解。我教《孔乙己》时让学生选择合适的地方写手，也是同样的活动。

让学生为文章或段落拟写题目，也是简单易行的写的活动。

教材中一些节选的课文编者直接用了原题，如果让学生来拟写题目就是很好的活动。苏教版初中教材节选了萧红的《呼兰河传》中的一段，题目是“呼兰河传（节选）”。一位教师教学时，其中的一个活动就是让学生拟写题目。有的同学加的题目是“祖父和我”，理由是文中主要就是讲述我们俩之间的趣事；有的同学加的题目是“祖父、园子和我”，理由是后花园是我们的快乐天地，所以这个主要快乐源泉不能少；有的同学就借用沈复的“幼时记趣”为题，因为文章主要表现的就是童年的快乐。教师肯定了有的同学是从文章的主要人物来命题，有的是从地点的角度，有的是从整体上把握了文章的情感，但似乎又都有不足。然后教师又让同学们讨论小学教材里也选的这部分内容，题目叫“祖父的园子”好不好。尽管最后没有找到一个达成共识的好题目，但却达到了理解文章的目的。而很多课文的标题本身就很有教学价值，可以通过让学生拟写标题以深化对文章的理解。比如教授《安恩和奶牛》这篇课文，便可以让学生重新拟写题目，再通过题目的比较来理解人物和文章主旨。我教《在西地平线上》就是如此。学生拟写的题目有“西地平线上的三次落日”“三次落日”“辉煌落日”“悲壮的落日”“大美落日”“雄伟的风景”，等等。应该说学生的每个标题都很有道理，都标志着学生对文本的思考和理解。

设计得好的填空和改写，也是不错的写的活动。

我教《阿房宫赋》时，用了多个语言活动，其中有一个活动是我把文章缩写为一段话，这段话由几个句子组成，我在每个句子中留了一个空，让学生填写。这段话是：

阿房之宫，其形可谓（　）矣，其制可谓（　）矣，宫中之女可谓（　）矣，宫中之宝可谓（　）矣，其费可谓（　）矣，其奢可谓（　）矣。其亡亦可谓（　）矣！嗟乎！后人哀之而不鉴之，亦可（　）矣！

这个活动写的成分似乎不是很多，但对阅读和思考的要求很高。

改写是一种设计要求比较高的写的活动。《林黛玉进贾府》中对林黛玉的眼睛有这样两句描写：“两弯似蹙非蹙罥烟眉，一双似喜非喜含情目。”据红学家周汝昌考证，“一双似喜非喜含情目”本不是作者原句，曹雪芹在描写林黛玉眼睛时一时没有找到恰当的词语，只好留下“一双似______目”的残句，以待以后补上。曹雪芹写《红楼梦》是“批阅十载，增删五次”。在这个过程中，《红楼梦》被人抄传开去，抄写者有人就凭自己的猜测，做了补写。这种补写有好几种，现在流行的版本一般都是“一双似喜非喜含情目”。教学中，我抛出这个问题，先让学生通过阅读自己发现这个句子，并讨论这一句的描写是否合理，为什么；再让同学们自己进行改写，不少同学居然能改写得和周汝昌后来发现的一种版本中的“一双似泣非泣含露目”一句完全一样；最后再讨论“一双似泣非泣含露目”好不好，好在哪里。教学效果非常理想。

除了带着任务听、按照要求说、有发现地读和形式多样地写，学习活动还有很多行之有效的形式。

但语文学习活动不仅要追求形式的丰富，更要追求真正的“活”和“动”。什么是语文教学活动的“动”呢？概括地说，语文课上有六个“动”：动耳去听，动嘴去说，动眼去读，动手去写，动脑去想，还有动心去感悟。而动脑去想、动心去感悟最核心。没有思考，不动脑的听说读写都是没有意义的。我们的母语文化特别强调“悟”。语文是没有公式的；学语文没有公式，教语文也没有公式。不管我们讲什么，一定要让学生用心感悟、体会。如果死死记住一个公式，教师就永远教不好语文，学生也永远学不好语文。所以，学习活动的根本就是想办法让学生动脑筋，让学生用心感悟。那么怎样才能让学生上课动脑筋，让学生用心感悟呢？唯一的办法就是教师设计学习活动必须首先动脑筋，先用心感悟。不动脑筋、不用心的教师是不可能教出动脑筋思考、用心感悟的学生的。

那么学习活动怎样才能“活”呢？

一是学习活动一定要有群体性。

群体性就是学习活动要尽可能地让所有同学都参与，任务让所有同学都有可能完成，活动才会“活”。为什么有些教师在课堂上很着急呢？因为学生让他们失望。学生为什么让教师失望呢？因为他的教学活动的设计和要求没有靠近大多数学生的需要，脱离了大多数学生的实际。在不少公开课堂上我们看到的往往都是个别学生在活动，是教师和个别学生个体之间的交流。如果我们设计的学习活动，是班级里 80%—90% 的学生都能够做到的，教学一定就是“活”的。当然不是要求学生完全达到教师的要求，而是实现大多数学生的参与。

教学活动的群体性有两种情况，一是让学生作为个体完成学习任务，二是学生集体共同完成一个学习任务。我教《孔乙己》，先让每个同学选择适合的地方写孔乙己的手；再让大家一起合作完成孔乙己死的场景，一起想一想：“孔乙己会死在一个什么季节？”“孔乙己会死在什么地方？”“孔乙己死了，会是一个什么样的情景？”“如果孔乙己死了，他手里会拿着什么东西？”让大家根据课文思考，根据人物特点和社会环境展开想象。前一个是个体完成的群体性活动，后一个是集体完成的群体性活动。无论是个体完成学习任务，还是集体共同完成一个学习任务，都是教学活动的群体活动。

二是学习活动要有层次性。

有些教师在讲课的时候，难点重点说得头头是道，但是到课堂上来看，重点也是五分钟，难点也是五分钟，非重点非难点也是五分钟。解决难点的办法就是把难点分成几个层次。我教《孔乙己》是抓住手的描写去理解人物和主旨，但绝不是一步到位的。先找文中写孔乙己的手有多少次。这是一个层次，找手。第二个层次是思考：作者是从哪几个方面写手的？第三个层次是品读，说说哪个动作最能表现孔乙己的性格。第四个层次是再推进一步，让学生思考将哪两个动作联系起来分析，不仅可以看出孔乙己的性格，还能看出人物的命运。第五个层次是重点品读最有表现力的一个词“走”。而“走”的品读还要分为几个层次：第一，如果我们写一个人腿被打断了，是写这个人用手走还是用手爬？第二，鲁迅先生为什么不写“爬”而写“走”？第三，“爬”和“走”二者有什么区别？第四，从情节上看，“走”字照应了前文的哪一个情节？第五，孔乙己用手“走”而不爬，表现了什么样的性格？层次丰富了，活动也就真“活”了。

三是学习活动更有交互性或共生性。

教师提问题，学生找答案，找到答案万事大吉的教学活动就没有交互性，更没有共生性。我们经常说：优秀的教师不能以找到正确的答案为目的，而要善于让学生暴露错误的答案。教师是教学生不会的，而不是展示学生已经会的。即便第一个学生就找到了正确答案，我们的活动也不能就此停止。最简单的例子，是让学生说说文章中自己喜欢的句子。不仅让同学们说，教师还可以说说自己喜欢的句子，还可以让学生说说老师喜欢的句子他们喜不喜欢，还可以说说不喜欢的句子。这就是交互性。再比如让学生用一句话概括小说的故事情节。即使第一个同学概括得很好，我们还可以问：他的答案能不能加工得更好呢？有没有答案更概括呢？有没有答案更全面呢？有没有答案更简洁呢？有没有同学概括得和他不一样呢？有哪几种不同的概括呢？如果发现概括得不够好的情况，可以大家一起来修改。倘若这样开展活动，就有了共生性。课堂也就活了，学生的收获一定更大。

三、以提高语文综合素养为目的

语文教学的核心任务就是培养学生的语文综合素养。什么是“语文综合素养”？就是除了听说读写能力之外，还有很多对一个人的语言运用很重要的因素。

《普通高中语文课程标准》（2017 年版）提出了“语文学科核心素养”这个概念，它说：“语文学科核心素养是学生在积极的语言实践活动中积累与构建起来，并在真实的语言运用情境中表现出来的语言能力及其品质；是学生在语文学习中获得的语言知识与语言能力，思维方法和思维品质，情感、态度与价值观的综合体现。主要包括‘语言建构与运用’‘思维发展与提升’‘审美鉴赏与创造’‘文化传承与理解’四个方面。”很显然，语文核心素养是语文综合素养的主要的内涵，但又绝不是全部。

有一位教师跟我说，他的班上有一个学生，平时的作文都在 60 分左右，语言比较混乱，层次不清晰，主题不明确，但是他给班上的一个女生写了一封情书，书写工整，语言流畅，层次清楚，还用了很多比喻，全文的中心非常明确，三个字：我爱你。如果让班上作文成绩好的学生写情书，他们可能写不出来，甚至语文教师情书也写不好。可见，生活体验、生活积累和思想感情是写作很重要的因素。《登鹳雀楼》这首诗大家都很熟悉：“白日依山尽，黄河入海流。欲穷千里目，更上一层楼。”大家想象一下，登上鹳雀楼，向西面看，应该看到什么？看到山。向东呢？看到黄河流进大海。我到山西做讲座，山西的教师带我去登王之涣笔下的鹳雀楼。我一直爬到最高处，向西看不到山，向东看不到海。王之涣登上鹳雀楼为什么能看到西边太阳落山呢？为什么能看到千里之外的黄河入海呢？是作者的胸襟所致。可见，胸襟是对于阅读和写作很重要的素养。

我们倡导的本色语文，主张“把语文课上成语文课，用语文的方法教语文”，但绝不是狭隘的语文观，也不是简单地立足语文教语文，而是以学生语文学习综合素养的提高为根本追求。

我们认为，可以从教学内容的角度把语文课分成这样三个境界：一是语文课上只有语文，紧盯着语文教语文，看看是语文，想想还是语文，除了语文就是语文，几乎是非语文勿视，非语文勿听。这是语文课的一般境界。二是语文课上什么都有，声色电光，古今中外，天文地理，自然万象，要什么有什么，就是找不到语文的活动。这是语文课的最差境界。而我们心目中语文课的最高境界，是看看什么都有，想想都是语文，应有尽有，一切又都为了语文，一切为了学生语文素养的提高。毫无疑问，狭隘的语文观是教不好语文的，也是学不好语文的。所谓“看看什么都有，想想都是语文”的最高境界的语文课，就是能够培养学生语文综合素养的课。从相对宏观的角度看，就是处理好语文和非语文的关系，语文和生活的关系，语文与其他学科的关系，考试和素养的关系，人文与工具的关系，内容和形式的关系，读书和做人的关系，核心内容和拓展延伸的关系，等等。从课堂教学内容的内在因素的角度看，就是能很好地处理言和意的关系，读与写的关系，听与说的关系，听说和读写的关系，听说读写和思的关系，听说读写思和语言的关系，以及教与学的关系。能和谐地、恰到好处地处理这些关系，语文课就是高境界，必然有利于学生语文综合素养的提高。

如果我们套用新课程理念来认识这个问题，所谓提高学生的语文综合素养，或者所谓语文教学的最高境界，就是让新课程改革的知识和能力、过程和方法、情感态度价值观的三维目标在语文课中得到学科化的体现。有语文知识学习，有语文知识积累，能给学生该学的语文知识，能给学生有用的语文知识，能够让学生的语文知识学习为语文素养的学习方法服务，能够用正确的知识观进行语文知识教学；有明确具体的语文能力训练，有语文能力训练的合适形式和适当方式；更主要的是，能充分体现学生的学习过程，让学生有自己的阅读，自己的写作，自己的体验，自己的思考；在学习过程中培养语文学习的良好习惯，积累语文学习的经验，悟出语文学习的特点，掌握语文学习的方法；而且在这样的语文学习过程中立德树人，丰富了情感世界，提高了思想认识能力，形成了积极的人生态度，确立了自己正确的价值观。我想，这也就是提高了学生的语文综合素养。

《猫》教学实录

师：知道今天学什么课文吗？

生（齐）：《猫》。

师：今天老师和同学们一起来读一读猫的故事，更重要的是读一读猫和人的故事。还记得课文里有几只猫吗？（师板书课题）

生（齐）：三只。

师：三只猫分别叫什么名字？（生沉默）先到家的叫什么？

生（齐）：大猫。

师：第二只呢？

生（齐）：二猫。

师：很聪明。第三只呢？

生（齐）：三猫。（众人笑）

师：也可以叫小猫、幺猫。（众人笑）但是作为学语文的人，这样的回答是不合格的，幼稚又简单。如果我们家里有三只猫，我们一定要给这三只猫取个很可爱很有特点的名字。哪位同学愿意给我们家的三只猫分别取个名字呢？

我们先来看大猫。大家一起跟老师先看看大猫的特点。主要是注意从色彩、形状、性格的角度，看看它有什么特点，然后给它取个名字。（师板书：色、形、性）

（师读课文，生不读）

师：为什么不和老师一起读课文呢？来，我们一起读。

（师生一起读课文第 1 段："有一次……滚来滚去。"）

师：如果让你给它取个名字，叫什么名字？

生：白球。

师：这个同学反应很快。（师板书：白球）大家看看这只猫的毛是不是真的很白？

生：花白。

师：花白，那我们给它取名字是"花"好还是"白"好？

生："花"好。

师：当它颜色不是纯白的时候，我们宁可叫它"花白"。（师板书：花球）给大猫取名为“球”好不好？

生：好。因为课文里有个词“滚来滚去”。

师：这个“球”的背后能看出它什么样的性格特征？

生：活泼。

师：大猫的名字比较好取，二猫的名字就比较头疼。看哪位同学能给它取个好名字。写二猫特点的句子在第几段？

生：第3段。

（师生一起读课文第3段：“母亲回来了……在那里晒太阳。”）

师：哪个同学给二猫取个名字？

生：黄飞飞。（众人笑）

师：这名字可不可以？

生：可以。首先它颜色是黄的，“飞飞”是指它活泼。

师：它会爬树，跳过来跳过去的，是不是就叫“飞飞”呀？（众人笑）谁在“黄飞飞”基础上加一下工？

生：黄跳跳。（众人笑）

师：你刚才看我的眼神有点特别啊！（众人笑。师板书：黄跳跳）

师：黄跳跳，跳来跳去，大猫活泼，二猫更活泼。还可以叫什么名字呢？黄色的小狗人们常常叫它们——

生：阿黄。

师：是的。我们班级的同学就常常这么叫我。（众人笑）

师：二猫很活泼，很调皮。还可以给它取个名字叫——

生：叫它“黄皮皮”吧。（师板书：黄皮皮。众人笑）

师：很不错。我发现，我们还可以把语序调整一下——皮皮黄。你们看调整一下好不好？

生：好。

师：“皮皮黄”，为什么呢？

生：显得更调皮。

师：是的，语言就是这么神奇，调整一下语序效果明显不一样。三猫呢？写三猫特点的在哪一段？我们一起来读一读。

生（齐）：第 15 段。

（师生一起读第 15 段：“冬天的早晨……好像是具着天生的忧郁性似的。”）

师：大家用课文中的关键词、句，抓住三猫色、形、性的特点，给它取个什么名字比较好呢？

生：小可怜。（师板书：小可怜）

师：我觉得挺好的。表现了它的性格可怜兮兮的，这个“小”告诉我们它的体型比较瘦小。文中还有一个词也写它性格特点，是什么词？

生：小忧郁。

师：不错。（师板书：小忧郁）还有吗？

生：忧郁猫。

师：可以。它是什么颜色的？

生（齐）：花白的。

师：能不能叫“白可怜”？

生（齐）：不行，是花白的。

师：有进步。叫“花可怜”好吗？（生犹豫）注意，词的感情色彩很重要，如果取“花可怜”，就会有一种觉得可爱的样子，所以我们还是叫它“小可怜”吧，突出它的可怜。“小”还可以突出——

生：瘦小。

师：刚才大家表现得很优秀，很快就抓住了三只猫的特点给它们取了名字。如果你们家有宠物，一定要发挥你们的语文天赋和能力，给它取个好名字。但我们今天不是养宠物的课，我们今天学的是一篇小说。（师板书：小说）阅读小说这种文体，就要特别注重人物之间的关系和故事。能够从性格特点的角度，从故事的角度，读出小说中故事之间的关系，这是读小说比较高的要求。有没有同学发现它们之间有什么关系？哪个同学能发现三只猫之间有什么关系？

生：先后关系。

师：很好。三只猫，按时间先后出现，串联成一个整体的故事。（师板书：时间串联）其他同学呢？大猫活泼，二猫更活泼，这是什么关系？

生：递进。

师：可以。但这是从语法角度、语义角度看的。从小说写作手法的角度看，叫衬托。通过衬托，就把二猫更活泼的特点表现出来了。（师板书：衬托）

师：三猫忧郁，跟前两只猫有什么关系？

生：反衬。

师：对的，但不准确，是对比关系。对比，肯定一个，否定一个。（师板书：对比）有没有同学发现三只猫更深刻的关系？

生：三只猫的背景不同。

师：有发现。但我们现在讨论的是关系，就是联系。“背景不同”，是区别。刚才从它们的特点看它们的关系，现在从主人来看，主人最喜欢二猫，不喜欢三猫，这跟前两只猫有没有关系？

生：有。前两只猫太活泼，第三只猫很忧郁，对比之下，所以主人不喜欢第三只猫。

师：非常有道理。没有对比就没有伤害。这之间有内在的因果关联。小说啊，内容的关系越复杂越好。（师板书：因果）这篇小说写猫也是写了人，文中写了哪些人？

生（齐）：我，三妹，妻子，张妈，李妈。（师一一板书）

师：你们觉得谁最重要？

生：三妹。因为她最喜欢猫，写三妹与猫关系的文字最多。

师：有不同意见吗？你觉得谁最重要？

生：张妈最重要。因为她最喜欢三猫。

师：张妈最喜欢三猫吗？

生（齐）：不喜欢。

师：要在课文里找到根据呢！不过说错了也没关系，毕竟课文那么长。相比之下，谁更喜欢三猫？

生（齐）：三妹。

师：还有不同意见吗？

生：“我”是最重要的。因为“我”对三猫态度不好，很愧疚。

师：嗯，在整篇小说中“我”的态度很重要。“我”的态度对三猫有什么影响？

生（部分）：让它死在邻家屋脊上了。

生：是“我”用棍子把三猫赶出去了。

师：“我”粗暴的态度决定了三猫的命运，所以“我”很重要。（师板书：决定三猫的命运）后来，当“我”发现冤枉了三猫时很愧疚，大家从课文哪些句子看出“我”的愧疚？

生：第30段，“我心里十分地难过”。

师：大家一起读读，读出“难过”和“愧疚”。

（生齐读第31—34段）

师：哪些词语最能表现难过和愧疚。

生：“我心里十分地难过，真的，我的良心受伤了。”

师：还有吗？

生：“我对于它的亡失，比以前的两只猫的亡失，更难过得多。”

师：的确很难过。还有一个比喻，写出难过——

生：“我感到我的暴怒、我的虐待，都是针，刺我良心的针！”

师：这里有难过，还有——

生：还有自责。

师：是的，有难过，有自责。“我永无改正我的过失的机会了！”“自此，我家永不养猫。”这些句子都是有难过、有自责的。三猫死了，“我”比前两只猫亡失时更难过。“更”说明了什么？

生：十分难过。

师：还说明前两只猫亡失了也难过。大家能找出前两只猫亡了“我”的难过吗？

生：第2段，“我心里也感着一缕的酸辛……”

师：哪个词表现了难过？

生：酸辛。

师：还有“小侣”。把猫看成伙伴，很有感情。后面还用了一个感叹号，更表现了他的难过。写第二只猫丢失后的难过在哪里？

生：第 14 段，“自此，我家好久不养猫”，侧面表现了他内心的难过。

师：因为他还念着前面那只猫，所以“好久不养猫”。第 2、14 段，还有最后一段，在小说中还有什么作用？

生：过渡。

师：非常好。是三只猫的内容之间的过渡。“我很酸辛”到“好久不养猫”到最后“自此，我家好久不养猫”，这三个句子是前后两部分内容的过渡。从全文整体上看还有什么作用？

生：相互照应。

师：非常好，理解越来越深了。这是从前后内容和情节安排角度考虑，从全文结构上看还有什么作用？

生：是线索。

师：“我”在文中太重要了，小结一下有以下几点：一、决定了三猫的命运；二、“我”内心难过、愧疚的感受是全文的线索；三、“我”的心态代表了很多人的心态。人是怎么看猫的？是怎么看人的？“我”具有代表性，我们生活里很多人就是这么看人的。到这里，我们读了全文的三只猫和几个人，主要读了“我”这个人。其他的人也各有作用，大家回家读读小说好好想一想。

下面，我们回过头来看，这篇课文是小说，写小说写动物也都是为了写人。从文学的角度讲，小说中的三只猫，也都是很重要的人物。大家对照一下，你自己在生活中是哪只猫？

生：二猫。

师：好忌妒。认为自己是二猫的请举手。（过半的学生举手）

师：我们班养了一群二猫。都很受主人喜欢。有没有认为自己是三猫的？（一小部分学生举手）

师：你为什么认为自己是三猫呢？

生：因为成绩不好，就像三猫长得丑。

师：我读书时跟你差不多，成绩不好，我也是三猫，我们是兄弟。不要紧，将来你也可以做语文教师。对不对？（众人笑）现在请同学们选择一只猫，以它的口气跟主人说几句话。你选择哪只猫？

生：三猫。

师：对谁说？

生：三妹。

师：好的，我现在就是三妹，你对我说。

生：三妹啊，我虽然长得不好看，但还是很感谢你用你的一点点同情心来关爱我。当大家都不喜欢我的时候，你还是和我一起玩耍。虽然最后你还是没有为了真相来保护我，但是因为有了你的一点点关爱，使我的生活有了别样的色彩。所以，我要谢谢你。（众人鼓掌）

师：多么善良的三猫。它感激三妹带给它的关爱。一个被冷落的人，对别人的一点点的关爱，都会充满感激。还有吗？

生：我选择三猫，对作者说。

师：就是小说里的“我”吗？小说的“我”就是作者吗？

生（一部分）：不是。

师：对，小说里的人物都是虚构的，所以小说里的“我”有作者的影子，但不等于是作者。黄老师的小说里也有我的影子，但不全是我。你就对“我”说吧。

生：主人，谢谢你给我容身之处，虽然最后你没有相信我，但是我很感谢你。

师：我们的孩子太善良了。你是一只非常非常善良的三猫。最终被主人误解了，赶走了，仍然感激主人给过它的温暖。

生：我选二猫，对张妈说。张妈，我是特别可爱，我很感谢你们对我特别好，可是如果你们不让我到处乱跑，我就不会被陌生人捉走，就不会离开这个温馨的家。

师：说得真的很好。我们来想象一下二猫的命运。被人家捉走了，结果会是怎么样呢？是不是一定比三猫结果好？不知道。二猫这样的命运与主人的宠溺有没有关系？有关系。如果我是二猫皮皮黄，我也会对主人说：主人啊，你们对我很好，但是你们太宠我了，太放纵我了，所以我的性格越来越任性，所以我的命运也被改变了。你们或许不知道，我现在早已被人抛弃了。——大家读小说，就是把自己带进小说中，你就是那只猫，你就是那个人，这样对社会、对人情的了解会更丰富。

生：我选择三猫，对“我”说。

师：我就是主人，你说吧。

生：你赶走了我，但我不怨恨你，可是你今后不能凭自己的想象冤枉别人。

师：多么通情达理的三猫啊。被赶走了，还不恨主人，而且还未改“为”其他的猫着想。黄老师就做不到这样。如果主人“我”

听到了三猫这样的话一定会——

生：很难过。

师：我想一定会更加难过。主人赶走了三猫，后来知道自己冤枉了三猫，非常难过，非常自责。他是怎么知道三猫是被冤枉的？

生（齐）：黑猫。

师：黑猫？哪里来的黑猫？

生：课文里后来又来了一只黑猫。

师：又来了一只黑猫？这篇小说里到底几只猫？

生（齐）：四只。

师：你们一开始不是都说三只猫吗？请狠狠打一下自己的屁股。小说里的黑猫重要吗？

生（齐）：重要。

师：为什么重要？

生：是黑猫出现揭示了真相，如果没有黑猫出现，三猫会永远被冤枉。

师：所以“黑猫”在情节发展中很重要。那么，黑猫出现前，主人们是怎么判定是三猫吃了芙蓉鸟的？

生（读第 17 段）：“那只花白猫对于这一对黄鸟，似乎也特别注意，常常跳在桌上，对鸟笼凝望着。”

师：哪个词很关键？

生：“常常”“凝望着”。

师：还有吗？

生（读第 27 段）：“它躺在露台板上晒太阳，态度很安详，嘴里好像还在吃着什么。”

师：哪个词很关键？

生：“好像”。

生（读第25段）：“找了半天，却没找到。真是‘畏罪潜逃’了。”

师：“畏罪潜逃”了。这些都是证据。在小说里这就叫“伏笔”，所以大家读起来才合理。前面写二猫被别人捉走了，也有伏笔，大家回去自己找找。大家注意，三猫“畏罪潜逃”，有个什么标点符号？

生（齐）：引号。

师：这个引号起什么作用呢？

生（部分）：强调。

师：有没有同学有不同意见？（生思考、沉默）

师：前面有个词“罪状”，罪状成立吗？能不能根据前面三点判定三猫吃了鸟？

生（齐）：不能。

师：有哪几个词告诉我们不能判定？

生：“似乎”“好像”都表明是不确定的。

师：大家把“似乎”“好像”打上点。对啊，看到的完全是表象。大家平时也要注意，不能“似乎”“好像”，不能根据表象就判定结果。小说给我们的启发还是很丰富的。

可是大家想过没有，三猫小可怜为什么要“常常跳在桌上，对鸟笼凝望”呢？

生：也想吃鸟。

师：有其他可能吗？

生：想和小鸟玩。

师：有这种可能吗？

生：有。

师：我也觉得有。三猫多可怜，多么孤单啊。看到小鸟跳啊跳，完全有可能想，和小鸟一起玩玩，多好啊。如果我们都这样想别人，该多好！

最后三猫死在了邻家屋脊上。可三猫为什么死在了邻家屋脊上呢？

生：被主人赶走了，到处流浪。

师：可它可以死在外面马路上啊。什么要死在邻家屋脊上呢？

生：它还想回家。

师：我想也是的。如果你就是可怜的三猫小可怜，看着熟悉的院子，看着院子里的主人，你心里会有什么样的感受？写几句话，描写一下三猫临死之前的心理活动。

生：主人啊，你为什么打我呢？我并没有做错什么，但是你打的那一棒子仿佛深深地打在了我的心上。我觉得非常难受。

师：写得真好。在这个时候，还有哪些心理活动呢？这些是怨恨，还有爱吗？

生：想家又不敢。

生：回家的渴望。

生：对家的依恋。

生：想和主人说清楚真相。

师：是的。看着眼前熟悉的院子，看着眼前熟悉的主人，三猫内心的感受一定很丰富很复杂，尤其是在它身体已经不行的、生命的最后时刻。现在没有时间了，大家回家好好想一想写一写。课文里还有一个内容，就是插图。这插图是哪只猫呢？

生（齐）：三猫。

师：是那只又黑又瘦、懒懒的、小可怜、小忧郁——三猫吗？图上猫的眼睛闪动着灵动的光彩。是三猫吗？

生（部分）：不是。是黑猫。

生（部分）：是二猫。

师：会不会是三猫？

生（部分）：不会。

师：如果画插图，应该画哪只猫？

生（齐）：三猫。

师：是二猫还是大猫，或者是黑猫，我不敢肯定。但这幅图肯定不是三猫。为什么画插图的人不选三猫呢？因为能看到的猫的照片，不是大猫就是二猫或者黑猫，都是那些活泼可爱的猫的照片。

这就是生活和小说带给我们的启发：人们喜欢的都是活泼可爱的猫，而命运为难人的地方是，我们大多数人都不是大猫，也不是二猫，而是三猫、四猫、五猫、六猫。人人都喜欢白天鹅，而大多数人都是丑小鸭。

同学们，好好读小说，好好学习语言，好好品味生活，理解人生。好的，下课，谢谢同学们。

生（齐）：谢谢老师。

《黔之驴》教学实录

师：同学们，我们今天一起学习一篇文言文《黔之驴》。“黔”这个字同学们会读了吗？

生（齐读）：qián 之驴。

师：好的。知道这个作者吗？

生：柳宗元。

师：哦，柳宗元，唐代的，是非常著名的散文家，他在文学的很多方面都有很高的成就，而最有影响的是寓言。（板书“寓言”）

师：大家知道什么叫寓言吗？

生：寓言一般是借一个小故事讲大道理。

师：概括得非常简要、明晰。一要有故事，二要有道理，通过故事讲一个道理。

（板书“故事→道理”）

师：不过大家还要注意，寓言故事的主要形象，一般不是人，是什么？

生：动物。

师：对，寓言故事大多数是以动物作为主要形象，有时候也会是植物。那么，我们今天要学习的这个寓言的主要形象是谁啊？

生：驴。

师：对，是驴。这是一篇以一头驴为主角的文言文的寓言。我们都知道，学习文言文要多读；把这篇文言文读好，最好能读出寓言的特点。有哪位同学愿意试一试？

（一生举手；指名读全文。读得比较生疏）

师：好的，总体把握得不错，但是有几个地方不太好。比如有几个读音还要注意：“慭慭然”的“慭”，读 yìn，而不是 xīn；“跳踉”的“踉”，读 liáng，而是不是 láng；“跳踉大㘎”的“㘎”，读 hǎn，而不是 gǎn，书上都有注音，大家看注释一定要仔细。还有几个句子的停顿处理得也不太好。读文言文一般要比现代文慢一些，太快了句读就不清楚，比如“以为 / 且 / 噬己也”，停顿要清楚。另外呢，要把寓言的特点读出来，语调还要再稍微夸张一些，因为是讲故事嘛。下面请同学们跟我读一遍好不好？

（师领读，强调重点字的读音、关键句的停顿，语调适当夸张；学生跟读）

师：好，同学们课后还要反复读，读好文言文是一种享受。

刚才我们说过，这篇课文的主要形象是驴，现在我们看看这是一头什么样的驴。

请同学们快速地看一下课文，用你们习惯的标记画一画、标一标，课文的哪些语句写到了驴。

师：好了，都标好了是吧？第一处写驴的是哪一句？

生：“庞然大物也。”

师：哦，庞然大物，这的确是黔之驴的重要特征。“庞然大物”什么意思？

生：很大的东西。

师：写驴个子很大，这是从哪个方面写驴？

生：写驴的形象，驴的外形。

（板书：驴的外形）

师：大家注意，成语“庞然大物”不只是表现大，还有其他言外之意，后面我们再一起研究。除了“庞然大物”，是第一处写驴的语句吗？这个句子前面还有写驴的吗？

生：有。“黔无驴，有好事者船载以入。”

师：什么叫“船载以入”？

生：用船运到贵州。

师：这句话告诉了我们黔之驴的来历。（板书：驴的来历）其他还有写驴的吗？

生：“至则无可用。”

师：“则”是什么意思？

生：就。

师：好。后边还有哪些地方写驴？

生：“驴一鸣。”

师：驴的叫声很响很长，很特别。这是写“驴的特长”。

（板书：驴的特长）

师：还有没有写驴的句子了？

生：“觉无异能者。”

师：谁“觉”啊？

生：老虎。

师：对，这句话通过老虎的心理活动写驴；我们由此可以看出很重要的一点：驴子没有特殊的本领。

师：前面写了驴的特征、来历、特长、本领，后面还有没有了？

生：“驴不胜怒，蹄之。”

师：哦，也是写驴的本领。什么本领？

生：用蹄子踢。

（师板书：驴的本领）

师：那个词是“踢”的意思？

生：蹄。

师：“蹄”本是名词，这里用作动词。“驴不胜怒，蹄之”，意思是驴子承受不住愤怒，就用蹄子踢老虎。

理解这个寓言，要特别关注驴的下场。哪句写出了驴的下场？

生：“断其喉，尽其肉。”

师：对。这句式是写老虎，但我们由此知道了驴的下场是被老虎咬断喉咙，吃完了肉。

（板书：驴的下场：被断喉、被吃肉）

师：读课文要思考，读寓言更要思考。有没有想过驴为什么会有这样的下场？

生：驴没有老虎厉害，本领没有老虎高，没有老虎强。

师：说得很好。这个意思课文里是怎么说的？

生：“无异能。”

师：“无异能”，没有特殊的本领，所以被吃。

大家想一想，驴的悲剧给我们什么教训呢？或者说从驴的悲剧我们懂得了什么道理呢？

（学生沉默）

师：看来大家还没有思考过这个问题。不过，我们可以换个角度思考：这个寓言给我们留下一些大家都很熟悉的成语，同学们知道吗？或者说由贵州的这头可怜的驴子，你们想到哪些成语？

生：黔驴技穷。

（师板书：黔驴技穷）

师：驴的最后一招儿是什么？“蹄之”，使出这最后一招儿，老虎放心了，驴已经没有其他本领了。“黔驴技穷”这个成语，现在就比喻最后一点本领也用完了。和这个成语意思相近的，还有一个成语，大家知道吗？

生：黔驴之技。

师：对，和“黔驴技穷”意思差不多的是“黔驴之技”。除了这两个成语，还有一个写驴的形象特征的词现在也是一个成语，它是——

生：“庞然大物。”

师：对。庞然大物，也是成语。大家想一想，从驴的教训看，这个成语除了形容很大，还有什么意思呢？

（学生没有反应）

师：能不能说很大的东西就是庞然大物呢？比如姚明个子很高大，能说姚明在篮球场上是个庞然大物吗？

生：不能。

师：那么除了大，“庞然大物”还有什么意思？与黔之驴的故事联系起来看，什么样才叫“庞然大物”？驴与虎比，很大，但最后被老虎吃了。这告诉我们“庞然大物”不仅是大，而且是——

生：表面强大。

师：对，是大而无能，大而无用。个子大不是缺点，我们有些男同学个子很高大，篮球打得好，学习成绩又好，品德也很优秀，那就不能用“庞然大物”来形容他们。

好的，驴子的故事就说到这里。黔驴技穷，黔驴之技，庞然大物，就是贵州驴子留给我们的教训。这大概也是作者要告诉我们的道理。但我们读这则寓言可以读出更丰富的道理。同学们有没有注意到，《黔之驴》这篇课文的主要笔墨是写什么？是写驴吗？

生：不是写驴，主要笔墨是写老虎。

师：对，主要写老虎，老虎是胜利者。同学们有没有想一想，老虎为什么能把庞大的驴子给吃了？

生：老虎很勇敢。

师：老虎一开始就勇敢吗？

生：不是，老虎一开始怕驴子，后来了解了驴子，觉得驴子没有什么本事，就不怕了。

师：能联系课文说说吗？哪些地方表现老虎害怕？

生：“虎见之，庞然大物也，以为神，蔽林间窥之。”

生：“驴一鸣，虎大骇，远遁，以为且噬己也，甚恐。”

师：对，这些句子写出了老虎害怕：“大骇”，“骇”就是害怕，“甚恐”是非常害怕；“以为神”，把它当作神仙，可见有多害怕；“蔽林间窥之”，“远遁，以为且噬己也”，这些动作和心理也都是写老虎害怕。见到这样庞大的东西，害怕是正常的；但老虎的可贵在于害怕而不逃避。它后来为什么不害怕了？

生：它观察了解了驴子。

师：怎么观察的？

生：“稍出近之。”

生：“往来视之。”

生："近出前后。"

生："稍近益狎，荡倚冲冒。"

师：这就是老虎的聪明之处。作者写老虎对驴子的了解非常细致，也非常有层次：先稍微靠近一点试探性地观察，再前前后后反复观察，然后是再近一点挑逗性地观察，形象地写出了老虎的机智；一步步观察、试探，终于摸到了驴子的底细。可以说，老虎能够战胜驴子，最主要的不在于勇敢，或者说还有更主要的原因。是什么呢?

生：我觉得有两点。第一点是自己本身的力量比较强大。

师：这一点很重要，但应该不是最主要的。课文里写老虎的强大了吗？（学生：没有）对，没有写，因为老虎强大，大家都知道；同时也说明作者认为这不是主要原因。好的，本身强大算一个原因，驴子"无异能"，而老虎有本领。那第二个原因呢?

生：第二点是老虎对自己不认识的事物首先去熟悉它，仔细观察。

师：非常好。对不了解的觉得害怕的东西，不只是躲起来，而是慢慢熟悉它、认识它。如果老虎一开始畏惧之后就远远地躲起来，听驴子一叫就永远不敢靠近它，最后还能吃到驴吗?

生：不能。

师：所以，除了自己有本领以外，老虎还细心地观察了解驴子，这非常重要。可以说，老虎有勇有谋，而且谋更重要，机智，用心。

大家想一想：从虎取得胜利的角度看，这又给我们什么启发呢?

生：想要取得胜利就要了解敌人。

师：对，想要战胜对手就要了解对手。说得多好！

师：驴的悲剧给我们留下了“黔驴之技”“黔驴技穷”“庞然大物”这些成语，当然都是贬义的。如果仿造这些成语提炼一些词语以概括老虎给我们的启发，大家想一想，可以用哪些词语呢？大家好好动脑筋，说不定这些词语将来也就成为成语呢。有没有同学想到？

（学生思考）

师：前面是“黔驴技穷”，“黔驴之技”，那么，这里可以是——

生：黔虎——

师：“黔虎”怎么样呢？

生：吃驴。

师：不错。老虎是把驴吃了。但似乎太赤裸裸了，而且老虎最可贵的也不是“吃驴”。大家看老虎最可贵是什么呢？

生：是一步步了解驴子。

师：所以，我们可以归纳为——

生：“黔虎识驴。”

师：“黔虎识驴”，或者叫“黔虎之智”，如果这两个词成了成语，意思就告诉人们：对外表强大的东西，不要害怕，只要了解了它，找到它的弱点，就能战胜它。对不对？

生：对。

师：我们刚才解读了驴的故事，也解读了虎的故事。下面我们开始根据课文从不同角度讲故事。请同学们不看书，讲一讲《黔之驴》的故事。好不好？

请大家注意：前面我们读课文时说过，讲故事，语调应该怎么样？（部分学生：夸张一点）对，适当夸张一点，可以突出形象特征，表达自己的感情。其次，要注意口语化，不要仅仅是翻译。比如“荡倚冲冒”，就不必说成“碰撞靠近冲击冒犯”，可以就说“老虎就用各种动作戏弄挑逗驴子”；“驴不胜怒”，也不必说“驴子承受不住愤怒”，可以说“驴子终于忍不住发怒了”。还可以适当想象补充，当然不能脱离原文，不能违背原文的意思。比如“蹄之”，不妨说成“使足浑身的力气猛向老虎踢了一下”。

好的，哪位同学来先来试试，用自己的话来说说《黔之驴》的故事。大家小时候，一定讲过故事，或者听别人讲过故事，讲故事怎么开头？

生：从前……

师：对，从前，贵州这个地方，怎样？

生：没有驴子……

师：好的。哪位接着讲？

（一生举手）

生：从前，在贵州这个地方呢没有驴，有一个人呢就用船把驴载到贵州去。到了贵州呢，这个驴就没用了，就把它放到了山下。老虎看见了，觉得它是一个庞然大物，当作神来看，就躲在草丛里面窥探，一会儿出来，一会儿进去，但是呢还是不了解这个驴。之后呢，驴叫了一声，老虎很害怕，远远地往后退，以为要吃它，非常害怕。又往前面看一看，觉得它好像没有什么本领，慢慢地就习惯了它的叫声。但是呢，朝它看看又不敢跟它搏斗，它往前靠一下驴，想要试探一下它。驴呢？驴很生气，就用蹄来踢它。

老虎感觉非常高兴，它想：原来你就这么一点能耐！于是就跳了起来，咬断了它的喉咙，吃光了它的肉，满足地离开了。

师：讲得非常好。语气词比较多，很像讲故事。前面一部分比后面一部分更好，后面内容还可以再丰满一些。有些句子还不够形象具体，还是生硬的翻译，比如“庞然大物”，就没有用自己的话来表达，可以说成“从来没有见到过的巨大的东西”，“当作神来看”，可以说成“心里想，这莫非是天上下来的神怪吧”。还有那个“载”，不能还说“载”，应该说成“运”。好的，总体来说，讲得不错。

刚才这位同学是以作者的口吻讲了这个故事，或者说是用第三人称讲故事，能不能换一个人称用第一人称来讲？第一人称该怎么讲啊？

生：我是一头驴……

师：这是以驴的口吻。

生：我是一只虎……

师：现在我们就用第一人称讲这个故事。男同学就做“驴”，女同学就做“虎”，好不好？

生：好——

一男生：从前贵州没有驴……哦，从前贵州没有我……

师：这句听起来很别扭。想一想，怎么说比较好？

生：从前我没去过贵州——

师：好。请接着讲。

生：从前我没去过贵州，有人用船把我运到贵州，到了贵州发现我一点用处也没有，就把我放在山下。然后我看见一只老虎，一直看着我。老虎看我的眼神，好像非常害怕。我没有理它。可是，它总是在我面前走来走去，我觉得很讨厌，就大叫了一声，那老虎撒腿就跑了。过了几天，老虎又来看我了，我又叫了几声，可老虎无动于衷。不过老虎还是不敢跟我打架。又过了几天，老虎来冒犯我，我非常愤怒，就去踢了它一下，老虎很高兴……

师：讲得很好，人称转换得不错，补充想象也比较好。“老虎看我的眼神，好像非常害怕。我没有理它。可是，它总是在我面前走来走去，我觉得很讨厌，就大叫了一声，那老虎撒腿就跑了。”很形象，想象也合理。可是后面有些草草了事。我要问你：你怎么知道老虎很高兴?

生：我看出来的。

师：哦，就是看见老虎面露喜色——

生：我看见老虎面露喜色，突然向我扑了过来……

师：后面一句不太好说了，因为喉咙被咬住了……大家看看怎么结尾?

生：眼睛一黑就什么也不知道了。

师：尽管老套。还算可以。下面请“老虎”讲这个故事。

一女生：我是一只生活在贵州的老虎，有一天，一个人把一个我也不知道的什么东西放在了山下。我看到了，感觉这东西……我觉得这东西像神一样，竟然那么大。我躲在草丛里偷偷地看它，我想慢慢地了解它。可是我仍然不知道它是什么。有一天，这个东西突然间大叫了一声，真可谓是河东狮吼，我害怕极了，远远地逃走了。我以为它要把我给吃掉，非常害怕。后来我又来看了看它，觉得它并没有特别的本领，只是会叫。慢慢地我就习惯了它的叫声，我准备进一步了解它，但是我仍然不敢跟它搏击。后来可能它看到我在不停地看着它吧，它生气了，用脚朝我一踢。我就发自内心地感到高兴，原来它就只会这点技能。我马上蹿过去，咬断它的喉咙，把它的肉全部吃掉，满足地离去了。

师：讲得挺好的。不过"我马上蹿过去"不太好，你是老虎，怎么说自己是"蹿"呢？

生：扑过去。

师：对，应该是"扑过去"。同学们讲故事的水平不错。刚才我们都发现，这篇课文主要的笔墨是描写老虎，写它的心理，写它的动作，尤其是写动作，十分细致，十分传神。可是为什么课文题目却是"黔之驴"而不是"黔之虎"呢？

（学生小声议论）

师：有同学愿意说说自己的想法吗？

生：用老虎和驴子进行对比。

师：对比也可以写驴子为主啊。

生：作者心中把驴子作为主要形象。

师：这位同学很不简单，说得非常有道理，见解很深刻。作者的确是通过讽刺驴的愚蠢来表达主题。作者写这篇寓言，有很强的现实针对性。当时，中唐时期，身居高位的人之间，豪门贵族之中，有很多人，只是徒有其表，并没有什么本领。柳宗元塑造这个蠢驴形象，就是为了讽刺这些人。所以作者对驴的态度和对虎的态度截然不同。

我想问问大家，有没有同学对驴的态度和作者的不同，而是站在同情的立场上看待驴的，有没有？

部分学生：有。

师：你为什么同情驴呢？（指名一学生问）

生：我觉得驴好可怜啊。

师：哦，你觉得被吃的驴可怜，说明你很善良。能说说其中的道理吗？

生：驴和老虎打架，当然很吃亏。

师：这句话有意思。就是说，如果不打架，比试其他事情，那驴就有可能赢了老虎。对吧？

（学生点头）

师：这位同学的思考，非常有深度。顺着她的话想一想，其实驴并非“无用”“无异能”，它也很有本领，但不是打架的本领。同学们都在城里长大，没见过驴，也不了解驴。老师见过，而且知道，驴也很有本领，拉磨，拉车。在东北，以前家里有一头毛驴，那可不得了。问题是，现在它来到了贵州，所以“至则无可用”，到贵州才显得没有用处的。如果刚才以驴的口吻讲故事的同学能讲到这一点，就更好了。当然你不了解驴，所以不知道。其实，这也是作者以“黔之驴”为题的一个原因，告诉我们这是驴来到贵州才会有的悲剧。从这个角度看，驴的悲剧，主要责任并不在驴自己。而在谁呢？

生：好事者。

师：我也觉得是这样。驴的悲剧根源，不在驴本身，而是这个好事者造成的！如果从这个角度思考这篇寓言的主题，我们可以提炼一个什么词语概括这个故事呢？

生：运驴到贵州的悲剧。

师：抓住了主要内容，但不够概括。成语都是很概括的，比如黔驴技穷、庞然大物、黔虎识驴。

生：好事载驴。

师：概括得不错。但没有突出最关键的内容，好事者的责任不是运驴子，而是把驴运到了贵州，使驴子失去了发挥作用的舞台。好的，这个要求比较高，不再为难同学们了。我们就概括为"载驴入黔"吧，好不好？如果"载驴入黔"成了一个成语，它的意思会是什么呢？

生：不要无事生非。

师：有点道理。但无事生非，一般都是说没有事情干，自己会生出许多是非来。再想一想。

生：做事不要单从主观愿望出发。

师：大家越想越深入了。但寓言中看不出好事者是从什么样的主观愿望出发的。作为初一的同学，你们的表现已经非常优秀了。再说，一个成语的意思——如果这个词成为一个成语——也是在人们运用的过程中产生的，而且有时候还会有不止一个意思。但老师想，如果"载驴入黔"成了一个成语，至少有一个意思，就是告诉我们，不要一厢情愿地做一些脱离实际而使别人受害的事。好的，在下课之前，我们再想一想：寓言的两个基本要素是什么？

生：讲故事，讲道理。

师：对。阅读寓言，就是要抓住故事，理解道理。我们今天一起读了一篇寓言，知道了几个故事？

生：一个。

师：一个吗？

生：两个。

师：不是猜。是认真想一想。

生：三个。

师：是三个，驴的故事，虎的故事，还有这好事者的故事。我们应该记住几个成语？

生（部分）：三个。

生（部分）：六个。

师：我也觉得是六个。哪六个？我们一起说。

师生：黔驴技穷、黔驴之技、庞然大物、黔虎识驴、黔虎之智、载驴入黔。

师：大家还要记住，这是一篇文言文的寓言，我们还要学会文言文的诵读和阅读，还要注重文言文的积累。读寓言，学文言，就是我们这节课的学习内容。

好，这节课我们就学到这里，谢谢同学们。下课。

按语文的规律教语文

什么是用语文的方法教语文呢?

和教师们谈这个问题,我经常正反对比举两个例子。一位教师教授《国宝大熊猫》,让学生初读课文认识文体和说明对象之后,要求学生看看作者写了几种大熊猫,选择一种自己喜欢的大熊猫,模仿体验这种大熊猫的特点。先是小组比赛谁模仿得最像,再每组推荐一个全班比赛,最后选出全班模仿得最好的一个。另一位教师教授《看云识天气》,同样是让学生初读课文认识文体和说明对象之后,要求学生看看作者写了哪几种云,然后选择一种自己喜欢的云,用第一人称说说“我”的特点和特长。两相对照,我们很容易发现,前者用的是非语文的方法,后者用的是语文的方法,而语文的方法主要就是语言的方法。语言的方法,有着极其丰富的形式,前面所说的让学生带着任务听,让学生按要求说,让学生有发现地读,让学生形式多样地写,都是语文的方法,也都是语言的方法。用语文的方法教语文,除了要能够用好语言的方法,还要遵循这样一些要求:

一、按语文学习的规律教语文

学习规律决定教学规律，学习方法决定教学方法。

我们母语的学习规律是什么呢?

1. 习得重于学得

一个人提高语文素养的途径有两个：一是习得，一是学得。在生活环境中无意识地获得语言能力谓之语言习得；有意识地系统地在别人指导下学习语言谓之语言学得。国内外学者对儿童母语习得过程的大量研究结果表明：学龄前儿童在自然环境里主要通过生活和游戏习得母语，尽管在很大程度上是不自觉的，但收效之快却令人惊奇，五六岁的儿童已经能够掌握相当复杂的句子结构，比较自由地用母语与同伴或成年人交流。步入学龄期的儿童，在继续发展口头语言能力的同时，开始进入以书面语言学得为主的阶段，语言发展呈现自觉性和规范化、个性化的特点。学校毕业后，走上工作岗位，人们还会在社会交往中、工作实践中继续学习语文，提高语文修养，而这种语文学习，往往也缺乏明确的目的性和系统的计划性，习得的成分大于学得的成分。因此，纵观人生整个语文学习过程，是一个以习得为主的过程。即使在学得的过程中，也主要依赖于学习者自己的体悟。语文学科的模糊性、渐悟性、情意性等特点，也注定了语文学习以自习为主。语文学习，有很多内容是没有办法讲没有办法教的，有很多内容是讲和教没有多大用的，必须依靠学习者自己的习得和体悟。即使很多内容的学习，教者的教可以发挥作用，但这个作用必须以学习者主动的自悟为基础，即学得的效果必须依赖自习自悟才能得到体现。叶圣陶先生提出“教是为了不教”，应该也是基于这样的学习规律。

2. 素养重于能力

所谓语文能力，主要是指听说读写的能力。所谓语文素养，则指包括语文知识和听说读写等语文能力在内的一种综合性的素养，有时候侧重于指语文知识语文能力以外的多方面的素养。素养重于能力，就是说语文不仅仅是“语文”，学语文不能局限于“语文”。

首先，这个素养是指情感因素。语言具有很强的情意性特点。言为心声，情动于衷而辞发于外。生活中常常见到这样的情形：口讷之人面对亲人倾诉衷肠，千言万语意犹未尽；笔涩之人给至爱至恨者写信，滔滔不绝言辞畅达。《毛诗序》云：“诗者，志之所之也，在心为志，发言为诗。”白居易《与元九书》说：“感人心者，莫先乎情，莫始乎言，莫切乎声，莫深乎义。诗者，根情，苗言，华声，实义。”虽然它们谈论的是诗，但说话作文无不是以感情为根本，以言语做枝叶。有些同学怕写作文，写不好作文，主要不是“写”的能力的问题，而是缺情少意。

其次，语文学习和生活有着非常紧密的联系。曹雪芹说：“世事洞明皆学问，人情练达即文章。”生活是言语和情意的源头。没有生活，就失去了情意产生的土壤；没有情意，就失去了言语表达的根基。语文学习天然地与生活联系在一起，有生活就有言意转换，有言意转换就有语文学习。听和读是接收他人的言语信息并通过译码理解其情意，说和写是将自己的情意通过编码转换成让他人能理解的言语。学语文其实就是在用语文，用语文也是在学语文。

尽管哲学界、心理学界、语言学界对于语言和思维关系的认识还存在分歧，但对二者互相依存的紧密关系的认可几乎是没有分歧的。一方面，语言是思维的物质外壳。正常人的思维活动，必须凭借内部言语才能进行；思维活动的成果——思想，也必须凭借内部言语才能巩固和保持，又必须通过外部言语才能交流和传播。语言的发展可以促进思维的发展。另一方面，思维是语言的内核。离开思维，没有任何思想的寓托，语言就成为空壳，就失去了存在的价值。思维的发展反过来可以促进语言的发展。语文学习的过程，始终和思维同步，有时候思维起着重要的促进作用。

可见，情感、思维和对生活的感悟以及生活经历等，都是语文素养的重要内涵。

2017版的《普通高中语文课程标准》说："语文学科核心素养是学生在积极的语言实践活动中积累与构建起来，并在真实的语言运用情境中表现出来的语言能力及其品质；是学生在语文学习中获得的语言知识与语言能力，思维方法与思维品质，情感、态度与价值观的综合体现。主要包括'语言建构与运用''思维发展与提升''审美鉴赏与创造''文化传承与理解'四个方面。"尽管这个说法未必能够成为定论，而且可以肯定地说还会有人提出许多不同的说法，但我们认为至少可以说这是对语文素养的一种表达。

3. 积累重于方法

很多人以为，学习语文，方法很重要。而语文学习的规律告诉我们积累比方法更重要。没有积累为基础，所有方法都不能发挥作用。

心理语言学研究者指出：言语理解先于言语产生是儿童语言获得中呈现的一种自然顺序。儿童在说出有意义的词之前，已经能够听懂许多句子。即使在习得母语口语、进入学校接受教育之际，他们能够听懂的口头、看懂的书面语言仍然大大超过自己能说、能写的内容。可见，任何人的语言习得和语言学习，都是以积累为基础的。个体学习语言的过程，是在一定的语言环境中，由“言语输入—言语理解—言语生成—言语输出—言语反馈”等环节构成的语言生态链。言语输入和言语理解是吸收，是内化；言语生成和言语输出是表达，是外化。言语吸收是言语表达的前提，言语吸收的质和量直接制约着言语表达。而熟读背诵是内化、积累的最好方法。我国古代语文教育十分推崇诵读积累。诵读可以锻炼眼、口、耳、脑多种感官协调配合；可以熟记精美的言语材料，储备丰富的言语模型，培养良好的语感；还可以获得审美体验和情感熏陶。课程标准明确强调中学语文教学要注重诵读和积累。标准的“阶段目标”提出“积累课文中的优美词语、精彩句段，以及在课外阅读和生活中获得的语言材料”；“教学建议”提出“各个学段的阅读教学都要重视朗读和诵读”，“有些诗文应要求诵读，以利于积累、体验、培养语感”；“评价建议”要求“加强对学生平日诵读的评价，鼓励学生多诵读，在诵读实践中增加积累，发展语感，加强体验与感悟”。标准还提倡少做题，多读书，好读书，读好书，读整本的书，都是遵循语文学习规律提出的要求。而积累并不仅仅指熟读背诵，还指尽可能广泛地阅读，尽可能多地占有丰富的学习资源和生活资源。“读万卷书，行万里路。”就是表达了这样的语文学习规律。

4. 综合重于分析

汉民族有不同于其他民族的思维模式，汉语汉文也有不同于其他文字的特点，这就造成汉语不同于其他民族语言的一些学习规律。季羡林先生把中西文化和东西方思维模式的基本差异概括为“东综合而西分析”，认为“东西方思维模式是根本不同的。西方的思维模式是分析。分析，分析，再分析，认为永远可以分析下去的。而东方的思维模式则是综合，其特色是有整体概念和普遍联系的概念”。中华民族思维的一个重要特点是具象性，习惯把抽象的理念附着在具象的事物上，以形写意，并常以跳跃的方式进行思维。东西方思维模式的这种显著差异反映到语言上，表现为西方语言重形态，词法句法有严格的形态变化，语义表达明确严谨；汉语则不重形态，词法缺少形态变化，词类常常活用，组句灵活，以意合为主，又不按词连写，词的界限和词语间的关系，主要凭语境和语感来推断。思维模式和语言类型的差异必然会影响母语学习的方式，其主要表现是西语学习重局部解剖分析，汉语学习则重整体综合感知。古人读书主张“于章法中看句法，句法中看字法，则作者之心不能逃矣”，作文讲究“篇中炼意，意中炼句，句中炼字”，这种以大观小、着眼整体的读写观念，是与我们民族的思维和语言的特点相契合的。当然，我们也不能因为强调整体把握、注重情感体验，而一概排斥局部分析、理性概括。所以，我们将这一特点概括为综合重于分析。

语文学习规律是语文学习过程中各因素间的本质联系，是语文学习活动发生和发展必然遵循的逻辑轨道。以上几点并不是语文学习基本规律的全部；除此基本之外，识字、写字、阅读、写作、口语交际又有各自的具体规律。教以学为本，教为学服务，学语文的规律制约着教语文的规律。这些都是语文课堂教学的重要依据。

可是，我们很多教师对这样的学习规律却缺少基本的尊重。在他们心目中，语文是如何学好的呢？一是做练习最有用。考得不好，就是练习做得不够多；分数考得高，就是因为练习做得认真。二是上课最有用。考得不好，就是上课不认真，课堂效率不高；分数考得高，就是因为上课认真，笔记记得全。要求学生上课干什么？就是好好听教师讲。我常常开玩笑说，不少高中语文教师少讲一句也不闭眼，都讲了，就会很欣慰很满足地说：该讲的我都讲了。讲什么呢？就是头头是道地进行分析。三是讲方法最有用。自然是讲试卷、讲题目、讲答案，最重要的是讲方法，阅读方法、写作方法、学习方法、答题方法。我们把这三者归纳为高中语文教师的三重迷障。

佛家把妨碍修行的行为称为业障。我们这里的迷障是指迷乱自己的思想认识和干扰自己正常教学行为的认识误区。正因为有了以上三重迷障，很多语文教师误入了语文教学的歧途，也把学生带进了语文学习的歧途。资中筠先生说我们的教育把学生教傻了。我是同意的，而高中语文教师尤其如此。不但把学生教傻了，把自己也教傻了。学生上课就是听教师讲解，下课就是做练习。教师上课就是讲试卷，下课就是改作业。讲题目、讲答案，讲技巧、讲方法，归纳出很多经典要义，总结出很多秘招要诀，可是到最后收获了了，失望多多，怨天尤人。很少有语文教师好好去想一想：学生到底应该学什么样的语文？我们到底应该教什么样的语文？语文到底是什么？语文是如何学好的？做练习能学好语文吗？方法是万能的吗？如果方法一讲就懂、一用就灵，还有谁学不好语文？

二、按语文教学的规律教语文

语文学习有语文学习的规律，语文教学也有自身的规律。

阅读教学必须遵循阅读规律。而遵循阅读规律的基本要求是遵循不同文体的阅读特点。可是很多阅读教学，教师完全从自己的教学需要出发，无视阅读规律和不同文体的阅读特点。

最典型的案例，应该是一位教师教授《愚公移山》，让学生站在智叟的立场上和愚公对话。有些学生提出了问题让愚公回答："你能保证你的子子孙孙全部都是男的吗？""不要忘记地球还在不断地进行造山运动。山是移走了，但是，是靠你自己的力气的吗？""俗话说，'靠山吃山'，你现在把山移走了，我们靠什么吃饭呀？"有些学生直接表达了自己的观点："移山这是愚公他本人的行为，而他的子孙可能会有自己的理想抱负，比如说读书、当朝廷大臣之类的。可能有些人不愿意去参加搬山这么傻的活动。""'实践是检验真理的唯一标准'，如果你能完全靠你们家族的力量搬掉这座山，如果我还能看见，我就会相信。""自然界都有自己一定的自净能力，像他这样的掠夺性的开发，已经超过了自然自净能力的限度，必将遭到自然界更加残酷的报复。"学生的这些问题和想法不能说没有道理，所以一律得到了教师的赞赏。但如果立足于《愚公移山》是一篇寓言，必须用寓言的方法读寓言，我们就会发现这些精彩的发言是可笑的。一位小学教师教《寓言二则》，让学生提出问题进行探讨。学生提出的问题是：鹬咬着蚌的嘴，蚌咬着鹬的嘴，它们怎么说话呢？于是教师先让学生小组讨论，然后让学生举手表决，再让学生课后探究。寓言的一个特点就是拟人化，如果只有让会说话的说话，恐怕就没有寓言了，至少是很多寓言没有了。一位教师教李白的《秋浦歌》，问：白发怎么能有三千丈呢？一位同学很快回答，这是运用了夸张的修辞。教师说：李白身高一丈都没有怎么能夸张成三千呢？于是启发学生展开想象，直到有同学想象到一个人的头发长度是非常有限的，但数量是无限的，将无数的头发加起来的总长度就可以达到三千丈，教师才加以充分肯定。尽管教师非常用心地引导点拨，但这样的教学是不符合母语学习规律的。一位教师教授朱自清先生的《背影》，让学生交流阅读的发现。一位同学发现作者的父亲翻月台是违背交通规则的。于是教师就抓住机会不厌其烦地对学生讲生命的重要和珍惜生命的道理，希望同学们一定要做遵守交通规则的人。这样的道理固然是不错的。但阅读散文，到底要读什么呢？我们以为在这里读出一个父亲对儿子的爱，读出一个儿子对父亲的理解，肯定比读出交通规则更重要。我们需要遵守交通规则的好公民，更需要能够读懂父亲的好儿子。学生如此"较真"，如此批判和求异，或者某些能力真的培养了，自觉遵守交通规则的人或许多了，但文学素养和人文素养肯定没有了。倘若所有学生如此，恐怕从此没有小说没有散文没有诗了。对阅读教学而言，用语文的方法教语文，首先就是用散文的方法教散文，用小说的方法教小说，用诗歌的方法教诗歌，用寓言的方法教寓言。

还有些教师的教学活动安排和教学思路的安排，完全是立足于自己的“教”，完全是出于自己的主观需要，而忽视对学生认识规律的尊重。

一位教师教授《诫子书》，教学一开始就在黑板上画了四个“心”的图案。我心里想，教师画这四个心的图案干什么呢？想了半天也弄不明白，问坐在我身边听课的一位年轻教师，他也说不清楚。教学中，有一个活动是让同学们讨论：一个老人要告诫自己的晚辈，会怎么告诫？当学生无从回答时，他又问同学们：你们每天上学离开家门时爸爸妈妈们是怎样告诫你们的？有的同学说“什么也不说”，有的说“要好好上课”，有的说“路上慢慢骑”，有的说“注意安全”，有的说“放学就回来”。在同学们比较杂乱地说出几个回答之后，教师归纳：长辈告诫晚辈，爸爸妈妈告诫我们同学，采用的句式都是：你要……，你一定要……，你不要……，你千万不要……。接下去，教师就让同学们每个小组选择一个句子讨论：一个同学背诵这个句子，一个同学归纳告诫了什么，一个同学有感情地朗读这个句子，一个同学表演怎么对儿子说这句话。自由讨论一小会儿就开始小组交流。这时候，我大致明白了教者一开始在黑板上画心字图案，让学生说说一个老人要告诫自己的晚辈，会怎么告诫，每天上学离开家门时爸爸妈妈们是怎样告诫这一系列活动的目的了。原来教者要用“你要……，你一定要……，你不要……，你千万不要……”这四个句式来概括文中的四句话，然后将这四句话写到一开始画好的心字图案之中。可是细细一想问题又来了：（1）不同的老人针对不同的晚辈，不同的爸爸妈妈针对不同的孩子，告诫的时候一定都用“你要……，你一定要……，你不要……，你千万不要……”这四个句式吗？（2）《诫子书》中诸葛亮告诫儿子的话一定要用“你要……，你一定要……，你不要……，你千万不要……”这四个句式概括吗？（夫君子之行，静以修身，俭以养德。非淡泊无以明志，非宁静无以致远。夫学须静也，才须学也。非学无以广才，非志无以成学。淫慢则不能励精，险躁则不能治性。年与时驰，意与日去，遂成枯落，多不接世，悲守穷庐，将复何及！）（3）一个小组中的四个同学：一个同学背诵这个句子，一个归纳告诫什么，一个同学有感情地朗读这个句子，一个同学表演怎么对儿子说这句话。这怎么进行小组讨论？当然，最核心的问题是：学生阅读理解这段文字，需要这样一步步去学习吗？这一组教学活动到底是为了学生的学习还是为了教师的教学需要呢？很显然，这一组教学活动主要是为了教师的教。开始先在黑板上画几个心字图案，是为了教师后面板书的需要；让学生说说一个老人要告诫自己的晚辈会怎么告诫，每天上学离开家门时爸爸妈妈们是怎样告诫的，是为了教师后面归纳出“你要……，你一定要……，你不要……，你千万不要……”这四个句式；归纳出这四个句式又是为了后面用这四个句式归纳文本的内容；用这四个句式归纳文本的内容，又是为了后面写到那四个心字图案中去。教师的教学设计不能说不精心，而学生也成了教师精心设计的对象，和教师设计好的内容一切被设计在他的教学之中。这样的阅读教学只能误导学生的阅读行为，把学生引导到不正确的阅读思路上去。

阅读教学要遵循阅读的规律，写作教学也要遵循写作的规律。一节作文课的内容是写出事物的特征，就是让学生根据一幅海鸥展翅飞翔的图片写作文。先是引导学生观察，然后教给他们许多写作方法，再进行口头作文，最后完成书面作文。过程安排不能不说不用心。先观察再交流，先教给方法再写作，似乎是很符合规律的。但根据一幅图片就能写出海鸥的特征吗？海鸥的特征就是展翅飞翔吗？教师没有见过海鸥，学生没有见过海鸥，能写出海鸥的特征吗？这节课是写出海鸥的特征还是写出这幅图片的特征呢？有一位教师教学生用细节写出人物的特征，先用 PPT 说明什么叫细节，再结合课文里面的例子说明细节有哪几种，接着让学生做了三个动作让学生判定哪个是细节，哪个不是细节，又分别是什么细节。运用细节写出人物的特征需要学习细节的定义吗？一个人的动作能做出细节吗？我们在生活中能分清别人动作的细节类型吗？我们以为这样的教学都不符合写作规律。

对写作过程的认识，我们也常常是违背写作规律的。多少年来，我们都认为写作的总体过程是观察生活—思考生活—表现生活。但根据我们的了解和自己的写作实践，事实并非如此，或者说常常并不是如此。更多的情况是三者的交融和互动。对具体完成写作的过程，我们一般的理解都是：审题—立意—选材—构思—行文—修改。但很多人的写作经验都证明，这几个环节并不是一个纵向过程，选材和立意是交融的过程，立意和修改是交融的过程，语言的推敲和主题的提炼也是交融的过程。而且考场作文的过程更常常是并不完整的。

学生的写作能力到底是如何提高的呢？这更要遵循写作教学

的规律。可是不少教师片面理解为要多写多练，于是每周让学生写作文，花了很多时间，可是作文并没有写好，都只是低水平的重复。也有教师简单化地用考场作文的方式进行作文训练，从初一到初三，从高一到高三，都是规定题目规定时间的写作，教师的作文命题、作文批改和作文评讲也都是按照中考和高考的要求，可是三年下来似乎没有什么成效。还有些教师片面理解“授之以鱼不如授之以渔”，作文就是一味讲方法，什么审题的方法、选材的方法、构思的方法、结构的方法、开头的方法、结尾的方法，该讲的方法都讲了，就是没有什么用。因为写作的规律告诉我们：没有生活积累和生活感悟，没有阅读积累和思考，什么方法也没有大用处。

不仅是阅读教学要按照阅读的规律教阅读，写作教学要按照写作的规律教写作，语言活动也要按照语言活动的规律进行。一位教师教授屠格涅夫的散文《蔚蓝的王国》，用 PPT 出示了一段和课文不同的译文，然后让学生讨论课文的译文和 PPT 的译文哪一个更好。这一活动花费了很多时间，学生的讨论是热烈的，教师的引导也是很投入的。评课时，有不少教师对这个教学活动予以很高评价，甚至有教师认为这很好地体现了我提出的“以语言活动为主体”的阅读教学策略。但我们不能不说这个活动是失败的。因为要比较译文的好坏优劣，前提是必须懂得原文。在不出示原文的情况下讨论哪一个译文更好是完全违背语文学习规律的，更何况教师和学生都不懂得俄文。与此类似的是，一位教师教授郁达夫的《江南的冬景》，要求学生阅读课文中的几个画面，选择一个画面用“浣溪沙”等规定词牌填一首词。我们以为这也不符合语言活动的规律，一方面，现在的学生能够熟练地根据词牌填词的实在太少，而将现代散文倒过去改写为旧体的诗词，也不符合写作的基本规律。倘若将旧体的诗词改写为现代文、散文或者散文诗，就比较有道理了。结果除了几个这方面有良好积累的同学，绝大多数同学的“诗”“词”写得不伦不类，实在不敢恭维。因为这种做法完全违背了语文学习的规律。

即使对付中考和高考，也要符合母语学习的规律。我们前面说过，很多教师教学生对付高考的唯一办法就是让其做练习，结果做了大量的练习最后也考不好。有些教师还要责怪学生：让你们做了那么多练习，还考不好。这些教师不知道做练习对付高考是没有什么大用处的。除了这些整体策略上的问题，在具体的教学中也有很多不符合母语学习规律的问题。我听过不少高三复习课，常常感慨我们的学生考不好，有不少是我们的教师教坏的。比如我听过一节高三课，内容是高考考场的作文审题。教师说，高考语文很重要，语文高考作文很重要，高考作文审题最重要，审题的关键是区别命题类型，采取相应的审题方法。于是教师就对高考作文的命题进行了分类：命题作文、话题作文和材料作文。接着再分类，材料作文又有文字类材料、图画类材料和数据类材料，文字类材料又有叙事类、议论类和哲理类……并对每一类的审题方法给予了具体的指导。一节课从头讲到尾，下课前问同学们：有没有懂？学生都说懂了。教师再问：有没有记住？学生还没有记住。教师就叮嘱学生一定要下功夫记住，到了考场上作文审题时首先回顾这些内容。我说哪个孩子听了这位教师的话，必定倒霉。大家想一想，学生拿到考卷，对着作文题把教师的这些内容回顾一下要多长时间呢？还有时间写作文吗？比这个更害人的是选材的指导。我听过不止一位教师，包括一些专家，指导学生选材是都强调：作文选材，就是一个字——新。如何新呢？要记住两句话——写以往之未写，写别人之未写。一个学生在考场上，拿到作文题能够想到切题的适宜材料已经不容易，还要想一想自己以前写过没有，如果写过就不写，别人会不会写，别人会写就不写。这不是强人所难吗？想一想自己有没有写过，还可能，怎么知道别人会不会写呢？这些教师就没有立足考场作文的特点教学生写作文。

三、用非语言手段服务学生的语文学习

我们特别强调用语文的方法教语文，但并不是狭隘地、简单化地排斥其他方法。我们同样追求教学方法的丰富和创新，但我们强调，任何方法的运用必须服务于学生的语文学习，必须有利于学生语文素养的提高，必须遵循语文学习的规律。多媒体的滥用对语文教学的伤害大家有目共睹，批评批判者一多，似乎也已经改观。但问题仍然比较突出，也更加隐蔽。比较常见的是，凡是诵读课文都要配上音乐，甚至学生默读课文也要配乐。我常常要问的是：走进文本一定要有音乐吗？那些音乐能帮助学生走进文本吗？答案大多是否定的。我们教师自己平时读散文读诗都配乐吗？学生日常的诵读和考场的阅读配乐吗？一位教师教《周总理，你在哪里？》配的音乐是《二泉映月》，对学生感受诗歌的感情能有积极的帮助吗？我想不用多加分析，答案显而易见。很多图片的使用也是如此。

即使非多媒体的许多方法也会伤害语文教学，伤害学生的语文学习。记得我看过一个发表的教学实录《纪念白求恩》，学生又是唱歌，又是跳舞，又是演话剧，又是诗朗诵，还有即兴的诗歌创作，有新诗还有旧体诗。方法多样，手段丰富，可平心而论，真的有用吗？真的能帮助学生的语文学习吗？《纪念白求恩》的学习当然是阅读课，可这是阅读课吗？学生这样能学会阅读吗？也有教师教授《孔乙己》，让学生破案：到底是谁害死了孔乙己？教授《祝福》，进行法庭辩论：祥林嫂之死谁是责任人？手段十分新颖。但我们总觉得有故弄玄虚之嫌，很明显形式大于内容，而且必然消解了小说的文体特征。直接进行问题的讨论，将问题的解决和小说阅读欣赏结合起来有什么不好呢？罗丹为巴尔扎克塑像因不让一只手显得过于突出而将其砸碎；我们的语文课如果留给人最深的印象是形式和手段，正说明语文被伤害了。

非语文的方法，只要能为学生的语文学习服务，就是语文的方法。非语文的方法类型非常丰富，主要有：

（一）音乐类

人们用得非常多的配乐朗读就是这一类活动最常用的形式，包括有歌唱的音乐和无歌唱音乐。我教《阿房宫赋》，在对文本进行了比较充分的学习，在学生对“赋”这种文体语言形式的基本特点有了一定了解之后，为了让同学们充分感受赋体语言“铺采摛文”的特点及其表现力，我朗读课文时配了一首古筝曲《汉宫秋月》，很显著地增强了效果。

（二）图画类

用图片服务于语文教学，是一个传统的手段。陈钟樑老师教

《中国石拱桥》，其中一个教学活动是请学生在黑板上画出赵州桥大拱、小拱的相对位置。学生画出了多种不同的图形，陈老师再带领学生看有没有画得切合原文的，哪一个比较切合原文，还要不要进行修改。很快，学生分清了“两肩”与“两边”、“两端”与“两旁”等词的区别，体会到了说明文语言的准确性。

（三）实物类

实物类的教学手段，是数理化等学科经常要用的方法，简单说，就是教具。洪宗礼先生教授《一双手》有这样一个片段：

我再问第二个问题：课文的哪一段是写“一双手”给作者最初的印象的？主要是哪几句话？哟，都知道。哦，还有一位同学没举手，大家再等等。好，全了。请说。

生：第四段，“那简直是半截老松木”。

师：你见过松木吗？

生：见过的。

师：松木什么样子？我最近请木工师傅找了个半截老松木，是这样的。

（出示半截鹰爪形的老松木，全班学生兴奋地笑起来。有的从座位上站起来看，老师在行间巡走）

师：我要同学们看着老松木，想一想作者用半截老松木比喻一双手，说明一双手有哪些“奇”的特征？

生：粗。

师：为什么？

生：松木表皮粗糙。

师：还有什么？

生：老。

师：哪里老？

生：本来就是老松木。

师：还有什么？

生：干。

师：松木在老师手里。你怎么知道干的？

生：那块树皮已裂了，所以干。

师：还有没有？想一想，仔细想想。你说！

（生立起来又愣住）

师：不要性急，我相信你会想起来的。其他同学可能已想好了，可我还有一点要请这位同学说。（两秒钟后）

生：硬。

师：很好，硬，你摸一摸，硬不硬？（把松木送到学生手上摸一摸，学生回答“很硬”）还有一个词，能再想一想吗？

（全场静思）大家可以从颜色和形状上考虑。

生：颜色比较深。

师：对，色深。还有没有？

生：我认为还有厚。

师：好。大家一凑就把以树喻手的特征说得准确、完整而全面了。

（教师归纳以松木喻手的几个主要特征。板书：粗→老→硬→干→色深→厚）

师：我再问第三个问题。有人说，世界上任何比喻都是有缺陷的，你们觉得用“半截老松木”比一双“奇手”有什么不足？

还有手的哪一个特征没有表现出来?

（几个学生插嘴：“大！”）

师：大？课文中哪里写“大”的？能不能找出来？

这是一个非常典型也是非常成功的运用实物手段引导学生阅读的例子。借助一段松木，学生认识到了人物的手粗、老、硬、干、色深、厚和大的特点，也领会了作者写作的艺术，不能不说很高明。

（四）视频类

苏教版高中语文教材曾经选过几则《安妮日记》，很多教师认为这样的日记体的文本很不好教。一位教师教这篇课文，便先让学生读课文，再看与节选文字相关的电影片段视频，然后让学生先转换日记文本为这段视频写旁白，再转换日记文本为视频中的安妮写人物的内心独白，充分运用了文本的材料，也发挥了日记文本的优势。我教鲁迅的《祝福》，让学生看了电影《祝福》之后讨论夏衍的改变是否成功。虽然是在课后看的电影，但也属于视频手段的运用。

（五）实验类

实验是理化生教师常用的教学手段，但语文教学以实验为教学活动，如果用得恰当也会有很好的效果。记得一位教师教学《死海不死》，教师带了一杯水、一个鸡蛋和一包盐，在解读题目时让学生做了一个实验，请一位学生想办法让鸡蛋在水里浮起来。在有些同学束手无策的时候，一个同学将食盐倒进水里，当水的含盐量达到一定浓度时，鸡蛋便浮在了水上。既激发了学生的学习兴趣，也为文本有关问题的讨论打下了基础。

如果运用适当，非语言活动在语文教学中能够发挥非常独到的作用。

其一，可以运用非语言活动品味语言。

毛泽东的《沁园春·雪》里有两句是“山舞银蛇，原驰蜡象”。其意思注释是比较清楚的，即“山像舞动的银蛇，高原像奔驰的蜡象”。可是山怎么会像舞动的银蛇，高原怎么会像奔驰的蜡象呢？很多学生并不清楚。我于是先将粉笔侧过来在黑板上画出连绵的群山，然后直立粉笔勾出连绵群山的山脊线条，让同学们想象在漫天大雪的时候，远望群山能不能看到山的侧影。于是，同学们很快领会到毛泽东想象的丰富和描绘的准确。在大雪的背景中，连绵群山起伏的山脊，非常像一条舞动的银蛇。前面提到的配乐朗读《阿房宫赋》，也是为了品味语言的特点及其表现效果。

其二，可以运用非语言活动深化对文本的理解。

前文提到的陈钟樑老师教《中国石拱桥》用简笔画描绘“两肩”与“两边”、“两端”与“两旁”等词的区别，使学生体会到说明文语言的准确性；洪宗礼先生教《一双手》，用一段松木让学生理解人物的手粗、老、硬、干、色深、厚和大的特点，都是典型的例子。钱梦龙老师在教授《中国石拱桥》时，先出示教学挂图“中国石拱桥”（图 1），然后说：“你们先不要看课文，请用自己的话来说一说这个大拱和小拱之间的位置关系。”然后钱老师就按照学生说的位置关系来画示意图。学生 1 说：“大拱的两边各有两个小拱。”钱老师画图 2。学生 2 说：“大拱两边的顶部有四个小拱。”钱老师画图 3。学生 3 说：“桥身的左右两边有两个小拱。”钱老师画图 4。学生 4 说：“在大拱的左右两端各有两个小拱。”钱老师画图 5。学生 5 说：“大拱的两端的上方各有两个小拱。”钱老师画图 6。然后钱老师让学生打开课本，体会原文“大拱的肩上各有两个小拱”中“各有”与“肩”字的使用：“你们看，这个‘肩’字用得多么准确呀！不是顶上，也不是两端，而是两肩。还有一个字很重要，是哪个？”学生回答：“各。”钱老师说：“可见说明事物要说得明白，有一点十分重要，哪一点？”学生：“用词准确。”钱老师也是运用挂图和简笔画让学生理解文本说明的内容，同时体会作者用词的准确。

图 1

图 2

图 3

图 4

图 5

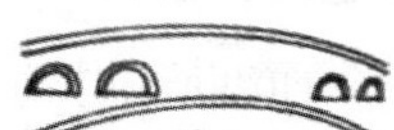

图 6

其三，可以运用非语言活动理解诗歌的意境。

大家都知道诗中有画、画中有诗的道理。诗歌的教学，联想、想象是一个很重要的方法。借助诗画相通的特点，可以很好地为诗歌的意境理解服务。我教《白雪歌送武判官归京》，其中一个活动就是让同学们通过想象描述意境，在自由描述自己喜欢的诗句和自己看到的画面之后，我组织全班同学一起想象“忽如一夜春风来，千树万树梨花开”和“轮台东门送君去，去时雪满天山路”两组诗句的意境。同学们一边想象，我一边在黑板上勾画简笔画，同时和同学们一起讨论：“千树万树”是整齐的树还是杂乱的树？花是一朵朵还是一片片？是一团团还是一堆堆？“东门”是城门还是辕门？是横幅的画面好还是竖幅的画面好？这里的画“像不像”是极其次要的，关键是帮助同学们想象的展开和丰富。教苏轼的《念奴娇·赤壁怀古》和毛泽东的《沁园春·长沙》我一般都会运用简笔画来帮助学生对意境的想象和描述。

其四，可以运用非语言活动探究文本的主旨。

教《守财奴》这篇课文，常为人物形象意义的归纳而大费脑筋。由自己直截道出，自然省事而简单，但效果不好；通过“巧妙引导”让学生说出来，看起来是先“启”而后“发”，避免了教师硬塞结论，但做好圈套让学生钻的痕迹还是很明显。能否有什么比较合适的方法使学生自己走进人物内心世界的深处，对人物性格有深刻而准确的把握呢？我借助一架天平解决了这个难题。

我在黑板上先画了一个失衡的天平：一是天平横梁两边的距离不一样长，有一边比另一边明显要长得多；一是两边严重不平衡，一边高一边低而且幅度很大，并且是短的一边低、长的一边高。在低的一边的托盘上画上一个小方块，而在另一边高高翘起的托盘上画了四个同样的小方块。请同学们回顾课文内容，思考人物的一言一行，想一想这个天平两边托盘中的小方块分别代表了什么。

学生边看书边交头接耳，也有的自己在草稿纸上画来画去。不一会儿，发言就热烈起来，而且很快就达成了一致的意见：横梁短的一侧的托盘中的一个小方块代表了“钱”，横梁长的一侧的托盘中的四个小方块分别代表了“夫妻之情”“父女之情”“妻子的生命”“女儿的爱情（或幸福）”。我说：“请同学们用一句话表述这幅图的内容。”“在葛朗台这样的人心目中，‘夫妻之情’‘父女之情’‘妻子的生命’‘女儿的爱情’合在一起也没有‘钱’的分量重。”被我指名的一位同学说。我趁热打铁问道：“这样的天平，代表了什么呢？”“葛朗台这种人的人生信念。”一个同学很快就答道。“葛朗台这样的人的天平的支点是什么呢？”我又追问一句。“钱——金钱至上的人生哲学。”同学们几乎是异口同声地回答。

其五，可以运用非语言活动启发学生的思维。

我教授鲁迅的《孔乙己》抓住手品读人物时有这样一个片段：

师：你们觉得最能表现人物命运的动作是哪一个动词？

生（齐）：“走”。

师：为什么呢？

生：人们都是用脚走，而孔乙己用手，说明了他命运的悲惨。

生：他偷东西被打折了腿，在人们嘲笑中“走”下场，说明他社会地位非常低。

师：很好。用手“走”，是一个畸形的动作；一个畸形的动作，表现了一个畸形人物不幸的命运。能不能把“走”换成“爬”呢？

生：不能。因为孔乙己是要强的。

师：是“要强”吗？能不能换一个更准确的说法？

生：死要面子的。

师：两种说法意思相近，但有差别，后一个更好。我们继续推敲这个“走”字。老师查过词典，“爬”是手、脚并用向前移动。（画简笔画，图示爬的动作）爬的时候身子是趴下的。孔乙己坐着用手走，他的身子是不是趴下的呢？

生：不是，是直立的。（边交流，教师边画简笔画，图示孔乙己“走”的动作）

师：是的，强调“走”，而不是“爬”，正是写出了他在努力挺直身子的。我们由这个动作能看到他什么样的内心世界？

生：他内心还要表现他作为读书人的清高。

生：表现他还想挺着身子走路。

生：表现他还想留给人们一个很不错的形象。

在这个教学片段中，学生的思维能够不断推进，能够直抵人物内心深处，两幅简笔画起到了非常重要的作用。

有时候，非语文方法的运用还能够起到综合性的教学效果。

我教《蜀道难》时有这样一个片段：

师：有人说，诗歌是语言的艺术；也有人说，诗歌是排列的艺术。不过，排列对诗歌的确很重要；不同的排列，效果不一样。比如这首诗，有多种排列的方法。有一句一行的，有不分行连续排的。有两句一段，有四句一段。有人把“噫吁嚱”独立排行。也有人把“噫吁嚱，危乎高哉”排在一行。大家觉得这首诗怎样排列更好？

（学生的意见不一致）

师：看来大家的意见也不一致。同学们可以回去再想一想，排一排，并且按照不同的排列方法朗读，体会不同的效果。现在请同学们按照自己的排列形式朗读全诗，我在黑板上用线条画出图谱。画出的图谱，表达我对排行的理解。

（学生按照自己的排法诵读全文；教师在黑板上画出图谱）

师：好，现在请大家想一想，黄老师为什么要用这样的图谱变现这样的分行？由这个图谱你能想到什么？

生：形式上给人高峻的感觉。我想到又高又险的蜀道。

师（教师勾勒出排行的边缘线，呈山势险峻的蜀道状）：的确是这样，这样的排行在形式上给人强烈的震撼感。还能想到其他什么呢？

（学生没有反应）

师：李白这首诗，是什么体裁？是不是近体？是律诗还是绝句？句式有什么特点？

生：是乐府诗。句式有长有短。——对了，这样的排列，可以表现李白这首诗句式长短交杂的特点。

师：形式是为内容服务的，长短交杂的句式有什么作用呢？

生：形象地表现蜀道之难。

生：还有感情上的起伏和变化。

师：很好，通过诗句的长短，表现出感情上的起伏和变化。他奔放的情感和飘逸的诗风，他如神仙一样的奇特的想象和联想，都和这样的语言形式形成内在的统一。

生：我觉得这还是李白作为诗仙的一种语言的风格。

欣赏李白的《蜀道难》，理解内容和表现方法也许并不很难；但欣赏他长短随心而变的句式特点，尤其是理解这样的语言和要表现的内容和思想感情之间的一致性，对高中生可能并不容易。我借助一个图谱，形象直观地表现了他的诗歌句式多变的特点，使学生由形象到抽象，更好地理解了有关内容。

设计和组织非语文的活动，要注意这样几个问题：

一要服务于学生的语文学习。

尽管非语言的活动并不简单等同于一般所说的辅助手段，但它本身毕竟不是语文的内容，运用它们的目的是为了更好地服务于学生的语文学习，如果不能实现这样的目的，甚至适得其反，就不如不用了。

有一年江苏省课堂教学比赛，一位教师教授史铁生的《我与地坛》，他在教“我与母亲”一部分时，先让学生听歌曲《懂你》，感受母爱。歌曲结束后，又让学生用五分钟的时间画一幅简笔画。第一个学生画了一只老母鸡张开翅膀，翅膀下一群小鸡，解说是：“在我心中，母爱是母亲用她的翅膀呵护着我们成长。”也有同学画了袋鼠、猴子等。这样的做法我很不认同。这篇文章中写母爱有很多感人的地方，比如课文里说“地坛公园中有我车轮痕迹的地方都有母亲的脚印”，这样的句子值得我们和学生好好品味。史铁生每次去地坛，母亲都悄悄地跟在后面，跟在后面又怕儿子看见。但有一次，儿子无意调转轮椅发现了身后的母亲，母亲发现儿子掉头赶快躲了起来，可是还是被儿子发现了。应该说，这样的细节我们每次阅读都很震撼。为什么不让学生从文本的细节着手去感受母爱，不抓住细节去理解作者的思想感情，而让学生听音乐、画简笔画呢？我们以为这样的非语言活动就破坏了学生的语文学习，前面说过的随意配乐、随意播放视频也是如此。

二要适当节制和收敛，且不可喧宾夺主。

语文课堂的重心当然是语文学习，阅读的课堂重心当然是让学生学会阅读。所谓节制和收敛，就是一定要摆正非语言活动和阅读教学之间的关系。比如视频的运用就要特别慎重，因为视频的艺术感染力往往都比较强，很容易吸引学生的注意，分散学生的精力，很不利于学生的理性思考和对问题的深入探究。从目前的教学现状看，过多的 PPT 是一个比较普遍的问题，有的教师做的 PPT 过于花哨，有的课堂则 PPT 过多。过于花哨的 PPT 必然会分散学生的注意，过多的 PPT 必然会挤压课堂教学的空间，都不可取。至于语文课，动不动就采用表演的方式，我们以为更不可取（小学生当然可以偶尔用用）。过多的表演，其实是对文本的一种“出走”，会分散学生对文本本身的关注，除非有明确的改编和转换的要求，否则就缺少实在的语言活动。

三要和语文的方法相互融合。

语文课堂教学设计和组织非语言的教学活动，一定要和语言教学活动相互融合。这一点从我们前面所列举的比较成功的例子中都可以看得出来。如果非语言的教学活动和语言教学活动相割裂，就不能很好地为阅读教学服务。

四、引导学生用语文的方法解决语文的问题

培养学生听说读写的能力，培养学生的语文综合素养，就是要让他们能够运用语文的方法解决语文的问题。学生的阅读和写作能力不够理想，就是不能运用语文的思维和语文知识解决语文的问题。

记得我有一次教《黔之驴》，在解读了驴的故事和虎的故事之后，我问同学们文章中的虎和驴是什么关系，有同学说是生物链的关系，有同学说是吃和被吃的关系。这是从生物的角度思考问题，完全跳出了文本，脱离了寓言的特点。教《阿房宫赋》，我让学生从文章中找出表现耗费巨大的句子，有个学生找出了“楚人一炬，可怜焦土”。我问他如何从这个句子中看出建造阿房宫的耗费巨大，他说因为火烧了三个月。姑且不说阿房宫烧了三个

月是否为历史事实，也不说回答脱离了文本，单从思考方法的角度说就不是语文的思维。学生的现代文阅读得分不高，思维的出轨是一个很重要的原因。记得有一篇课外的小说阅读，要求分析小说结尾“外面的阳光很灿烂，蓝天很开阔”这句话的深刻含义。有些同学的回答竟然是空气质量很高、环境很优美。

多年之前有一个高考作文题，是根据一组漫画以“回报”为题写作。一幅漫画的内容是儿子小时候，妈妈让儿子吃鱼肉自己吃鱼头；另一幅是儿子长大之后还让妈妈吃鱼头自己吃鱼肉。有些同学的理解是：鱼头有营养，所以鱼头给妈妈吃。除了审题的能力问题，没有能从语文的角度思考问题、回答问题也是一个重要的原因。“你最喜欢生活在哪个年代”是一个大家熟悉的也是有点意思的作文题。可是有些同学写出来的作文却毫无意思。先是表明自己喜欢生活在唐代，然后就从政治、经济、国力等方面展开论述理由，就像是回答历史的论述题，而且大多数内容是教科书上的东西。有一年我们学校高三年级的一个作文题是“弯道超越”，提供了关于“弯道超越”的解释之后，要求联系实际写作。很多学生的观点都是“中国迎来了弯道超越的最好时机”，然后再从国际背景、开放的政策、经济发展等几个方面展开论述，无论是观点还是内容不是政治课上的就是报纸杂志上的，看不出一点“语文”色彩。

所以语文课有责任教学生用语文的眼光看待问题，站在语文的立场上思考问题，用语文的思维和语文的知识解决语文的问题。比如要思考虎和驴的关系，必须着眼于《黔之驴》这篇课文，必须基于寓言的文体特点，必须抓住老虎如何由惧驴到吃驴，驴如何被吃的具体语句。要理解漫画“回报”的主题，必须由画面内容解读画面的主旨，必须认识漫画的形式特点和表现手法，必须抓住题目进行解读。要从语文角度思考“你最喜欢生活在哪个年代”这个问题，必须紧紧抓住“你”字，表达自己对生活、对人生、对社会、对历史的认识，当然这个过程不可能不涉及有关年代的政治、经济、文化甚至军事，但这不是一般意义上的，更不是结论性共识性的认识，而是属于“我”的个性化的理解。至于写作“弯道超越”这个话题，无疑应该写自己的生活体验和人生感悟，即使要写民族和国家，也是用“我”的眼睛去看民族看国家，而不是罗列政治书上的和新闻报道中的材料。至于从“楚人一炬”大火烧了三个月的角度来说明建造阿房宫耗费巨大，则完全不符合思维逻辑。简要地说，就是阅读教学要引导学生立足文本，抓住语言思考问题；写作教学就是要用恰当的语言形式表达自己对问题对生活的思考。

《背影》教学实录

师：同学们，我们开始上课了。知道今天学习什么课文了吧？

生：《背影》。

师：不错。课前看了吗？

生：看了。

师：《背影》是一篇感动了无数人的散文，同学们看的时候有没有感动？

生：有。

师：请同学们说说最让你感动的句子。你先说，好吗？

（略去交流内容）

师：下面我们就不再一一交流了。老师要问一个难度大一点的问题：大家有没有想过，课文中让我们感动的句子大都和一个什么内容相关？

生：背影。

师：对，课文中凡是感动我们的地方，都和“背影”相关。（板书“背影”）现在大家不看书，能向黄老师描述一下朱自清父亲的背影吗？父亲戴的什么帽子？

生：黑布小帽。

师：戴着一顶黑布小帽，穿什么衣服？

生：黑布马褂。

师：黑布马褂（复述学生的回答）。除了黑布马褂还有什么衣服？

生：青布棉袍。

师：身材？

生：肥胖。

师：走路的动作？

生：蹒跚。

师：好的。让我们一起记住这个背影，一个肥胖的、走路蹒跚的、戴着黑布小帽、穿着黑布马褂和一件青布棉袍的背影。

师：教材上有一幅插图定格了这个背影。大家看书的时候有没有注意这幅插图？如果要在这幅插图下面配一段文字，你们觉得应该用文中哪一段文字做这幅图画的说明（PPT 展示书本上的插图）？

生：“他用两手攀着上面，两脚再向上缩，他肥胖的身子向左微倾……我的泪很快地流下来了。”

师：非常好。我也觉得用这一段文字来配这幅图是最贴切的。我们一起来看看这幅图，它和这段文字配吗？它能很好地表现这段文字的内容吗？

生：配。

生：能。

师：好的，黄老师再读一读这个片段，你们说说哪些词句最能表现父亲对儿子的爱。“我看见他戴着黑布小帽，……我的眼泪很快地流下来了。”（师深情朗读）大家觉得哪个词最能表现父亲的爱？

生：“两脚再向上缩。”

生：我觉得……“他用两手攀着上面”。

生：我认为是“他肥胖的身子向左微倾”。

师：“向左微倾”对，这个细节表现出肥胖的父亲翻越月台是多么艰难呀。你呢？

生：我找到的是“蹒跚”，“蹒跚地走到铁道边”，这个词语体现了父亲身体的劳累和疲惫。

师：大家注意，他还加了一个劳累，非常好，把背景也联系进去了。

生：还有他平常生活中所积累的那些病都从这里体现出来了。

师：好，非常好。你看他从一个“蹒跚”里读出这么多信息：第一，身体肥胖，走路艰难；第二，生活状况不好；第三，身体还不大好。

现在我们对照大家的阅读感受再来看看这幅图配得好不好。大家一起来看，好的，“慢慢探身下去……他用两手攀着上面”，看看图，是不是“两手向上攀”（“攀”重读）？

生：是的。

师：是吗？

生：不是。

师：瞪大眼睛，动脑筋再看看，插图是不是两手攀着上面。什么叫“两手攀着上面”？我这个叫“两手攀着上面”吗？（手向前方举起）什么情况叫“两手攀着上面”？攀的那个东西比我高还是比我低？

生：高。

师：攀的对象要比我高。看看，他父亲翻过的月台比他高吗？

生：不是。

师：画得好不好？

生：不好。

师：对，动脑筋阅读后再回答问题。说“好”太容易了，说“不好”要会读书的人才会发现。再来看，“两脚再向上缩”画得好不好？

生：不好？

师：两脚有没有往上缩？

生：没有。

师：几只脚往上缩？

生：一只脚。

师：那你看这幅画画得好吗？这幅插图画得真的不太好。没有把父亲翻越月台的那个艰难、那个不容易表现出来。

黄老师读这篇散文，有一个问题总是弄不明白：我们一般写父爱、母爱，写老师的爱，都写他们的眼睛，朱自清写他父亲对他的爱，为什么写他的背影，不写他的眼睛呢？假如朱自清选择写他父亲的眼睛，他父亲会有一双什么样的眼睛？你读这篇文章能不能读出这个父亲的眼睛？

生：父亲的眼睛是那种很严厉又很慈祥的。

师：很严厉又很慈祥，非常好。可为什么很严厉又慈祥呢？

生：因为爸爸总是严厉的，但他爸爸又很爱他。

师：其他同学有不同想法吗？朱自清爸爸的眼睛会是什么样的呢？

（一女生举手）

师：好。我们来听听这位女同学的想法。

生：应该是很疲惫的。

师：为什么是很疲惫的呢？

生：因为奶奶去世了，因为父亲很操劳。

师：很好。她联系了文本的具体内容去设想。你有什么想法？

生：眼里应该噙着泪花。

师：含着泪水。舍不得儿子离开。对吧？（学生点头）非常好。我们读书就要这样去读，要有自己的思考：假如文章不这样写又会怎样写？为什么作者又不那样写呢？他们有人读到了朱自清父亲严厉又慈祥的眼睛，他们有人读到了朱自清父亲疲惫的眼睛，有人读到了噙着泪水的眼睛。

作者如果描写父亲的眼睛，会是什么样的眼睛呢？这涉及朱自清对父亲的理解，涉及朱自清对他爸爸感情的理解。要理解朱自清对他爸爸感情的理解，要知道朱自清的父亲会有什么样的眼睛，就要先去理解他们父子之间的关系，看看这是一个什么样的父亲，看看他们父子之间的关系怎么样。

这里黄老师整理了关于他们父子的一组信息，现在黄老师把这一段复杂的信息读一读。（PPT 展示内容）同学们思考我刚才的两个问题。

1915 年，包办婚姻，儿子生气；1916 年，儿子考上北大，擅自改名，父亲生气；1917 年，父亲失业，家庭困难，父子离别；儿子 1920 年毕业，到南方工作；1921 年，儿子由杭州回扬州工作，父亲代领工资，儿子辞职离家；1922 年，儿子回家，父亲不让进门；1923 年，儿子回家，父子无言；儿子再次离家；1924 年，作者写小说暴露家庭矛盾；1925 年，父亲给儿子写信（“大去之期不远”），儿子在泪水中写《背影》；1928 年，父亲读到《背影》，父子冷战结束；1945 年，父亲去世。

这些信息太复杂，我们现在简单梳理一下，哪位同学能够很快地看到跟我们这篇文章联系最紧的三条信息？（一生举手）你看到了几条？

生：一条。

师：一条，你看到了哪一条？

生：我看到的是“父亲失业，很困顿，父子别离”。

师：这和本文有什么联系？

生：因为这条信息和本文讲的都是同一种事：就是家庭经济条件非常差，儿子去读书，父亲也外出找工作。

师：对，这个就是本文的写作背景，也是写作的事件。（一生举手）你看到哪一条信息和本文联系最紧？

生：“父亲读到《背影》，父子冷战结束。”

师：对啊。这条也有联系。父亲读到《背影》，父子关系和谐了。（生举手）这两个同学都举手了。哪个先发言？你找的是哪一条？

生：我找的是“1925年，父亲给儿子写信（‘大去之期不远’）”。

师：这一条信息跟本文有什么联系？

生：因为这条信息才让他写下了《背影》。

师：这是写作《背影》的直接缘由，是吗？就是因为这封信，在某种意义上说才有了这篇散文。非常好，我们同学抓住了三条最关键的信息，请坐。其他同学要思考更难的一个问题：你能不能结合这些信息思考本文中朱自清跟他爸爸之间的父子关系怎么样？好不好？

生：不好。

师：是不太好。父子关系矛盾比较大，父子之间情绪有点对立，父子关系有点距离。（板书“父—子”）你们能从文章中找到根据吗？

生：能。

师：我们了解这些资料的目的是把文章读透。哪个同学能够从文章中读到父子之间有点距离？（一生举手）好，这位同学。你告诉同学们在第几段？

生：第七段。“但最近两年的不见，他终于忘却我的不好，只是惦记着我，惦记着我的儿子。”

师：这里告诉我们他们之间一开始关系是不好的，是吗？

生：是。

师：非常好，请坐。这位同学，你从第几小节读出了他们之间的距离？

生：第五自然段。他是这么说的“他嘱我路上小心，夜里警醒些，不要受凉。又嘱托茶房好好照应我。我心里暗笑他的迂；他们只认得钱，托他们直是白托！而且我这样大年纪的人，难道还不能料理自己么？”

师：对，“我心里暗笑他的迂”，说明我对父亲的行为不太理解，对不对？

生：对。

师：“迂”，这个字怎么读啊？

生：迂（yū）。

师：迂是指呆，不识时事，这句话表明儿子对父亲不是很认可，我们可以看出两个人之间有一点距离。其他同学呢？后面那个同学你在哪里读出他们父子之间是有距离的？

生：第五自然段。“唉，我现在想想，那时真是太聪明了！”这里的“聪明”是反话，说明那时我经常和他反着干。

师：老是自以为聪明，对不对？自以为聪明，就老是以为父亲“迂”，甚至认为父亲有点蠢，对不？

生：对。

师：非常对，非常好。还有其他同学要发言吗？每位同学都要用心发现。你有没有读到？（向一位学生提问）

生：第一自然段。

师：第一自然段读到了。

生：“我与父亲不相见已二年余了。”

师：这里你能看出他们父子之间有距离吗？

生：他们已经很久不见面了。

师：哦，有很长时间不相见了，对吗？而且这个长时间不相见，是客观上不能见还是主观上不想见？

生：是主观上不想见。

师：对。这句话里你读出了距离，非常难得。其他同学呢？（有学生举手）你在哪个地方读到了？

生：第六自然段。“我赶紧拭干了泪，怕他看见，也怕别人看见。”

师：父亲让“我”感动得流泪了，“我”赶快地拭干了泪。你怎么感受出“我”与父亲的距离？

生：因为他不想让父亲感觉自己其实是很关心他的，也怕别人看见让别人觉得他很关心父亲。

师：我觉得我们班同学的感受能力、理解能力都比较强。他为什么把泪擦了，不让父亲看到？说明他和父亲的心不是靠得很近。靠得最近的，一般就会扑到父亲的怀里哭。还有同学要发言吗？我觉得我们这角落的同学还没发过言。你从哪里读出父子之间有点距离的？

生：在最后一段“情郁于中，自然要发之于外；家庭琐屑便往往触他之怒。他待我渐渐不同往日”。

师：往日有距离，现在比以前好了，是吗？这个也蛮难的，从目前的理解中读出以前的互相不理解。我们班同学们阅读文本深层情感的能力还是很强的。黄老师都不如你们，我当时最关注的是“到南京时，有朋友约去游逛，勾留了一日。”“勾留”是什么意思？

生：“勾留”是短时间的停留。

师：短时间的停留，去逛逛玩玩。你想一想，你奶奶去世了，爸爸没工作了，你爸爸送你去上学，爸爸送你去车站的时候，你去跟别人玩一天，能不能这样做？

生：不能。

师：这不是一个好儿子。对不对？

生：对。

师：我就看出这个儿子老是躲着父亲。你们有没有看见哪个句子让人觉得儿子不愿意跟爸爸待在一起？

生：第六自然段，“我说道，‘爸爸，你走吧’”。

师：“你走吧。”总而言之，他不愿意待在爸爸身边，也不愿爸爸待在他身边，父子之间的距离还是蛮大的。但是父子之间的关系后来有没有消除？父子的心有没有走近？

生：有。

师：父子关系靠近了。是谁主动的？是父亲主动还是儿子主动？

生：父亲。

师：有依据吗？

生：有。

师：把依据说给我听听看。从哪里看出是父亲主动的？

生：“父亲因为事忙，本已说定不送我，叫旅馆里一个熟识的茶房陪我同去。”但后面他又说还是要送我。

师：还是要送我，你看，从父亲先要送，后来不送，最后还是要送。这个地方有变化，有矛盾。孩子们，读书一定要注意文章中有变化有矛盾的地方，写文章一定要写出变化和矛盾。还有父亲向儿子示爱的最重要的片段吗？

生：第七自然段给他写信……“我北来后，他写了一封信给我，信中说道，‘我身体平安，惟膀子疼痛利害，举箸提笔，诸多不便，大约大去之期不远矣’”。父亲对他儿子说，自己马上就要死了，所以作者瞬间就感受到这些年和父亲的冷战，故意与父亲保持距离是一件多么错误的事情。

师：这封信有很多矛盾，你们有没有发现？（学生没有反应）没有发现吗？他说“我身体平安，惟膀子疼痛”。“惟”是什么意思？

生：只有。

师：只有，然后是“举箸提笔”，“箸”是什么意思？

生：筷子。

师：筷子。“诸多不便”的“诸多”是什么意思？

生：很多。

师：“大约大去之期不远矣”是什么意思？

生：可能马上就要死了。

师：有同学发现矛盾了吗？

生：发现了。

师：发现了什么矛盾？

生：他一开始说他的身体很平安，但是后面又说大去之期已经不远了。

师：对。你告诉我，他爸爸这两句话中哪一句话是真话，哪一句话是假话？

生：肯定身体平安是假的。

师：身体平安是假的，好的。有没有同学有不同意见？

生：我觉得应该是大去之期不远是假话。

师：为什么？

生：因为他身体很平安，只有膀子有点疼得厉害，而膀子……

师：膀子疼也不至于就离大去之期不远。好的，我们同学表个态，你们同意他的说法还是同意她的说法？同意男生说法的请举手。

（生举手）

师：同意女同学说法的也举手。

（生举手）

师：你为什么两次都不举手？你还有第三种说法？

生：嗯。

师：不得了啊。

生：我同意女生的说法，但是原因不一样。他是想借他要死了，引起儿子对自己的重视。

师：嗯，很好。那位同学还要发言，你有什么新的思考？

生：我也认为女生对。

师：为什么呢？

生：因为父亲 1945 年去世，而背影是 1928 年写的，父亲来信之后十多年才去世的。

师：这说明“大去之期不远”是假的。你太会读书了。我都想抱抱你，可以吗？

生：可以。

师：乖孩子，太可爱了。（拥抱学生）你真会读书。这是一个显然的矛盾。希望儿子放心，就说身体康健；需要儿子的关注，但又不愿意直接说，就夸大自己膀子的疼痛。那个年代的父亲，他们对爱的表达都很内敛。这位父亲有没有达到目的啊？

生：达到了。

师：朱自清理解爸爸了吗？

生：理解了。

师：理解了。说给我听听，你从哪里读出朱自清理解爸爸了？

生：最后一句“唉！我不知何时再能与他相见！”

师：这个地方你读出了什么样的感情？

生：读出朱自清很想快点与父亲相见。

师：非常好。注意读这一句要把它和文章中哪一句联系起来？

生：开头一句。

师：对。刚才我们有个同学从开头一句中读出了不想和爸爸相见。这一次我们这个同学从最后一句中读出来想和爸爸相见。对不对？

生：对。

师：对。这不仅是结构照应的问题，这还是情感的升华，非常好。其他同学还从哪里读出儿子对父亲的理解？这位女同学，你从哪里看出儿子理解父亲了？

生：就是从第七自然段的“我读到此处，在晶莹的泪光中，又看见那肥胖的，青布棉袍，黑布马褂的背影”。我从这句话读出来了“我”以前没有理解父亲对“我”的感情的悔恨之心。

师：后悔。

生：然后是父亲对“我”的感情的伤心之泪和我对父亲的思念之情。

师：非常好，非常丰富。她从那个泪光中就能看出作者对父亲的理解，对父亲的思念，是吧？为不理解父亲而后悔。你们有没有注意这个理解的过程？这篇文章中一共有几次流泪？

生：四次。

师：四次，是不是每一次流泪都说明他对父亲理解了？

生：不是。

师：不是吗？为什么不是？这个问题蛮难的。为什么说他不是每一次流泪都是对父亲的理解？

生：因为第一次是他到徐州去见他的父亲。这是对他祖母的死去和父亲的下岗掉的眼泪。第二次……

师：你自己想的还是看资料上的？

生：不是。

师：第二次呢？

生：第二次是看见父亲去买橘子，然后就感动得流泪。

师：“感动”还没有理解吗？

生：感动应该不算他理解了他的父亲吧。

师：还不算吗？这个问题要和大家好好讨论讨论，你先坐下。第六小节，有两次流泪。一次是看到爸爸那个肥胖的身子艰难地爬的时候，眼泪很快就下来了，然后这一小段最后又说我的眼泪又流了下来，难道这还不能表现作者对父亲的理解吗？

生：可以。

师：有没有人认为不能？

生：不能。

师：有理由说服大家吗？（生迟疑）好，大家能一起为他找出理由吗？看看这个信息。（指着 PPT 上补充的信息）买橘子是哪一年？

生：1917 年。父子别离。

师：父子别离买橘子，非常好。父亲买橘子的时候就流眼泪了吧。那天晚上回去有没有写这篇文章？那天晚上有没有回家写这篇文章？有没有？

生：没有。

师：《背影》写在那一年？

生：1925 年。

师：这说明什么？

生：1925 年才真正理解父亲。

师：对呀。黄老师补充背景资料就是帮助我们理解课文的。你们从文章中找一找，哪个句子最能表现朱自清对爸爸的父爱的充分理解和自己深深的后悔？

生：第七自然段。

师：第七自然段哪几个句子？

生：“他少年出外谋生，独力支持，做了许多大事。那知老境却如此颓唐！他触目伤怀，自然情不能自已。情郁于中，自然要发之于外；家庭琐屑便往往触他之怒。他待我渐渐不同往日。”

师：他知道父亲不容易了。是吧？能不能再具体一点，哪个词语最能表达他对父亲的理解？我们一起读一读，看哪个词语最能表现作者对父亲深深的理解。

（生齐读“他少年出外谋生……家庭琐屑便往往触他之怒”。）

师：哪个词能充分表明这个儿子理解父亲了？哪个词？

生：“自然。”

师：对。大家把这两个“自然”圈起来。这个“自然”表明作者理解父亲对自己有点情绪是正常的。一直到这里，作者才真正理解父亲了。可见理解父亲太不容易了。我们在这个不容易的背影中也读到了一个不容易的父亲。你们能说说这个父亲的不容易体现在哪些地方吗？

生：他的差使也交卸了。

师：对，差使也交卸了，工作没有了。父亲的不容易还体现在什么地方？

生：东奔西走。

师：东奔西走。年轻的时候干了一番事情，现在事情也干不成了。不容易还体现在什么地方？

生：“独力支持”说明他一个人做事。

师：很多事情都是他一个人承担，对不对？

生：对。

师：他们那个家庭几十口子，矛盾多，经济压力也很大。大家要从这个不容易的背影读出父亲的不容易，要读出无数个父亲的不容易。

同学们，说爱是容易的，理解爱其实真的不容易。读这篇散文，黄老师读了这么多年，从《背影》中读出了一个不容易的父亲，也读出了理解父爱的不容易。中国有一句形容父爱的老话，叫父爱如——？

生：父爱如山。

师：是的，我们常常说，父爱如山，但似乎已经成了一句套话。请你们在“父爱如山一样……”的横线上填上适当内容，说说你对父爱如山的具体理解。

生：父爱如山一样深沉。

生：父爱如山一样巍峨伟大。

生：父爱如山一样威严。

生：父爱如山一样沉重。

生：父爱如山一样严肃。

师：同学们说得非常好。是的，中国传统的父爱与今天的父爱不太一样，今天的父爱大多也变得温柔了。但大家一定要知道，有一种爱，是沉重的、威严的、严肃的、内敛的、厚重的，所以它大概最适宜用“背影”来表达。

不过，黄老师还要告诉同学们，这样一种厚重的、用背影表达的爱，它像山一样，沉重，威严，内敛，厚重，但在坚硬的外壳里面是一颗柔软的心。要发现这样的爱、理解这样的爱并不容易。当你能从背影中读出一个人的爱，你就真正懂得了阅读，也真正读懂了爱。

让我们在生活里慢慢地去读懂父亲的、母亲的、所有人的这种丰富而深沉、坚硬而柔软的爱。

谢谢同学们，我们下课了。

“写出人物的特点”教学实录

师：同学们知道今天上什么课吗?

生（齐）：作文课。

师：知道黄老师姓什么吗?

生（笑）：姓黄。

师：有很多地方的同学读书都读傻了，不知道黄老师姓黄。我问黄老师姓什么，他们说不知道！我们班的同学没有读书读傻。

师：知道黄老师的“黄”是哪个黄吗?

生：黄色的黄。

师：怎么知道是黄色的黄?

生：猜的。

师：不能乱猜。人家的姓怎么能乱猜呢?更重要的是，乱猜的人写不好作文的。大家仔细观察，哪个地方有我的姓啊?

生（齐声）：横幅上。

（会场横幅上写着：全国名师黄厚江老师“共生写作”研讨会）

师：作文写得好的人，他到一个地方，能够敏感地观察到周围的生活环境和有意义的信息。

师：（板书“黄”）大家看到了黄老师的“黄”的写法，说“黄色”不够有语文素养。哪位同学能用“黄”组一个词，让别人觉得你特别有语文素养?

生：鹅黄。

师：什么“鹅”，天鹅的“鹅”。黄老师像天鹅?

（生笑）

师：把黄老师说得很美，但是感觉还不算有语文素养。

生：黄河。

师：你怎么想到黄河的?

生：黄河源远流长，是我们中国的母亲河。

师：你们能不能用“黄”组个词，让我一听就开心。

生：金黄。

师：说金黄我就开心，你以为我就一心想钱。

（生笑）

师：其实黄老师不是特别爱钱。

生：黄山。

师：为什么看到黄老师想到黄山?

生：因为黄山是安徽的名山，黄老师就像黄山一样巍峨高大。

师：小伙子有前途啊。

（生笑）

师：黄山很美！但还不是最让我高兴的那个词。

生：黄皮肤。

（生笑）

师：黄皮肤是中国人的肤色。

生：炎黄子孙。

师：真是说到我心里来了。炎黄子孙的“黄”就是黄老师的“黄”。更重要的我们都是炎黄子孙，我是炎黄子孙，你们也是炎黄子孙，对不对?

（生笑）

师：“厚”可以组哪些词啊？

生（议论）：厚道。

师：看到人名想到这个人，看到这个人就想到人名。看到黄老师就想到“厚道”这个词。老师现在要提高要求了，要把作文写好，应该怎么办？用“厚”这个字组词。

生：厚实。这作文内容要充实。

师：写作文要厚实，有道理。

生：厚德载物。

师：就一般人来说，写作文要厚积薄发。语言积累要丰富，生活经历要丰富。有丰富的积累作文就能写得好。厚德载物的境界更高。知道“厚德载物”出自哪里？

生：不知道。

师：初中生不知道很正常，很多高中生也不知道。出自《周易》：“天行健，君子以自强不息”；“地势坤，君子以厚德载物”。清华大学校训就出自这两句话：“自强不息，厚德载物。”

最后一个字是什么呢？

生（齐声）：江。

师：但是我们要求更高了，这次不许组词，你们从北边说到南边都是江。这次要说一句带“江”字的诗。

生：孤舟蓑笠翁，独钓寒江雪。

师：知道这诗是谁的吗？

生：柳宗元。

师：很好，还有其他诗句吗？

生：江山易改，本性难移。

（生大笑）

师：你这人啊，我很厚道，你不地道。这不是诗，是俗语，而且是形容好人坏人啊？（生笑着回答“坏人”）你为什么看到黄老师想到这个俗语呢？还有其他诗句吗？

生：正是江南好风景，落花时节又逢君。

师：杜甫的诗句，用得恰当。蛮好的。

（很多学生举手）

师：我们今天要上一节什么课？

生：作文课。

师：你能从黑板上的“黄厚江”三个字告诉我我们这节课要干什么呢？

生：写人。

师：什么人？

生：黄老师。

师：太聪明了。写黄老师这个人首先要写出人的——？

生（齐声）：外貌。

师：写外貌很容易，关键是要在写外貌的过程中写出这个人的——？

生：特点。

师：对。这就有难度了。要写出人物内在的特点那就不容易。我们上课快十分钟了，你们发现黄老师有什么内在的特点？

生（齐声）：幽默。

师：还有什么特点？

生：和蔼可亲。

师：你们觉得我是往黑板上板书“和蔼”还是“可亲”？

生：和蔼。

师：我还是想写“可亲”，为什么呢？因为我有一个复杂的心理，和蔼一般是用来形容什么人的？

生：老人。

师：是啊，黄老师老吗？

生（笑）：不老。

师：就是。虽然我已经六十岁了。（生笑）但黄老师不想把自己看作老人，你们看看我也不像老人对不对？

生（笑）：对。

师：因为老人走路说话和我一样吗？这走路的步子和脸上的神情就跟老人不一样。黄老师还有其他什么特点吗？

生：活泼，风趣，健康。

师：你一下说了一串，记住啊，我们以后写人的特点，最好只写一个。中考作文600字能写几个特点吗？你选一个我的特点。

生：健康。

师：同学们说健康是一个人的特点吗？

生：不是。

师：就是。那什么是一个人的特点呢？别人没有，我有，健康是大多数人都有的。谁再来概括一下黄老师的内在特点？

生：有一颗激情的心。

师：老人有一颗激情的心，这是什么呢？

生：童心。

师：大家说了黄老师的很多特点，到底你认为哪一个特点才是最主要的？下面请同学们写一个小片段，不论长短，关键是要描写出这个特点，不是直接说出这个特点。看谁写得长，看谁最能写出特点。

（三分钟写作）

师：时间差不多了，如果哪一个同学有一个句子没写完，你就把它写完，如果还有很多内容没写就停下来。下面我问一下：有没有一个同学一句话也没有写出来的？请举手。

（个别学生举手）

师：（面朝没写出来的学生）下面这样，你觉得他们哪个同学写得好，你把他好的句子记下来。（师针对大多数学生）谁愿意主动交流？

生：今天给我们上作文课的黄老师，让我们发出了很多笑声。

师：特点写出来了。同学们，什么特点啊？他写我的什么特点啊？

生：幽默！

师：哪个同学能说说他主要的不足在哪里？

生：没有笑的声音描写。

师：今天课堂上有没有笑声？（学生回答有）什么样的笑声啊？笑几次？

生：课堂上发出了很多次如雷般的笑声。

师：大家觉得是不是如雷，那要吓死人啊！

（生笑）

师：刚刚你们又笑了，是什么样的笑声？

生：嘿嘿嘿的笑声。

师：笑声又不止一次，怎么说？课堂上，经常发出一阵阵嘿嘿嘿的笑声。（师带领大家重复一遍）

师：当什么时候课堂上发出一阵阵嘿嘿嘿的笑声？

生：当黄老师一开口。

师：连起来说一说。

生：当黄老师一开口，课堂上就发出一阵阵嘿嘿嘿的笑声。

师：这样写能把话写得更具体。谁再来读一下自己写的？

生：在我们回答问题时，黄老师自由地穿梭于人群之间，乍一看，还以为是一个调皮的小男孩穿梭于花丛之间。

师：你说说看，他写我什么特点？

生：有童心。

师：有童心，是不是啊？

生：是。

师：是不是就非常好了呢？没有文章是最好的。任何文章都不能说写得最好，所以我们一起来把这句话改得更好。为什么是“穿梭于花丛之间”呢？

（生笑）

生：我们是花朵呀。

师：有道理。你们是祖国的花朵，我就穿梭于花丛之间，那应该是穿梭于花朵之间呀。还是朴实一点，就像一个调皮的小男孩在我们中间穿来穿去。

下面我来读读这位同学的作文：黄老师迈着矫健的步伐向我们走来。大家觉得这句好不好？

生：好。

师：矫健，是有童心嘛，你们走路都是迈着矫健的步伐？矫健是用来形容什么人的呀？

生：成年人。

师：矫健是用来形容成年人壮年人非常有力气。比如说会议主持人迈着矫健的步伐登上主席台。写黄老师有童心，应该迈着怎样的步伐呢？

生：轻快的、活蹦乱跳的。

师：这样写就好了呀。黄老师轻快地走进教室。（接着读）一只手里拿着话筒，脸上是喜气洋洋的。喜气洋洋，这个词好不好？不好！喜气洋洋是用惯了的词。你是写黄老师有童心，而不是写黄老师开心，应该怎样描写黄老师的神情就有童心了？

生：黄老师脸上洋溢着孩子般的天真的笑容。

师：很好，这才是有童心。

现在大家思考一下，如果我们要抓住一个人的特点，一般的情况下先要抓住什么去写？

生：外貌。

师：有没有哪个同学是抓住外貌去写的？写外貌，也要抓住特点。同学们，我们已经认识不短的时间了，大家有没有发现我外貌的三大特点？

生：瘦。

师：瘦的人很多，还不能算是我的三大特点之一。

生：您的牙齿。

师：我牙齿的什么特点？

生：像小兔子的大门牙。

（生笑）

师：这点好啊。这句话一写，什么样的特点就出来啦？

生：有童心。

师：嗯，这个很有特点，但还不是我肖像的最主要的特点，我的肖像你们看出来了吗？

生：黄老师的头发特别少。

师：头发少，算一个比较显著的特点，不是年龄大的问题，有的人年龄比我大，头发还是比较多。第二个呢？

生：眼睛小。

师：世界上比我眼睛小的人还真不多。

（生笑）

师：我头发少，眼睛小，但我有一样东西还是蛮多的。

生：皱纹多。

师：写作文，要由外在的特点看到内在的特点，这样作文才能写得好。比如说，你们能否从眼睛小当中看出可亲？请大家思考，你能从哪一个肖像特点当中，看出内在的特点？

生：黄老师的眼睛小，总是一副笑眯眯的样子，我可以看出老师是一个可亲的人。

师：能不能通过肖像让黄老师变得更可亲？

生：他的目光好像始终就在你周围。

师：这个思路是对的。

生：就像家人的目光。

师：像你妈妈的目光吗？

生（笑）：像爷爷。

师：我们连起来说一遍，黄老师小小的眼睛始终笑眯眯的，用慈祥的爷爷一样的目光沐浴着我们。有没有哪位同学写眼睛小不写慈祥？写幽默，写有童心，能不能？

生：黄老师的小眼睛闪着孩子们天真的目光。

生：黄老师的眼睛眨呀眨的，好像天上的小星星。

师：我现在问一问同学们，写人的特点，能不能就一直写外貌啊？第一段写眼睛，第二段写头发少，第三段写皱纹多？

（生回答不能）

师：那怎么办呢？

（生沉默）

（黄老师热了，脱掉外套，随手往地上一扔）

生：老师让我们坐下回答问题，说明老师很可亲。

师：这个同学观察很仔细，描写要具体，怎么要同学坐下回答问题呢？

生：总是用手轻轻地按一下同学们的身体，示意我们不用起来，我们就坐着回答老师的问题。

生：当同学们找不到合适的词，黄老师就找一个与之相近的词，这件事说明黄老师善于引导。

师：其实有很多事情能够表现我幽默的，有没有同学发现？

生：你让我们观察你的外貌，讲到你的眼睛小，头发少的时候，我们哈哈大笑。

生：还有一开始。你问我们黄老师姓什么呀？也能表现你的幽默。

生：还有一个同学，用黄皮肤、金黄组词。能够表现你的幽默。

师：黄老师上课的时候热了脱外套，能表现出黄老师的什么特点？

生：黄老师随手把外套往地上一扔，表现了黄老师不拘小节、和蔼可亲的特点。

师：大多数老师上课都是一本正经的，也不会脱外套；黄老师上课，把外套脱掉，随手扔在地上，说明黄老师随和的特点。

现在我们提高要求，其实同学们做得已经非常好了，上了半节课就能够把握人物的特点。

现在黄老师说三件事情给你们听，看看你们能不能发现是写我的哪些特点。

黄老师的事件，有的能表现我的优点，有的能表现我的缺点，你们想先听缺点还是优点？

生：优点。

师：太激动了，我第一次遇到这么善良的孩子。（生笑）我在全国许多地方上课，很多的孩子都说想听缺点。其实有的事件是缺点和优点都很难说的。

我先给同学们讲一个煤气灶的故事，大家看看是优点还是缺点。大家看到过煤气灶吗？当年我们家用的还是煤气罐。烧饭的时候要把煤气罐用一个管道连到煤气灶上。那一年我女儿出生，我把我妈妈从老家接过来照顾女儿。有一天煤气罐里面的气没有了，我妈妈让我换掉。应该是，煤气罐换一下，然后再把煤气阀门的煤气管重新接到另一个充满煤气的罐上。可是黄老师却把煤气管道拧开，接到了煤气罐上。我妈妈不知道，伸手就把煤气罐打开，上面的火也打开。结果，惊险的事情发生了，煤气罐里的剩气跑出来一下就着火了。我妈妈吓得尖叫一声。好在我们隔壁邻居是个化学老师，拿了几条湿毛巾，把火扑灭了，妈妈的手上有些灼伤。要不然会出大事情，这给我很大教训。第一个教训，今后要跟化学老师住在一起。

（生笑）

师：这件事说明黄老师太粗心了。其实黄老师还有很多优点，黄老师的优点是喜欢上语文课，谁请我上语文课，我就来劲。几十年来，我把我所有的时间和精力都用来上语文课，不是编教材，就是研究教材，不是出题目就是做题目，不是上作文课就是改作文。

第三件事情，我也不知道是优点还是缺点。我想先问大家一个问题，你们敢不敢给你们的老师起绰号？

（生摇头）

师：我们班同学胆子可大了，他们给我起了一大堆绰号，而且都是当面喊，基本不喊我黄老师。客气一点，叫我老黄。不客气的叫我什么，你们知道吗？

生（笑）：小黄。

师：阿黄——你们懂的。（生笑）给我起了一大堆绰号，有叫我江江的。一个学生都当妈妈了，把他女儿的照片拍给我说，江江，这是我的小宝贝。（生笑）其中有一个绰号我很得意，他们给我起个绰号叫逗逗。你们笑了，你们知道“逗”字怎么写吗？——对，走之底的“逗”。你能从这三个故事里发现黄老师的什么特点啊？如果你能把这几个事件联系起来，那就更好。

生：从起绰号，发现黄老师幽默的特点。

生：喜欢上课写出你有童心，喜欢和孩子们在一起。

师：当然，仅仅喜欢上课有点不具体。每天晚上，别人打牌喝酒，我就躲在家里，不是看书就是写书，不是编教材就是琢磨教材。这样就具体了。

生：从给你起绰号，可以看出你和蔼可亲。

师：有道理。不仅可以起绰号，而且还当面叫，当面叫还不生气。

那么煤气罐的故事呢？

生：煤气罐说明你幽默。

师：说明我幽默啊？有时候没事就说：老娘，我来跟你玩一下。——这样玩下去，老娘的命就要被玩掉的呀。

（生大笑）

生：你用煤气罐的故事说明你善于引导。你让我们不要像你一样粗心。

师：有道理。我的粗心和你们的粗心不一样，你们粗心是因为你们年纪小。我粗心不是因为我不动脑筋，这么多的皱纹就说明我动脑筋了，头发那么少就是因为我动脑筋了呀。同学们要多问一问为什么这样做。我觉得写深刻，就要想一想，我动脑筋在思考什么问题？

生：如何把语文课上好。

师：这样几次，材料就可以联系在一起。你们有没有遇到过，有时写作文材料不够用，时间不够，遇到过这种问题吗？这时怎么办？600 个字才写了 500 字。

生：编。

师：编是可以的，但是要编得改作文的老师看不出来。

生：可以写自己的感受。

师：字数不够，感受来凑。

生：用景物表现心情。

师：用景物表现心情，应该穿插在实践的过程当中，也不能用一百个字。

现在我问你们一个敏感的问题，因为你们的老师都坐在这里。写黄老师特点的作文，能不能用一些你们的老师做素材？

生：能。对比着写。

师：怎么对比着写？

生：比如我们的数学老师上课非常严厉。如果错了一道计算题，他就会非常凶地对你。

师：大家觉得用数学老师跟黄老师对比，好不好？应该用什么老师跟黄老师对比更好？

生：语文老师。

师：你们敢不敢？

（生沉默，语文老师就在现场）

师：没事，只要中考你们把语文考好了，丑化一下语文老师也没有关系，怕什么，大胆地丑化。

（生笑）

师：同学们都不敢对比，那么黄老师来给你们对比一下：黄老师上课，一走进教室，一开口说话，班里就发出一阵阵嘿嘿嘿的笑声，有的同学笑得前仰后合，课堂变成了一片欢乐的海洋。可是我们的语文老师一到教室，班里一片死寂，变成了一片坟场。——这是对比吧，可是总是觉得这样做有些不地道，看到别的老师好，就说自己的老师不好，老师也是辛辛苦苦教你们。

把其他的老师写进文章，不对比行不行，还可以用其他什么方式写？

生：可以联想，我们的语文老师上课也非常善于引导我们的。

师：很好。写我可亲，也写你们的语文老师和蔼可亲，这叫作衬托。跟我比，哪个更可亲？能不能写你们老师更可亲？

（生笑，摇头否定）

师：还问一个问题，是不是第一部分写外貌，第二部分写事件，第三部分对比和衬托？

生：不是，对比应该放第二部分。

师：不仅是对比，其实外貌和事件都应该穿插着写，都应融在一起写，写事件的过程当中也要写外貌，这样的文章才浑然一体。

我在一所学校上课，有个同学写了一篇文章，我来读读，你们看看觉得怎么样：今天有一个很有名气的语文老师来给我们上课，他一走进教室，我就感觉他像邻家的爷爷，那一对小小的眼睛当中，写满了爷爷才有的慈爱。在用他的名字组词的时候，有人说黄豆芽，也有人说厚脸皮，他都一点不生气。还是用他的眼睛看着那位同学笑眯眯的，就像我的爷爷在我做了错事之后的表情一个样。你们认为这段话写得好不好？

生：很好，写出了黄老师慈祥的特点，像爷爷一样。

师：文章写得很好，写出了特点。而且描写很具体，很生动。

我再来读一段文章：他让我们在轻松的气氛中写作文，一点也不像我们的语文老师，成天总是板着脸，似乎从来不会笑。我们的语文老师走进教室的第一句话就是：“安静，吵什么吵？”课堂上如果有一点声音，他就会停下来，用目光盯住发出声音的地方，直到课堂死一般地寂静，他才开始上课。他的口头禅就是：不要插嘴，你能不能闭嘴？可是等到上公开课的时候，就让我们举手提问题，那浮在脸上的笑容，叫人只想哭。如果举手的人不多，他还要批评我们发言不够积极。这个片段写得好不好呢？

生：好！

师：为什么好呢？

生：那位老师的严厉可以反衬老师您的可亲。

师：是的，反衬。还有没有其他意见？

生：我认为写那位反衬你的老师的篇幅有些长了。

师：你觉得哪些需要，哪些不需要呢？

生：老师上课时的严厉能够反衬黄老师的和蔼，是需要的。

师：你的眼睛很敏锐啊，是的，老师上课时的严厉的描写是需要的，但是上公开课时那句他浮在脸上的微笑看到让人直想哭。这样的描写需要吗？

生：不需要。

师：为什么？

生：因为这段描写不能对比出黄老师和蔼的特点。

师：是啊！要把握住材料和要突出的特点的关系。这篇文章的结尾写得特别好，但是我不告诉大家，你们猜猜。结尾以这样的句子开头：嗨，那天晚上我做了一个梦……你们能猜猜做了一个什么样的梦吗？

生：梦到黄老师成了我的语文老师。

生：梦到我的语文老师也变得像黄老师一样幽默、可亲。

……

师：你们很厉害。这样的结尾都很好。那位同学他到底做了一个什么样的梦呢？你们想不想知道？

生（齐声）：想！

师：我就不告诉你们！让你们自己去做一个和别人不一样的梦。（生笑）时间差不多了，今天同学们的作业就是写我，写出我的特点。下课！谢谢同学们！

把阅读课上成阅读课

一、阅读教学的基本定位

阅读教学的基本定位，也就是阅读教学的基本课程价值，或者说就是为什么要开设阅读课。说得通俗一点，就是阅读教学是什么，阅读教学是干什么的；说得理性一点，叫作阅读教学的价值取向。

考察我们阅读教学的现状，定位偏移的情况还比较严重。具体说，主要有这样几种表现：

一是阅读教学的高位化。阅读教学的目标是多层面的，有基本的任务，也有较高层次的任务。如果我们放弃了常规的任务和基本的任务，而只是抓住高端任务进行教学，就是一种高位化。比如文言文教学，如果放弃了文言文的阅读理解，放弃了文言文的阅读积累，放弃了文言文阅读能力的培养，而立足于所谓批判能力、创造能力、探究能力和审美能力的培养，就是背离了阅读教学的基本任务。阅读教学，如果学生根本还没有理解文本的基本内容，就进行拓展、比较、探究，就开展所谓创造性的阅读活动，这也是一种阅读教学高位化的表现。这样说，并不是反对新课改对阅读教学提出的新的要求，而是强调阅读教学要突出本身的基本任务，在立足本位任务的基础上再追求这些较高的目标。阅读教学的定位高一点没有错，追求高一点也没有错，但放弃了基本的目标就错了。

二是阅读教学的贵族化。所谓贵族化，是指无论教学的形式还是教学的内容，都脱离了日常教学的实际，既脱离绝大多数教师的实际，也脱离绝大多数学生的实际。一段时间，“美读”成风就是一个典型的例子。“美读”自然很好，但以为语文课必须美读，美读就是好的语文课，把语文课的课文朗读和舞台上的艺术朗诵混为一谈，就是一种贵族化的课堂观。有些教师的嗓音条件特别好，诵读技巧特别强，这自然是这些教师的优势。但并不能认为普通话好朗读好就一定是好的语文课，也不能认为语文教师的课文诵读都必须如此，否则还有几个语文教师能诵读课文呢？还有一种情况是，有些教师“十年磨一剑”精心打造，或者集体精心打造一节看起来无可挑剔的课，利用一些一般教师所不具备的条件，运用一些一般情况无法运用、一般教师不能运用的教学手段和方法，或者采用无意义的高成本、高要求的方式进行教学。这样的课堂不能说不好，甚至也可以说的确很美。但对教师素养的要求之高，对教学投入的要求之高，远远超出了一般教师所能达到的程度，或者说在日常教学中几乎无法实现，即使对于那些执教者来说，或许也只能是“十年磨一剑”而已。这样的课，过于华美，过于高贵，只能是观赏性的，只能是少数人所能做到的，只能是偶一为之，没有普适价值，绝不可能走向“人间”。应该说，这样的课本身没有什么不对。但问题是，如果让一线教师以为这种贵族化的课就是阅读教学的基本形态，就是阅读课的方向，唯有这样的课才是阅读教学的本来面目，这就显得可怕了。它不仅误导了大家对阅读教学基本定位的理解，而且使面广量大的一线教师对自己能够按照阅读教学要求进行教学失去了信心。事实上，现在有些教师的听课心态和评课标准就出现了严重问题。在有些教师看来，凡是自己做不到的、学不了的课，才是好课；凡是自己能做到的，身边教师也能做到的，就不是好课。其实，大家一起炮制几节大多数教师做不到、平时教学做不到的课，有什么意思呢？

三是阅读教学的形式化。应该说，语文教学的形式化，已经成为一个比较普遍的问题，而阅读教学的表现尤其严重。新课改初期，比较突出的做法是分组。动不动就是小组讨论。不管内容是否具有讨论空间，不管学生是否具有分组习惯，不考虑如何保证讨论的有效展开，不考虑分组以后信息的汇总和交流，只是简单地一分了事。以为分组了就是合作学习，就是新课改了。除了分组，整个教学过程的形式化也很严重。很多青年教师如果执教公开课，就是东拼西凑找课件，就是变着法子找新招。却不在文本上下功夫，不在教学内容上下功夫。结果把课堂打扮得花枝招展，珠光宝气，但是内容却很苍白，甚至常常出现“常识”问题。

四是阅读教学的低位化。阅读教学的低位化主要有两种表现。一种表现是把教学的目标仅仅定位在让学生理解文本内容，而且主要是理解作者原本要表达的思想上。教学的方法和过程基本是结论传递。教授《叫三声夸克》就是让学生弄懂什么是夸克，教授《在马克思墓前的讲话》，就是让学生了解马克思一生的巨大贡献。教授《胡同文化》，有的教师就教“胡同”，有的教师就教“文化”。现在有些教材是主题组元，于是有的教师就把“主题”作为教学的内容。低位化的另一种表现就是简单地瞄准考试的阅读题进行教学，把教学的目标仅仅定位在应对考试上。备课就是寻找“考点”，或者叫知识点，甚至就把教学内容直接设计成高考阅读题；教学的展开就是教师提问题，学生读课文找答案，然后讲答案。文言文教学就只剩下解释、翻译以及古汉语知识，就只有字词句；说明文教学就只有信息的筛选，甚至散文教学也是简单地套用高考的几道题目。

那么，阅读教学的基本定位是什么呢？我将它归纳为三句话：

第一，让学生在阅读中学会阅读。

这是阅读教学的基本价值，也是最重要的价值。一个人阅读能力的提高，是一个复杂的问题。阅读的习惯、阅读的环境、阅读量的积累等都是很重要的因素。但如果我们把问题的讨论限制在语文教学，或者说限制在语文课堂教学这样的范畴，那么阅读教学必须承担让学生学会阅读这样的责任。

如果我们考察一下许多教师是如何上阅读课的，如果我们知道很多教师是如何对付高考现代文阅读的，就会发现问题的一些症结。现在语文圈里流行着这样一句话：公开课，考预习；对付高考，靠练习。我们前面说过：学语文不能靠做练习，对付高考也不能靠做练习。而现代文阅读，靠做练习基本是没有用的。因为一个人的阅读能力和阅读量有关，和阅读习惯有关，还和这个人的语文综合素养有关，其中一个很重要的因素就是他有没有学会阅读。如果没有学会阅读，单单依靠练习，是不可能练出效果来的，甚至会练出问题来。我常常和教师们打这样一个比喻：如果教我们跳伞，什么也不说或者只讲一下跳伞的要领和方法，就每个人发几十个伞，把大家带到五楼上开始反复练习，其结果必然是非死即残。毫不夸张地说，我们很多学生就是这样进考场的。其结果自然可想而知。其实，如何学语文，古人说得很清楚。《论语》的第一句话是“学而时习之，不亦说乎”。这个句子大家都会翻译，但其表达的教学原理却并不是每个人都懂的。它告诉我们，要先学会，然后再时时进行练习加以巩固，才有效果。而我们现在没有让学生学会却只让学生反复练习（很多教师的阅读课也是一种变相的练习）。所以，即使从应试的角度看，阅读教学也应该首先让学生学会阅读；从学生终身学习的角度，自然更应该如此。

第二，让学生在阅读中获得丰富的积累。

我们老家说一个人语文好，叫“肚子里有货”。“货”从哪里来？只能是积累而得。其实，学习语文要积累的道理是大家都懂的。如何积累呢？重要途径是在阅读中积累。从理想的角度看，学生当然应在广泛的阅读和丰富的社会生活中进行丰富的积累，但我们都知道，现在学生学语文的环境并不好。环境不好并不是要我们放弃责任的理由，而更应该看重阅读课的积累。积累什么呢？

一是语言的积累。这当然包括词语的积累，但又不仅仅如此。词语的积累、句式的积累、片段的积累，乃至篇章的积累、语感的积累，这些都很重要。这一点有很多教师是重视的。总体来说，小学比初中好，初中比高中好，高中教师的课常常比较空。一堂课下来，有用的东西不多。

二是知识的积累。2003年新课改之后，有个说法叫淡化知识。我一直不认同这种说法。三维目标的六个要素，第一个就是知识，怎么叫淡化知识呢？我曾专门写文章谈过这个问题。需要解决的问题是树立正确的知识观，正确认识知识的范畴、知识在语文教学中的地位和价值，以及应该如何进行知识教学，而不是简单地淡化知识。语文教学是不能没有知识的，甚至也是不能淡化知识的。姑且不说广义的知识涵盖了语文教学的一切内容；即使从狭义的角度讲，知识也是不能淡化的。阅读教学要知识，写作教学要知识，古诗欣赏更要知识。语法知识要学，修辞知识也要学；文章知识要学，文学知识也要学；文化知识要学，生活知识也要学。当然，夸大知识的作用是不对的。有教师说，不学语法学生就不会改病句了。古人没有语法，就不改病句了？作家不学语法，就不修改文章了？同样，把知识作为语文教学的主要内容，凡学一个知识点，就要系统地学、系统地讲，也是不对的。但因此简单化地淡化知识肯定是不行的。

三是语文学习资源的积累。学语文就像造房子，除了砖头瓦片，除了钢筋水泥，还需要很多零零碎碎的东西。而这些东西和砖瓦钢筋水泥一样重要。为什么有的人阅读能力强，为什么有的人写作能力强，语文资源丰富是一个很重要的因素。所谓语文的资源，当然包括语言，也可以包括各类语文知识，但又远远不止这些。它对一个人的语文学习起着重要作用。我指导高三学生的作文，就告诉他们：如果拿不出“我有人无”的个性化材料，一个基本的策略，就是用好教科书中的材料。事实上，即使不说小学，初中6本语文书，高中5本语文书，有足够的材料够我们使用，如果再加上选修教材和读本，几十本书真的很够用了。不必专门去背诵什么素材宝典。遗憾的是，我们很多阅读课，除了让学生记住一大堆抽象干瘪的结论，什么东西也没有留下。学了《孔乙己》，就记住什么自命清高，什么好喝懒做，什么科举制度毒害，什么社会冷漠，关于孔乙己的描写，关于孔乙己的言行，居然一句说不出来。

四是生活的积累。古人说：读万卷书，行万里路。这句话道出了学语文的真谛。但大多数人是做不到的，我们做不到，我们的学生更做不到。读万卷书做不到，行万里路更做不到。而一个人的生活阅历，一个人了解生活的广度和理解生活的深度，无论对阅读还是对写作都非常重要。怎么办呢？只能靠阅读教学在一定程度上弥补。我们没有经历战争，阅读让我们认识战争的罪恶；我们没有离乡，阅读让我们体验了离乡的情绪；我们还没有尝过爱情的滋味，阅读让我们感受爱情的美好。阅读丰富了所有人的人生，而对于涉世尚浅的学生，这样的积累更为重要。

五是思想和感情的积累。对于这一点，有人会有不同意见。他们会问：思想和感情也能积累吗？我认为是能的。除了个别的特殊案例，一般情况下，读书多的人感情就丰富，读书多的人思想就深刻。一个自然科学家说他是站在巨人的肩膀上而有成就的。我觉得思想家也是如此，甚至可以说每个人的思想成长都是如此。

第三，在阅读中培养学生的语文综合素养。

我们以前一直说语文知识和语文能力，或者叫基础知识和基本能力。课程改革提出了语文素养这个概念。有人认为是多此一举，修改义务教育阶段的语文课程标准时有人主张删改。我们觉得这个概念的提出是很有价值的。因为语文的确不仅仅是语文知识和语文能力。那么，什么是语文素养呢？要系统全面地阐述，会很花时间。简单地说，语文素养除了语文知识和语文能力之外，还有许许多多看不清楚、说不清楚但又实实在在存在的东西。这些东西有时候对一个人的语文素养甚至起着决定性的作用，比如兴趣、习惯，比如思维方式、情感世界、生活阅历，等等，当然更多的是难以表达的东西。比如写作，要考写作知识，或者考所谓写作能力，很多作家并不行，但他就是会写作，这说明他具有良好的写作素养。一位年轻的语文教师问过我：一个同学作文写不好，为什么能写一封精彩的情书？我说这是素养在起作用。事实上，我们语文教师并不一定是写情诗写情书的高手。口语交际更是如此，我们语文教师讲口语交际的知识头头是道，也能和学生进行口语交际的训练，但自己在生活中并不一定是口语交际的高手；相反，一些读书不多的人，却说话得体，让人听了很舒服，很容易接受。这就是语言素养。说和写如此，基础知识也是如此。有一年，高考有道题是考歧义。题干的大意是：下面的语句有不同理解，请在前面或者后面加上适当内容，使它表达清晰。其中一个句子是“爸爸在动手术”。我的表弟在我班上接受了三年比较扎实的训练，4 分题 1 分没有得；而我的姑姑，邮电局的一个职工，一边在灶台上炒菜，一边脱口而出，和参考答案几乎一样。这是为什么呢？我认为也是语文素养在起作用。所以，我们的语文课，我们的阅读课，仅仅让学生学习阅读方法，学习语文知识，训练阅读能力，还不够，还要培养学生的语文综合素养。我常常说：眼睛只盯着语文教语文，是老老实实的语文课；什么都有，就是没有语文，是最差的语文课；看看什么都有，想想全是语文，才是最好的语文课。有人问我如何才能达到第三境界，我说素养是靠濡染的，不是技巧，不是训练，也不是简单的拓展和迁移。一个教师具有了这样的素养，他的课才能达到这样的境界。

阅读教学的定位，既是一个实践性问题，又是一个理论性课题。以上几点想法，是我们根据自己的实践经验做出的思考和归纳。

二、阅读教学的基本策略

1. 以文本理解为基础

这句话有两层意思：一是阅读教学必须首先让学生理解文本，二是阅读教学不能停留于文本理解。停留于文本的理解，就是阅读教学的低位化；不理解文本就让学生开展各种活动，那是架空了的阅读教学，或者那就不是阅读教学。

以文本理解为基础，要求教师必须亲自阅读文本，必须亲自解读文本。不知从什么时候开始，很多语文教师自己不读文本了。年老的不读，年轻的也不读。一切来自教参，一切来自练习，一切来自现成的课件和各种资料。这些年，我们在积极倡导本色语文的同时，努力实践共生教学。而共生阅读教学就是教师要用自己的阅读体验、阅读思考唤起和激发学生的阅读体验和阅读思考，让学生在这种共生的阅读过程中学会阅读。这种阅读教学，是以教师自己的深入阅读为基础的，教师没有自己的阅读是无法进行阅读教学的。其实，即使不采用共生阅读教学方法，教师不读文本，就不可能真正落实以理解文本为基础的策略。因为我们曾专门有文章谈论过语文教师的文本阅读，这里就不再展开。

其次是要弄清楚什么是“文本理解”。是不是文字上没有障碍，就是文本理解呢？是不是参考书全看懂了就是文本理解呢？是不是文言文能翻译能“串讲”就是文本理解了呢？我们以为都不是。阅读学是一门专门的学问，有兴趣的教师可以自己读一点这方面的书。我经常和教师们讲的是其中最简单的道理，即要把握文本理解的三重意义：（1）作者意义和文本意义；（2）社会意义和历史意义；（3）个性意义和读者意义。任何文本，从一个词句到一篇文章到一部著作，都有这三个层面的理解。对这个道理的解释，各人的说法并不一样，这里是我以为比较好懂的一种说法。所谓文本意义，就是文本符号组合在一起能够反映的意义。所谓作者意义就是作者写这个文本所要表达的是什么。所谓社会意义和历史意义，就是一个文本在流传的过程中在不同的阶段和不同的环境中表达的意义。一个文本就像一个孩子，从妈妈肚子里出来，就是这个社会的，不再完全属于妈妈，会有自己的“主张”。所谓读者意义和个性意义，即人们常说的一千个读者一千个林黛玉。其实，作者意义和文本意义，历史意义和社会意义，读者意义和个性意义，并不完全相等。为了简单化，我们姑且这么说。举例说，我们的成语现在常用的意义，绝大多数已经不再是原初的意义。所以我坚决反对考查成语使用对错的判断。成语正因为错用才具有了生命力和创造性。比如“桃之夭夭”这个成语，文本意义是什么呢？“桃之夭夭，灼灼其华”，大意就是“在那桃花盛开的地方”，跟逃跑一点关系都没有。逃跑，溜之大吉，就是“逃之夭夭”的社会意义和历史意义。什么时候有这个意义的呢？谁也不知道。可以肯定的是，原文作者和文字符号上没有这个意义。这个意义是怎么形成的呢？肯定是一开始有人无意或者有意用谐音来表达逃跑这个意思，后来得到很多人的认同。大家都这样用了，于是这个词语就有了新的意义。一篇作品也是如此。苏轼的《水调歌头·明月几时有》，作者原来表达的是兄弟之情，现在早就不限于兄弟之情了。元稹的“曾经沧海难为水，除却巫山不是云”（《离思五首》），原来表达爱情的坚贞，现在几乎没有人再这样运用了。至于说到一部著作，塞万提斯的《堂吉诃德》是最典型的例子。作者原意很清楚，是要讽刺骑士文学，但现在很多人将堂吉诃德看作正面形象了。《红楼梦》的作者意义，到现在都没有人知道，曾经成为主要说法的主题是“以宝黛爱情为主线，以四大家族的崩溃，反映封建社会的必然灭亡”，这肯定不是曹雪芹的原意。有人说，这种理解根本就是错的。我们以为也不错，这就是《红楼梦》的社会意义和历史意义，是一定历史时期一定社会阶段的理解。而对于《红楼梦》不同个性解读非常之多，鲁迅先生的一段名言大家都很熟知，我自己先后就有过两种不同解读。

认识了文本理解的基本规律，不仅对我们解读一篇具体的文本非常有价值，而且为阅读教学带来了丰富的教学资源和巨大的教学空间，同时对培养学生解读文本的能力和从不同角度认识事物的能力，也非常有意义。但它对语文教师的阅读教学提出了非常高的要求。因为简单的一元解读（只有一种解读是对的）和简单的多元解读（所有解读都对）是最容易的，而要做到多元解读和一元解读的统一，对教师的要求很高。而我们有些教师的阅读教学就是简单的一元，对照参考书的答案，对照自己的答案，差一个字都不行；而有的教师则是简单的多元，学生不管怎么回答，都有道理，都很棒。这两种做法都很有害，都很不负责任。所以，我常常提醒语文教师们：语文的答案不是唯一的，但不是所有答案都是对的；语文教师的责任就是告诉学生，哪些答案是对的，哪些是不对的，哪些答案是最好的，哪些答案是需要修改的。教学的责任就是帮助学生由不太好到好，就是让学生由错到不错。

以文本理解为基础，要求语文教师具有处理文本的基本能力，能够科学合理地选择教学内容，设计和组织教学活动。语文教师阅读教学的文本处理，大致要经历这样几个环节：文本解读—文本解构—文本重构—内容选择—内容整合（活动设计）。这是一个需要专门论述的问题，这里不能细讲。简单说，文本理解就是前面说的能从不同层面理解文本，形成对文本透彻的并有自己发现的理解。文本解构，就是语文教师要善于拆卸文本，就像修电视必须能拆电视。文本重构，就是把拆卸开的文本进行重新组装，进行还原，不仅能够还原为作者的作品，而且能在还原中加深对文本的理解，有自己的阅读发现。内容整合，就是将从文本中发现和选择的教学内容，进行合理的加工，形成教学活动，或者说通过具体的教学活动设计，体现教学内容。我曾专门撰文谈过教学内容的选择，提出了阅读教学内容确定的“四三原则”。其中的“四”就是要考虑课程标准的要求、考试的要求、文本的特点和学生的需要。“三”就是阅读教学文本处理的三个层次：（1）意义（内涵）理解；（2）形式理解；（3）语言理解。我们常常看到，有的阅读教学只教内容，有的阅读教学只教语言。这些都是阅读教学内容的严重缺失。当然，这三个层面的内容，不是简单的相加，而是互相整合在一起的。整合得好，一箭三雕，课堂就丰满，就有张力，就能给学生带来阅读教学的享受；三者互相割裂，互相伤害，就“一损俱损”，都得不到落实。

以文本理解为基础，最重要的是要教给学生理解文本的方法。理解文本有哪些方法呢？我常常说，语文没有什么新方法，只有没有用好的方法。阅读教学也是如此。

诵读和默读，是理解文本最基本的方法。

有的教师会说：我们一直用的就是这样的方法啊。可果真这样吗？课堂里有朗读有默读，我是承认的，但是不是将朗读和默读作为学生理解文本的方法的呢？值得讨论。我们曾在多种场合讲过阅读教学中朗读的形式化问题。这些问题的另一面，就是没有将朗读作为理解文本的方法。比如动不动就齐读。齐读能有助于文本理解吗？至少对于理解文本而言，齐读不是最好的朗读方法。有的教师说，我是检查朗读的字音和句子停顿是否正确。但齐读之中，你能听出字音和句子停顿是否正确吗？这就是形式主义。再比如动不动就是录音的朗读。那些播音员和演员对文本的理解是最恰当的吗？他知道你的教学需要和学生的需要吗？他能有目的地为学生的文本理解服务吗？更让人无法理解的是，课堂指名朗读都是让普通话好的同学读。课文朗读不是普通话比赛，普通话好与差和文本理解之间没有必然的对应关系。只要想想我们自己是怎么朗读的，就知道该怎么要求学生。至少我自己是常常喜欢一个人在家放开喉咙恣意朗读课文的，不计较普通话是否准确，也不在意什么朗读技巧，爱怎么读就怎么读，有时候简直是“放浪形骸”。但我觉得真的读进了文本。那感觉真的很爽！

至于默读，则是更加重要的方法。因为无论是考试的阅读还是生活中的阅读，还是以默读为主。默读最没有技巧，如果有，就是沉下心来读文本。可是我们阅读教学中默读的最大问题，就是没有办法让学生沉下心来读。学生读书时，我们教师骚扰实在太多，无法让学生沉下心来默读。有的教师不停地跑来跑去，过一会儿就要点拨、提醒几句：“大家要注意，边看书要边做符号哦”，“有些同学已经看到第三段了，其他同学要抓紧时间哦”，等等；有时候还会和个别同学叽叽咕咕讨论问题，吸引得所有同学都朝他们这里看；现在还有教师让学生一边看书一边欣赏音乐。我想，大家都应该知道学生一边看书一边听音乐不是个好习惯，恐怕没有一个家长会这样做，我们的教师在家里也不会这样做。长期如此，对学生的阅读习惯和阅读方式产生了非常严重的负面作用。事实上，中考和高考考场上学生匆匆阅读、匆忙答题的不良行为，与阅读课堂上学生浮光掠影地阅读课文有着紧密的关联。

除了朗读和默读，层次分析和内容归纳也是重要的阅读方法。

新课程改革之后，经常有教师问我：现在阅读课能不能分析层次呢？能不能概括大意呢？我说：谁规定不能了？他们说：虽然没有人规定，但公开课从没有人分析层次和归纳大意。说的的确是事实，但我会告诉他们：层次分析和内容归纳是重要的阅读能力，也是重要的阅读方法。

我们都知道，高考的现代文阅读得分普遍比较低，越是大分值的题目得分越低。我们有教师注意到，原因是学生的回答没有要点意识，回答了很多，但不得要领；说了很多，其实就是说了一层意思。于是就指导他们把回答的话分成几个要点，可是得分并没有提高。因为回答的内容是交叉的、重复的。这些教师的指导主要是从技法入手，没有看到问题的本质，所以效果不大。从根本上说，失分的原因是学生缺少从不同角度看问题的能力；从阅读的角度看，是没有厘清文章的思路。所以，我总对我的学生说，不管是否有关于文章思路的题目，你总要先把文章的思路理清楚，由什么说起，先写什么后写什么再写什么，前后内容是什么关系。其实，这就是一个分析层次和归纳大意的过程。有这样的理解为基础，答题时再从不同层次去思考要点。全文如此，一些比较长的段落的阅读也是如此。这样就可以提高答题的质量，这样的要点就能避免重复和交叉。我自己觉得效果不错。

层次分析和内容归纳，不仅是考试阅读的有效方法，从长远的角度看，从终身发展的角度看，也是有用的阅读方法。我们读书看报，或者读一份文件，总要厘清它的思路和结构，看看主要话题是什么，是从哪几方面展开的。听人说话，也是如此。对方说了几层意思，先说什么后说什么，为什么这样说，这样一步步分析，才能明白对方的用意。不知道为什么大家的阅读课都不再分析层次和归纳内容了。

当然，我们这样说，并不是仍然要回到以前“介绍背景—分析层次—归纳大意—中心思想—写作特点”的僵化思路上去。每篇课文都做层次分析、内容归纳的做法肯定是不对的，因文而异进行层次分析和内容归纳的训练是必需的。还要注意的是，分析层次，一般情况不必过于计较层次的起始。有时候，这个问题很重要，更多的时候并不十分重要。我们的目的，并不在于明确哪一种分析是唯一正确的答案，而在于厘清思路，在于让学生学会运用这样的方法进行阅读。内容的归纳训练，我以为更应该加强。不会归纳，说话不得要领，是很多同学的问题，也是考试丢分的重要原因。明明是一个小问题，我们学生一开口就滔滔不绝，说一大堆，你让他用简要语言回答，却做不到。这是缺少训练的缘故。

知人论世和以意逆志，是古人总结的有效的阅读方法。其实，这也是常用的阅读方法。我们语文教师似乎都在用，但又都没有把它作为阅读的方法教给学生。说得明白一点，所谓知人论世，就是作者和背景介绍。我们的语文课，背景介绍都是有的，但基本和文本理解，尤其是和学生理解文本的需要没有直接关联。比较普遍的做法是，上课开始来一段背景介绍，为什么介绍，介绍哪些背景，在什么时候介绍，如何和学生的文本理解发生关系，大家考虑得不多。我注意到，高中教师介绍杜甫，和初中教师介绍杜甫没有什么不同，学习这首诗的介绍和学习那首诗的介绍，也并没有多大差别。比如理解王安石的“春风又绿江南岸”，知道了王安石写诗的背景，对诗句中隐含的感情就会有深刻的理解；比如对《背影》中父亲爬过月台买橘子的细节的理解，知道了父亲当时的“老境”，知道了朱自清和父亲多年失和的关系，对父子感情就能理解得更到位。但我以为这些背景都不宜在教学起始时介绍，或者说不宜一步到位进行介绍。一位教师教授食指的诗歌《这是四点零八分的北京》，开始用了近二十分钟介绍“文化大革命”，可是后面学生对具体诗句的理解产生困难时却显得束手无策。很显然，这位教师不知道介绍背景就是知人论世。

以意逆志，出自《孟子·万章上》，原句是：“故说《诗》

者，不以文害辞，不以辞害志；以意逆志，是为得之。”即我们理解作品，要从作品的整体出发，由表及里、由浅入深地理解诗作的主旨，要用我们读者自己的切身体会去理解作者的内心世界，推测作者的本意。在我看来，这也就是我们经常说的还原阅读。一是把作品还原到生活，把作品中的人和事还原为生活中的人和事；二是把作品中的作者还原为生活中的作者；三是把作者或人物还原为读者。比如鉴赏诗歌，就是融入自己的生活经验去读诗，也就是把自己当作诗人，然后“将心比心”去领会、推测诗人在诗中所寄寓的情感，从而理解诗歌的内容和主旨。这就是“以意逆志”的诗歌鉴赏方法。诗歌鉴赏如此，其他作品的阅读也是如此。

2. 以问题探讨为引领

通过问题的提出和解决推进阅读教学的进程，这是大家都知道的常识。但怎么通过问题来引导阅读教学的展开，有很多不同的理解，也有很多不同的做法。

在有些教师看来，提问题就是为了找答案。所以，阅读教学的过程，就是不断提问题不断找答案的过程。我调侃说，找到答案就眉开眼笑，找不到答案则死不瞑目。找到答案，教师板书，学生记下来，再找下一个答案；找不到答案，就PPT出示，读一读，记一记，完成任务。这种以找答案为核心的问题教学和阅读教学仍是比较普遍的现象。这让我们想到警察训练军犬。教官拿个小球在小狗的鼻子上擦一擦，向远处一扔，小狗跑过去，把小球衔过来，教官拍拍它的脑袋，给它吃一点东西作为奖励；然后再把小球一扔，小狗又跑过去衔。不少语文教师也是这样，不断提问题让学生在文本中去找。最好是第一个“小狗”就把答案找过来，最开心，他觉得教学很成功。其实，第一个小狗就把球找到了就是无效教学。因为第一个小狗找到了，不代表其他小狗都找得到。第一个小狗找到了，是它本来就有这个能力，并不是你教学的结果；而其他小狗不会找，找不到，你却不管了。有些教师为了让学生能够又快又准地找到答案，把问题设计得简单幼稚，没有一点张力。因为在很多教师看来，教师提问、学生回答要无缝对接才是成功的课堂。可以说，教师提问题、学生找答案仍是阅读教学比较盛行的一种做法。最近两年的全国课堂教学比赛中，这样的提问仍然很多。

我们认为，阅读教学中提出问题的主要目的，是要引领学生开展阅读活动，深入理解文本，在问题讨论中学会阅读。我教王安忆的《我们家的男子汉》，几个主要问题是：读这篇课文，你有没有不懂的句子？文章题目为什么说“我们家的男子汉”而不说“我家的男子汉”？你有没有发现文章结构上有什么特点？文章中的小标题一般有什么作用？本文的小标题是否都能够统领后面的所有内容？如果我们用人物的语言作为小标题，分别用哪些句子比较好？换了的小标题和原来的标题有什么不同？从这些语言可以看出人物的什么特点？你认为男子汉精神最主要的内涵应该是什么？这些问题，都不是为了找答案，或者说也不能从文章中直接找到答案；而是为了引导学生认真阅读文本，在阅读中学会阅读。可我们有些课堂中的问题讨论却完全脱离了文本，甚至误读了文本，背离了文本。阅读教学以问题探讨为引导，其主要目的还在于培养学生的问题意识。有位外国教育专家说：教学的最大成功，就是让学生有了问题。我们也始终认为，问题意识的培养对于学生学会阅读是非常重要的。但问题意识并不是凭空培养的，借助文本的阅读，用教师的问题引发学生的问题，是很有效的方法。阅读教学采用以问题讨论为引导的策略，既可以加深对文本的理解，又可以在阅读中培养问题意识。要解决问题，先要发现问题。遗憾的是，我们现在的语文教学，尤其是阅读教学，基本都是回答别人的问题，而没有自己的问题。教师是如此，学生更是如此。教师根据别人的问题教学，学生根据教师的问题找答案。其结果是，面对试卷上的问题，学生常常还是束手无策。如果我们的教师面对文本，能够在阅读中形成自己的问题，我们的学生也能够在阅读产生自己的问题；那么，拿到中考试卷、高考试卷，面对阅读材料，我们或许就会很自信地想：你命题人出的题目，不外乎也就是那么几个。一看，果然不出所料。这样对付考试，也就轻松了。

从某种意义上说，学生能够提出问题，是阅读教学成功的一个重要标志。但我们又不能简单地把学生的问题直接作为引领教学过程的问题，教师必须对学生的问题进行处理和加工。阅读教学中直接用学生的问题引领教学活动，很容易造成教学的随意和无效。一位初中教师教授一篇小说《一条毛毯》。故事的大意是：一家三代人生活在一起，爷爷、儿子和孙子。儿子找了个对象要结婚了，女方要求他必须把自己的父亲送到养老院去。儿子舍不得父亲，又不能不送，买了一条毛毯送给父亲。孙子知道后很不开心，就把毛毯剪掉了一半。儿子问其中的缘故，孙子说，现在爷爷到养老院送一半，还有一半等你上养老院我再送给你。有个同学提问：这个小孩子的妈妈哪里去了呢？教师让同学们发挥想象，思考小孩子的妈妈到哪里去了。学生的答案很丰富，课堂上真的很热闹。有的说是死了，有的说是离婚了，有的说是出走了。可是这样的精彩和热闹，与文本的解读无关，更不能真正培养学生的问题意识。如果能够将同学们的关注点转移到“新妈妈”身上，则能将一个没有意义的问题转化为有价值的教学问题。一位小学老师教《塞翁失马》，让同学们提问题。有位同学的问题是：塞翁失去的是公马还是母马呢？教师说：“这个问题提得太好了！好，同学们讨论。”于是分组讨论，结果当然可想而知，公马还是母马，还是弄不清楚。一位小学教师教《鹬蚌相争》，有个同学提问：“鹬咬着蚌的嘴，蚌咬着鹬的嘴，它们怎么能够说话呢？”教师也是让学生讨论，结果当然也是不了了之。从教育的角度讲，小学生的提问不必计较对与错，能提问题就了不起。但从阅读教学的角度看，教师不应该跟着学生的思路跑。如果能在鼓励的同时，适当加以引导，或许效果就会大不相同。你觉得是公马还是母马呢？你有什么根据吗？你怎么会想到这个有意思的问题呢？鹬没有咬着蚌的嘴，蚌没有咬着鹬的嘴，它们能够说话吗？然后再告诉同学们，让那些不会说话的动物和我们人一样说话，这就是寓言的特点。这样既能鼓励学生提问题的积极性，又能引导学生围绕教学内容进行有价值的思考。所以，教师既要能用自己的问题引导学生发现问题，引导学生提出有意义的问题，还要能对学生的问题进行筛选和加工，申发出有价值的教学问题。说到这里，我想到于漪老师的一个经典案例。于老师教授《宇宙里有些什么》，一个学生问：“‘千万万颗星星’是多少颗星星？”有个同学很不屑地说:"'千万万颗星星'不就是一千亿颗星星吗?"说得提出问题的同学十分自卑。可是于老师却发现了这样看似简单甚至幼稚的问题背后的教学价值。她问:"既然'千万万颗星星'就是一千亿颗星星,为什么课文不写成'一千亿颗星星'呢?"于是同学们围绕这个问题展开了讨论,最后明确:一千亿颗星星说成"千万万颗星星"一是说明这是概数而不是确数,更重要的是这样的表达更能表现星星的多。最后于老师还不忘让大家想一想这个问题是谁提出来的。这样的经典案例对我们理解阅读教学的问题策略是非常有意义的。

特别要注意的是,阅读教学中用来引导学生学习活动的问题,一定要来自文本,一定要来自教师的"亲自"阅读,一定要来自立足学生立场的思考。

在阅读课堂上,我们常常发现一些教师的问题没有活力、张力,刻板僵化,不能激发兴趣,和学生总是有着太大的距离。教师在阅读教学中让学生解决的问题,应该是学生通过文本阅读能够解决的问题,而且是学生阅读这篇文本应该解决的问题。我们在听课时常常发现执教教师提出的问题,很多是我们听课教师都无法解决的,有的则是阅读有关文本根本无法解决的问题。苏教版初中语文教材七年级的第一篇课文是赵丽宏的《为你打开一扇门》。这是根据作者的一篇文章改写的课文。文章很短,主要是让学生了解文学的魅力,引导学生热爱文学,喜欢读书。可一位教师教学时,让学生思考的主要问题是:文学的基本功能是什么?有的同学说文学就是讲故事,有的同学说文学很感人,有的同学说文学很美。作为初一新生,学生这样的回答应该说已经很了不起。但教师总觉得不满意，最后用PPT出示了自己的答案，大意是文学的功能有：一是社会功能，二是怡情功能，三是审美功能，四是教化功能。我们不禁要问：初一学生要思考这样的问题吗？阅读这篇课文能解决这样的问题吗？无疑这都是教师立足于自己的立场一厢情愿地提出的问题。一位高中教师教王羲之的《兰亭集序》，让学生思考的主要问题是：作者为什么要写《兰亭集序》？《兰亭集》中的诗是怎么写出来的？《兰亭集序》的文化意义是什么？如果不是研究《兰亭集序》的专家，这样的问题真的很难回答。作为高中生阅读《兰亭集序》，这些是要解决的主要问题吗？一位教师教《项脊轩志》，让学生想一想作者写这篇文章的时候，欧洲文艺是什么时期，同一时期中西文学有什么异同。我知道这位教师肯定读了相关的文章和书籍，而且自己很喜欢。但教师知道的，学生未必应该知道；教师自己喜欢的，学生未必就应该喜欢。有一位初中教师教《再别康桥》，让学生思考：如果作者读这首诗，会怎么读？诸如此类的问题，有的来自参考书，有的来自试卷、练习和各种资料，有的来自教师的主观想象和自我感觉，完全脱离了学生的阅读需要，所以无法真正推动阅读教学的进程，更不能引导学生的阅读。

阅读教学中，教师还要能够引导学生学会解决阅读中的问题，培养他们解决问题的能力。

尽管我们说，发现问题有时候比解决问题更有意义，但引导学生解决问题，仍是阅读教学的应尽责任，尤其是对于中学语文教学来说，尤为必要，毕竟中考和高考是无法回避的问题。可是我们的阅读教学，常常既不能引导学生提出问题，也不能引导学生有效解决问题。有一位体育教师听了几节语文课之后对我说："你们语文教师上课，总是提问题让学生回答，学生说一通之后，用PPT出示答案了事；学生提的问题，还是让学生自己解决，这个学生提的问题让那个学生回答，那个学生提的问题让这个学生回答。要不然就是分组讨论，实在不行就举手表决。教师自己总不解决问题。就像踢足球，总是传球，就是从不射门。连我都能教语文了。"这位教师是在开玩笑，但说的也是实情，而且切中要害。一次听课，一位教师看到学生意见分歧很大，相持不下，他及时明确表达了自己的意见。比之于很多坚决不发表自己意见和一些教师肯定一切意见的做法，他还是一个负责的教师。但有几个同学就是不认同他的意见。无奈之中，这位教师拿过讲台上的一本教学参考书，对学生说："你有什么不服气的？你看，教学参考书就是这么说的。"参考书的意见是否一定正确另当别论，但这种解决问题的方法很不可取。至少说，他是以"书"压人，以权威压人，并没有真正解决学生的问题，更没有引导学生解决问题。当然，我们不是说，所有问题一定要在课堂上给学生一个明确的答案。我们的意思是，该明确的要明确，该存疑的要存疑，该共存的要共存，该纠正的要纠正。是非不分，含糊其词，简单否定和肯定，很容易混淆学生的判断，搅乱学生的思维。甚至有的教师主动让学生提问题，可是等学生的问题提出来之后，便又不了了之。一位教师教林语堂的《动人的北平》，先问：作者写了北平哪些特点？学生抓住关键句和关键词概括了七个特点。教师又问：这七个特点是并列的关系吗？教师对自己提的问题并不再交代，接着问学生还有哪些问题。学生又提出了几个问题：文章的线索是什么？文章先说特点，后说“宜居”，这些内容与“动人”是什么关系？文章行文的顺序是什么？文章表达了作者什么样的感情？应该说学生的问题质量还是不错的。教师说这些问题先搁一搁，一直到下课便不再理会。

现在有两种阅读课是典型的什么问题也不解决的课。一种是很多教师追捧的圆满成功的课。我把它概括为“四个一”：一问就答，一答就对，一呼百应，一答了之。即教师一提问，学生就抢着回答，而且基本是一起回答，一答就对。执教教师非常得意，听课教师十分佩服。我们说，这是典型的假课。当然这种假，不同于平时不预习，一到公开课就拼命预习；更不同于上课前学生就知道要回答什么问题而提前准备好了答案。这种假，假在什么问题也不解决。什么是教学？教学的本质是教学生学会不会的。就是不喜欢的让他喜欢，不知道的让他知道，片面的让他全面，肤浅的让他深刻。而这种“四个一”的课，根本就没有“教”，当然也不需要“教”，因为学生本来都会。当然也有不会的，但被淹没了，教师听不到他们的声音，或者说他们也不敢发出声音。会的，本来就会；不会的，没有发现。这就是典型的虚假教学。还有一种典型的假课，叫“一键式”。现在很多语文教师上课，只要抱一个电脑，一切问题就解决了。打开PPT出示问题，学生读书思考再进行交流，教师出示答案，学生齐读答案记下答案。这里有教吗？没有。这里有学吗？也没有。所以，我们常常说：教学的过程，不是千方百计让学生说出正确答案，不是教师用种种方式出示答案，而是让学生发现问题，让学生暴露他们学习中的问题，然后引导他们解决问题，引导他们自己发现错误并从错误中走出来。这才叫教学。从考试的角度说，平时课堂上暴露的问题越多，考试卷上的错误就会越少。从教学论的角度看，解决问题，才叫学习成长。

3. 以语言活动为主体

我们一直强调语文课要以语文学习活动为主体，而在阅读教学中就应该以语言活动为主。钱梦龙老师说："阅读教学就是以文本为凭借的语言训练。"要使阅读教学成为丰富充实的语文学习活动，组织语言活动是主要的方式之一。换一个角度看，语言活动也是实现阅读教学课程价值的基本策略。关于阅读教学中的语言活动，我们曾多次著文进行讨论。这里，立足阅读教学的基本策略再说几点想法。

首先，阅读教学中的语言活动一定要立足文本，引领学生加深对文本的理解。

既然是作为阅读教学的一种策略，语言活动的主要目的，应该是为了引导学生深入理解文本，而且活动的设计应该植根于文本。

在这方面，宁鸿彬老师进行了积极的探索，积累了丰富的案例，形成了许多宝贵的经验。他教授《皇帝的新装》，有一个非常典型而精彩的语言活动，即让学生用一个动词概括文章的情节。学生说出了 12 个不同的动词，教师引导同学们讨论哪些动词是不行的，否定了六个；再讨论剩下的六个哪个最好，最后大家一致认为"骗"字最好；再讨论哪些人物之间有骗和被骗的关系，这些人物中核心人物是谁，为什么那么多人被骗，孩子却没被骗。这个语言活动，看上去非常简单，但堪称经典的案例。它成功地引导学生读进去，再读出来，进进出出，来来回回；从思维训练的角度看，有发散，有聚合，撒得开，收得拢。我还经常举于漪老师教授《晋祠》的例子。其中有一个语言活动是让学生听写《中国名胜词典》中“晋祠”的词条，然后让学生分析词条的要点，再从内容要点、写作顺序、详略不同、语言特点等多角度比较课文和词条。一个常见而简单的听写活动，推动了整个教学过程，引领学生一步步一层层阅读文本，思考问题。我自己也经常做这样的尝试。我教《阿房宫赋》，将课文内容压缩为一段话，再留空让学生阅读填空。这个语言活动，就是引领学生初读文本，了解铺陈的基本特点。我教《葡萄月令》，让学生用最短的文字缩写课文，和原文比较，认识文章说明文的内容、散文的意境、诗歌的语言这样的特点，并在此基础上解读作者葡萄一样的内心世界。我教《孔乙己》，有一个重点环节是“写手”。先是每位同学自己找适当的地方补写，要求是切合上下文，符合人物特点；然后全班一起补写孔乙己死的场景，一起讨论孔乙己死的时候手会是什么样的，手里会有什么。最后我又安排用中、西两种方式为孔乙己写碑文的活动。这些语言活动的主要目的是加深学生对人物命运的理解，而避免概念化的教学和简单的结论传递。

可是有些阅读课中的语言活动，只是把阅读文本作为一个引子，并没有促使学生对文本进行深入阅读。一位教师教海伦·凯勒的《再塑生命的人》，要求学生以“再塑生命就是……”为开头写一段话，谈谈对生命的理解。同时又提供了“愤怒、苦恼、寂静、黑暗、光明、美好、新奇、自由、希望、快乐、疲惫不堪、美不胜收、神情紧张、小心翼翼、花团锦簇”等一大堆词语让学生选择运用。这虽然是典型的语言活动，但没有语言形式和内容指向方面的具体要求。提供的词语既限制了学生语言活动的空间，干扰了学生的语言运用，同时也堵塞了学生的思维空间，影响了学生在语言活动中对文本的关注。学生或者拼凑几句对比，或者组合一个排比，语言似乎是有文采的，但内容非常苍白，既没有得到思维的训练，也没有得到语言的训练，同时对“生命”这个话题也没有深入的思考，对文章的理解也没有得到深化，言和义两方面都显得很空。有些阅读教学的语言活动的主要目的就是模仿高考或中考的某种题型进行语言运用题的训练，甚至还要梳理这种题目的基本类型，大讲题型特点和答题要领；也有的阅读课的语言活动，主要是从课外阅读和课外活动中获得信息和资料，甚至有时候问题就来自课文外的资料，和阅读的文本关系不大。我们当然不是说这样的活动就没有意义，只是说这样的活动还不能说是阅读教学的策略。

其次，阅读教学中的语言活动，必须有明确的语言要求和具体的内容指向。

应该说，最近几年来，在阅读教学中组织语言活动的教师越来越多，但遗憾的是，很多语言活动没有明确的语言要求和具体的内容指向。最常见的是一些教师要求学生对某些内容进行概括、分析、归纳、比较，但最后学生的发言，既不概括也不分析，既不归纳也不比较，最后不了了之，甚至教师自己的“答案”也体现不出教师自己提出的语言要求。这种淡化甚至漠视语言要求的语言活动，对学生的阅读，对学生的表达，包括对学生的考试都是很不利的。记得我曾在一篇文章中举过一个例子：一位教师教辛弃疾的一首词，其中一个环节是花很长时间让学生对辛弃疾说一段话。在学生大发议论说了一通之后，教师用PPT亮出自己事先写好的“一段话”（其实是一篇文章），这段话的每一段用一个比喻领起，然后围绕这个比喻句展开，融进了辛弃疾的许多词句。教师的文字的确不错，对辛弃疾的确也有很多想法，但作为花了较多时间的课堂语言活动，不仅对文本的理解意义不大，学生的语言训练也几乎是没有效果的。如果“说”的内容和所学的具体作品有一定联系，形式上对学生提出明确的要求，这个活动就有意义多了。有位教师教《有的人》，最后一个活动是让学生说说自己愿意做什么样的人，然后PPT展示自己准备好的一段思想境界很高、用了很多对比和排比的话。我们姑且不说这种说教式的“情感态度”教育完全不符合语文学科的特点，其负面作用非常大；单就语言活动看，“怎么说”根本没有要求，学生都是说大话喊口号，缺少语言活动的应有价值。而这种“说一段话”“说几个句子”式的泛泛而谈的没有具体要求的语言活动，似乎成了一种流行式。

再次，阅读教学中的语言活动要力求具有张力，要为学生提供足够的语言活动空间。

阅读教学中成功的语言活动，既是阅读活动，又是语言活动，同时也是思想活动和情感活动。这就要求语言活动的设计和组织，必须为学生留下足够空间。就我们听到的一些课看，很多语言活动，还是课文内容的简单呈现，以及阅读结论的简单重复和交流。上文所举的一位教师教海伦·凯勒《再塑生命的人》的例子也存在这样的问题。再比如很多阅读课，让学生阅读课文后填一个表格，如果是记叙文，或者填写记叙文时间、地点、人物等几个要素，或者填写事件发展的开端、发展、高潮、结局等几个阶段；如果是议论文，就是填主要观点、分论点、论据、说理方法等几个要素。所填的内容，基本是课文词语的摘写。这样的语言活动，的确也有它的独特价值，但语言活动的空间不大，对文本也缺少有深度的思考，似乎都没有体现语言活动这一策略的优势和特点。如果不用语言活动的形式，直接让学生回答，质量和效果未必就不好。与此类似的是，一些活动限制了学生活动的空间，缺少“活动”的价值，还主要是一种泛泛的思考和讨论。一位教师教《亡人逸事》，自己把第一部分压缩为一段很短的文字，让学生和原文比较其不同的表达效果。我们想，为什么不让学生自己压缩比较呢？很显然，教师越俎代庖的做法，限制了学生语言活动的空间，也限制了学生的思维空间。一位教师教《怀念红狐》，其中有一个活动的设计是很有创意和语文学习价值的，即让学生比较原题和“我和红狐的故事”这两个题目的优劣。应该说效果是不错的。但我们觉得语言活动的张力显得不够。如果教师自己不预设“我和红狐的故事”这个题目，而是让学生先置换标题，然后再进行比较，我们相信一定能够引导学生更为深入、更为全面地理解文本，其活动的张力和效果显然是不一样的。

我们以为，好的语言活动，应该体现对文本的深度加工，体现对问题的深入思考；应该是语言形式的综合运用，是切合要求的个性表达。有的教师教食指的诗歌《相信未来》，让学生自己选择诗歌的某两个段落之间插写一节诗。我以为，这就是比较有张力、有空间的语言活动。学生完成这个活动，首先要思考这两节之间的关系，又要认真分析前一段诗句形式的特点，同时要考虑诗句的感情取向和前后段、和全诗和谐一致，这就不是简单“说几个句子”“写一段话”所能达到的效果。一位教师教朱自清的《春》，让学生模仿原文的结尾“春天像刚落地的娃娃，从头到脚都是新的，它生长着。春天像小姑娘，花枝招展的，笑着，走着。春天像健壮的青年，有铁一般的胳膊和腰脚，领着我们上前去”的句式续写一个句子。我觉得也是异曲同工的语言活动。要用比喻，要用拟人，要注意句子的节奏，要注意思想感情的一致，真真是一箭三雕。我在很多讲座中说到过自己教《神奇的激光》这个案例。有一次听一个教师教这篇课文，评课时大家都说这篇课文难教。说明文，说的知识学生不熟悉，又比较长，结构也比较松散，学生不能一看就懂。我说，没有绝对好教的课文，也没有绝对不好教的课文，不好教是因为我们没有找到好的方法。大家起哄，说黄老师那你来教教看。我说给我几天时间，于是我就反复读课文。读了几遍之后，脑子里灵光一现，终于有了发现，我觉得有办法了。于是我给大家教了一次。我的教学过程很简单：（1）检查预习，明确说明对象和内容。（2）思考交流：如果写一篇300字左右的文章介绍激光，文章中哪些内容可以删掉，剩余的内容是从哪些方面介绍激光的。（3）语言活动：从文中摘取信息，组成一个不超过30个字的长句或语段说明激光是什么。（4）讨论：300字可以，30个字也可以，作者为什么写3000多字？写了什么内容？这些内容有什么作用？（5）讨论：三种写法各有什么特点？分别适宜什么样的要求？如果介绍激光，什么时候要用 30 个字？什么时候需要用 300 个字？什么时候需要用 3000 多字？我自己觉得，这是阅读教学中采用语言活动为主体的策略，化难为易的比较成功的一个案例。我教《我们家的男子汉》也是一个与此非常相似的例子。

阅读教学中的语言活动形式是非常丰富的，只要我们用心于文本的研究和语言活动的研究，就一定能设计出因文而异的高质量的语言活动。但我们特别强调概括和分析这两种语言活动的基本形式。我们在很多场合下强调概括和分析这两种语言活动的重要意义。事实上，无论是从考试的角度看，还是从终身发展的角度看，运用这两种语言的基本能力都是很重要的。我们在讨论阅读教学的第一个策略时曾经提到这种读书方法，其主要目的是讲如何理解文本。这里从语言活动策略的角度看，它们也是很有意义的语言活动策略。

有教师问我：好的语言活动从哪里来？我告诉他们说，从文本中来，从教师对文本的阅读发现中来。我教《阿房宫赋》，用一段缺空的文字让学生阅读课文填空，让学生用三个字概括文章的思路和宗旨。说真的，填空的答案正确与否都是次要的，目的是在于引导学生深入解读文本。但形成这样的语言活动的创意，则要求教师先非常深入地阅读文本。

当然，阅读教学的策略是丰富的，不同的人有不同的思考和做法。我和大家交流自己的三个基本策略，希望得到大家的批评和指导，所持观点和所列的自己的案例不妥处难免，谨请各位指正。

《白雪歌送武判官归京》教学实录

师：今天我们一起学习《白雪歌送武判官归京》，下面我们请三位同学上黑板默写课文或抄写课文。

默好了就先回位。我们下面来评点一下他们三个人的默写。下面请这三位同学自己读，看看能不能读出错误来。第一个同学——

生（读）：“北风卷地白草折……狐裘不暖锦衾薄……”

师：有没有错的？

生：有。

师：哪一个？

生：“裘”和“衾”。

师：自己去改一改好不好？“裘”是个形声字，下面是个衣，上面是要求的求。“衾”这个字怎么读？前鼻音，也是一个形声字，下面也是一个衣，上面是今天的今，今天的今就是前鼻音。其他有没有错啊？

生：没有。

师：好的，你回位吧。其他同学有没有发现错误？这位同学发现了。

生：我还发现有个错误，“北风卷地白草折”的“白”，不是“百”，她多写了一横。

师：嗯，多了一横，好的。这个字默错的同学特别多。白草，是白颜色的草，是北方特有的一种有韧性的草，到冬天它枯萎了就显出白色来；而不是有很多的草。有没有发现其他错误？嗯，没有，看第二位同学的。

生："散入珠帘湿罗幕……将军角弓不得控……"

师：有没有发现错的?

生：没有。

师：好，其他同学有没有发现错误？也没有，我也没有。他们这两位同学读的字音都特别讲究，我觉得普通话都比我好。大家注意"散"读 sàn，不能读 sǎn。"将军角弓不得控"，"控"读 kòng。"控"是什么意思啊?

生：拉开。

师：非常好。请坐。他在默的过程中我注意到一个细节，他一开始有一个字是空着的。大家有没有发现呢？（生：掣）对，是这个"掣"字。掣是什么意思啊？有一个成语叫——风驰电掣（部分学生）。掣，就是拉，上面是制度的制，下面是手。

好，三位同学的默写非常不简单，每位都没有看书，也几乎没错。下面我们一起来欣赏这首诗。有的人认为，这首诗的内容就是围绕两个字展开的。你们能不能说说是围绕哪两个字?

生：雪。

师：还有一个呢?

生：送。

师：对。很多人都认为这首诗就是围绕"送"和"雪"展开的。如果这种说法有道理，你觉得前边部分主要是写"雪"还是写"送"？

生：雪。

师：从第一句到哪一句侧重写雪呢?

生：到“愁云惨淡”。

师：对。前面主要写雪，后面主要写送。前面的诗句让我们看到漫天的大雪，可写雪中有没有写到送别？

生：没有。

师：一句都没有？

生：“愁云惨淡万里凝。”

师：对。为什么“愁”呢？离别之愁。说这首诗紧扣两个字，前半写雪后半写送，但也不是绝对的。愁中看到离别，后半部分写送，能不能看到雪啊？

生：能。“去时雪满天山路。”

师：这首诗紧扣两个字，先写雪为主，后写送为主，同时又把雪和送融合在一起。这是我们对诗的内容的理解。下面我们再从更高层次来感受、欣赏这首诗。苏轼说王维的诗“诗中有画”，我觉得大多数古诗中都有画。同学们欣赏古诗，就是要能从诗中读出画来。现在请同学们说说你从哪一句能读出画来？请你描述这幅画面。

生：“忽如一夜春风来，千树万树梨花开。”

师：你描述一下你看到的那个画面。

生：好像一夜春风吹来，千树万树梨花盛开。

师：嗯，挺好的，请坐。可基本是翻译，画面感还不强。（问另一生）你的是哪一句啊？

生：“将军角弓不得控，都护铁衣冷难着。”

师：你看到的是什么样的画面？

生：边塞环境很冷，而且风雪很大，从这句话我看到了边塞将士的艰苦生活。

师：看到了边塞将士的艰苦生活。挺好，可主要是分析，有点虚。什么是画面感呢？大家看教室后面有一幅画，上面有山有红色的树有水还有船，这是画面感。能不能展开具体的想象和描述？能不能看到边塞的山上站着一位什么样的将军，他手里拿着什么？

生：弓。

师：身上穿的是什么？

生：铁甲。

师：这将军和都护是什么关系？

生：将军是一个军中的将领。

师：都护呢？

生：都护就是他的手下。

师：这样理解已经很不容易了。

师：再看下一句，将军角弓拉开了，都护怎样啊？

生：都护穿着铁甲。

师：将军穿不穿铁甲？都护有没有弓呢？

生：也穿，也有。

师：对，非常好。这就叫互文。什么是互文呢，两句话合在一起表达一个完整的内容。在这个地方，将军就是都护，都护就是将军。将军穿铁衣，都护也要穿铁衣；将军拉弓，都护也要拉弓；将军的弓拉不开，都护的弓也拉不开。其他同学从哪些诗句中读出了画面？

生：“山回路转不见君，雪上空留马行处。”

师：描述一下。

生：山回路转不见了友人，雪山下，站在帐篷门口，望着雪上留下的一串串马蹄印。

师：嗯，非常好，画面感很强。请坐。其他同学呢？好，前面的同学。

生：“纷纷暮雪下辕门，风掣红旗冻不翻。”友人离去的时候下着纷纷大雪，大雪纷纷之中，红旗冻在冰冷的寒风里。

师：嗯，理解得非常好。还可以补充一下，更丰富一些。我们眼前的情景是一个什么样的地方呢？

生：是边塞。

师：对，在寒冷的北方边塞，远远地看到一个军营的辕门，辕门上的红旗已经冻得——

生：在空中无法飘动。

师：对，无法飘动。好的，其他同学？

生：“北风卷地白草折，胡天八月即飞雪。”我看到了呼啸的北风吹过了大地，地上长满了白草，被风一吹就折断了，然后灰蒙蒙的天空飘着的大雪就堆积到了地上。

师：想象力够丰富的哦。想象越来越具体丰富。其他同学还有没有从哪一句读出画面感？

生：“中军置酒饮归客，胡琴琵琶与羌笛。”中军置酒在军帐中送别武判官，弹着胡琴琵琶还有羌笛来助兴。

师：嗯，挺好。这幅画面有两个主要人物，一个是送人的人，一个是被送的人，还弹琵琶，还要弹胡琴、吹羌笛。好的，大家描述了很多诗句。我们一起来想象这样两句诗：“瀚海阑干百丈冰，愁云惨淡万里凝。”大家想想这个画面是一个什么样的情景。瀚海是什么地方？

生：是沙漠，一片沙漠。

师：对，非常大的一片沙漠。沙漠上到处都是什么？

生：冰。

师：对。冰上还有纵横交错的冰痕。天上飘着什么样的云啊？

生：愁云。

师：愁云是主观的，你们想象一下天上的云应该是什么颜色？

生：白色。

生：灰色。

师：灰色好，有沉重感。对不对？我们回过头来看看啊，全诗中最具有画面感的是哪几句？

生：“忽如一夜春风来，千树万树梨花开。”

师：还有哪句？

生：“山回路转不见君，雪上空留马行处。”

师：非常好。有人说，白雪歌十八句诗，四句足矣，我觉得很有道理的。大家把这四句连起来再读一遍好不好？

（生读）

师：刚刚有同学想象过“忽如一夜春风来，千树万树梨花开”这个画面了，但是不够丰富具体，因为是第一个描述，所以很不容易。现在我们一起来完成。我们班同学有没有学过画画的？如果要用一幅画来表现这个意境这个情境，这个画面主要的形象应该是什么？

生：树。

师：对，树。还有什么？

生：雪。

师：雪。“千树万树”怎么画？没办法，我们可以以少见多，以虚写实。雪怎么画呢？

生：在树上画五瓣的像雪花一样的花。

师：她说要在树上画像雪花一样五瓣的花，这样画好不好？如果用语言描述，说无数棵的树上是一片一片五瓣的雪花。这样的描述好不好？

生：不好！

师：那你们会怎么描述？

生：我觉得不应该画五瓣的雪花，因为雪落在树上会融化。

师：那应该怎么办呢？

生：可以画一些树压着雪的情景。

师：你能想象这个情景吗？

生：能，但是画的时候……

生：白色的雪就像粉末一样压在树上。

师：他的意思是雪是粉末状的。请坐。大家想一想，树上的雪是一片一片五瓣的呢，还是粉末状的呢？或者还是其他什么样子的呢？

生：应该在树枝上画上白白的一片。

师：嗯，一片，一大片。有没有同学有更好的说法？

生：应该是一团一团的。

师：一团一团的，对。我也想过，一团一团的，一片一片的，一瓣一瓣的，还有一大片粉末状的。其他同学有没有想象到？

生：我想通过树枝来体现雪。

师：那是什么样的雪呢？你是从侧面写雪，把树枝画得弯弯的，可是树上的雪怎么画呢？

生：一层一层的。

师：一层一层的，像云一样。有没有更丰富、更切合诗意的想象？

生：一堆一堆的。

师：太棒了！粉末状的，一片一片的，一瓣一瓣的，一团一团的，一堆一堆的。哪个最好？对，一堆一堆的。因为雪太多，一下就冻起来了，而且还要像梨花，所以应该是一堆一堆的。现在我们这幅作品已经完成了。（生笑）如果用两句诗作为这幅画的题目，应该是什么？

生："忽如一夜春风来，千树万树梨花开。"

师：如果用三个字作为这幅画的题目应该叫什么？叫什么？对，叫"白雪歌"。（生笑）这是我们二甲中学初三（2）班同学集体的作品。下面我们来看"山回路转"。如果我们要画表现"山回路转不见君，雪上空留马行处"的诗意画，现在前面的一幅画叫"白雪歌"，那么这幅画叫什么好呢？

生："送武判官归京"。

师：真聪明。紧扣这个主题，你们觉得要不要有人啊？

生：要。

师：要画人，画在哪里？是边上，还是中间？

生：不能在中间。

师：为什么？

生：人物在中间，他面前的空白就小。

师：对，应该靠着边，这样容易表现“雪上空留马行处”，而且和诗歌的豪迈磅礴的意境更吻合。这幅画还应该有个背景。什么样的背景呢？

生：山。

师：为什么要有山？

生：诗中有山。

生：边塞的特点。

师：很好。山上有什么？

生：草。

师：看得见草吗？

生：雪。

师：雪这里有了呀，有雪就是边塞吗？

生：沙漠。

师：沙漠就一定是边塞吗？

生：军营。

师：对。但军营要不要都画出来呢？不要。注意是在哪里送别的？在轮台东门，大概是城堡的东门。我觉得边塞的代表性东西不能缺，是什么呢？

生：辕门。

师：对。这个辕门不能少，而且辕门上或者辕门前还应该有一个东西，是什么？

生：旗子。

师：哎，“风掣红旗”的嘛，“风掣红旗冻不翻”。“山回路转不见君”，这个君要不要出来？

生：要。

生：不要。

师：我觉得不能要。一出来就破坏了意境，因为是“不见君”，有“马行处”就行了。对，马蹄的脚印。让将军面对着弯弯扭扭时隐时现的马蹄印，思念他的朋友。现在我们回到刚才的问题，四句诗就够了，岑参为什么除了这四句外还写了那么多呢？

生：衬托。

生：情感更具体。

生：内容更丰富。

生：形象更生动。

师：写诗和写文章一样，所有内容都是为主题服务的。这首诗的主题是什么？写雪，写送别，表现边塞生活。所以，有了其他内容，可以把主题表现得更丰富突出。从哪些内容可以看出这是边塞送别？

生：胡琴，琵琶。

生：还有羌笛。

生：“胡天八月即飞雪。”

师：可见其他诗句对主题的表达、对情感的表达起到了很重要的作用。下面我们通过诵读来进一步深入体会作者的情感。有没有同学愿意来读一读，比一比，看看谁对作者的送别之情理解得最到位。有没有？没有？如果你们互相不愿意比，有没有哪位愿意和黄老师比一比？（一位学生举手）好，这位同学要和我比。

（一生读）

师：如果你觉得我读得不好随时鼓掌，我就停下来不读了。好吧。

（师读；节奏低缓，感情悲凉。师读完，生鼓掌）

师：我读得好吗？

生：好。富有感情。

师：富有感情就一定好吗？不一定。关键是这感情对不对。黄老师刚刚读的感情对不对？

生：对。

师：有没有觉得不对的？

生：我。

师：为什么？

生：我觉得这首诗虽然是送别，但不伤感。

师：你的理解很准确。其实，伤感是有的，但并不悲凉。黄老师刚才不叫伤感，叫什么？

生：哭泣。

师：叫伤心（生笑），叫悲凉，叫凄凉。这位同学说得多好啊，送别的情绪很丰富，有的是伤感，有的是痛苦。“白雪歌送武判官”到底是什么样的情感呢？伤感而不凄凉，严寒中又有暖色，离别中充满豪迈。回头来看看，从哪里能看出暖色调来啊？

生：“风掣红旗冻不翻。”

师：你真了不起。掣，很有力，有豪迈之情。还有，这面红旗，暖色调，点缀出这幅画面的活力。“忽如一夜春风来，千树万树梨花开”这两句就更典型。对不对？比喻雪花的诗很多，李白也有，他说“燕山雪花大如席”，写雪花像睡觉的席子，也用的比喻，够夸张吧，但就是突出雪花的大。但岑参用春天写冬天，用江南写塞北，用梨花写雪花，充满了暖意。更重要的，理解古诗除了从文本去分析，还要了解背景。岑参是那个朝代的人?

生：唐朝。

师：对，他是盛唐时代的诗人。唐朝是我们中国历史上很强盛的一个朝代，盛唐又是最强盛的时期。读书人、知识分子很多不甘心读书，都想干什么?

生：当官。

师：官迷心窍不可爱。很多知识分子都很想去边塞，去沙场，去建功立业。杨炯就说："宁为百夫长，胜作一书生。"岑参也是主动要求到边塞任职，寻找建功立业的机会，所以这首诗从整体上来讲是豪迈的。

我们集体读一读。希望同学们要读出豪迈来。

（师生一起读）

师：同学们，让我们带着这份古典的送别友情和对白雪的赞美结束我们今天的这节课。谢谢同学们，谢谢。

《老王》教学实录

师：今天，我们一起学习《老王》。这是一篇现代散文，也是一篇写人的散文。我们先来看看老王是个什么样的人。请大家阅读全文，找出文中概括老王特点的词。

生："老实"。

师：请告诉同学们在哪一段。

生：在第五段。

师：请大家标画出来。还有吗？

生："不幸"。在第三段。

师：很好。"不幸"，在第三段，而且不止一个。课文最后一段也有。

生：第二段，"脑袋慢"。

师：哦，"脑袋慢"。这个词加了引号，表示特定内涵。大家说说这个"脑袋慢"是什么意思？

生："滞笨"。

师："滞笨"？课文里有吗？这两个词能互相解释吗？不太好，"滞笨"一般是写动作，"脑袋慢"是写思想。第二段有一个词可以用来解释——

生："失群落伍"。

师：对，"失群落伍"，是指思想上落伍。其他骑三轮车的都已经加入组织了，他还没有加入组织。这就是落伍，这就是"脑袋慢"。

有一个问题，大家有没有注意？作者"我"认为老王"老实"，但也有人认为他"不老实"。"不老实"有许多不同的内涵，比如，有人有小偷小摸的行为，我们会说这个人不老实；有人爱撒谎，我们也会说这个人不老实。你们说说，老王的"不老实"，可能指哪方面的问题？

（学生没有反应）

师：大家到第三段看看整个句子："有人说，这老光棍大约年轻时不老实。"有两个词需要注意。一个是"光棍"，你说光棍不老实会干什么"坏事"呢？还有一个是"年轻"。年轻时候不老实，年轻的光棍不老实，会干什么"坏事"呢。这个"不老实"

的说法是否可靠，我们不敢断定；但我们可以由此看出老王在他那个群体中是被人嘲笑的对象，是被人当作笑料的。而这恰恰使我们看到他的“老实”。而且，我以为，一个年轻光棍，有些不老实的事，也不一定是什么坏事；应该是正常的精神需求和情感需求。对不对？

生：呵呵呵呵呵。

师：我们刚才是从“不老实”中看出他的老实。他还有哪些老实的表现？

生：“落伍”也说明他老实。

师：对。你想想看，形势变了，他反应不过来，等他反应过来的时候人家不要他了。这就是老实。“老实”这个词内涵也很丰富。可以是肯定，也可以是否定，可以说是不灵活，也可以说是不能干。鲁迅就说“老实是无用的别名”。大家想一想，老王的“老实”是指什么？

生：我觉得是一种诚实，也是一种善良。

师：诚实，善良。

生：还可以是正直。

师：都不错。我们再看看作者用哪些事情表现他的老实。文章表现老王老实，写了哪几件事？

生：送冰。

师：对，送冰。大家能从“老王给我们楼下人家送冰，愿意给我们家带送”这句话读出什么言外之意？

生：别人不愿意。

师：其他人不愿意而老王愿意，这表现了老王的老实。老王的老实更表现在他不但愿意带送，而且——

生：减半收费。

师：老王为什么要减半收费啊？

生：因为是顺带送的啊。

师：你看多老实的一个人。不欺负外来户，不欺负好欺负的人；顺带的，就收一半钱。这是够老实的。其他还有表现他老实的事吗？

生：还有。

师：对，还有。哪一件事？

生：送钱先生。

师：送钱先生看病不要钱。是吧？那么，送钱先生看病不要钱，我们从中能看出老王什么样的老实呢？请同学们来读一读，看这句话该怎么读。

生（读）：“我送钱先生看病，不要钱。”

师：大家注意他的重音在哪里啊？对，不太清楚。大家体会一下，重音应该在哪里。

生：在“钱”。

师：在“钱”？“我送钱先生看病，不要钱。”那要什么呢？

生：在“钱先生”。

师：对，在“钱先生”。可是老王为什么“送钱先生看病，不要钱”呢？当然，我们现在都知道钱锺书先生是一个学术传奇，是一个学术大师，可那个时候知道这一点的人并不多。黄老师不知道，老王更不知道。那时候，钱先生就是一个被下放的知识分子，一个失时的文化人。正因为如此，愈加见出老王的可贵和善良。

他“送钱先生看病，不要钱”就是因为什么？

生：因为钱先生夫妇对他好，钱先生一家都对他好。

师：对。这是知恩图报。

生：因为钱先生夫妇是好人。

师：尊重好人的人也一定是好人。

生：钱先生生病了，他对钱先生同情，就是对他不幸的一种同情。

师：是一种同情。一个不幸人对一对不幸人的同情。一个以拉车为生的人对两个文化人的同情。

生：还有一个原因是，钱先生是个老主顾。

师：分析得很好。老王不要钱肯定不是因为钱锺书先生在中国学术界的地位，但我想他一定知道钱先生是一个文化人。所以，如果说这不要钱的原因，可能隐含着一个普通拉车人对文化人乃至对文化的发自内心的一种尊重，我想也并不牵强。倘若这一点成立，这在那样的年代该是多么可贵！

好的，我们就不拔那么高了。简单说，不要钱，是因为同情，是因为感激，是因为老主顾。因此，我们可见，老王的“老实”，不是无能，不是不灵活，也不是不能干，而是一种善良的品性。记得一个名人说过，一个人最美好的品德就是善良。好了，刚才，我们解读了老王的老实善良，那么作者除了写老王的老实善良，还花很多笔墨写了什么？

生：写他的不幸。

师：大家觉得老王有几大不幸？

生：他是有病的。

师：有病。对，第一个不幸可以说是残疾，一只眼失明。第二个不幸呢？

生：没主顾。

师：对，给“组织”抛弃了，拉车的没车拉了。第三个不幸呢？

生：我觉得是经济方面的。

师：经济贫困。还有吗？

生：年迈。

师：年迈？年迈也是不幸吗？黄老师也快年迈了，就不幸吗？

生：孤苦伶仃。

师：这一点很重要，孤苦伶仃，没有亲人。归纳一下，老王有四大不幸：身体残疾，失去组织，没有亲人，经济贫困。其实还有其他的不幸，比如说遭人嘲笑，被人戏弄……大家想一想，你觉得老王自己认为他最大的不幸是什么？

生：孤苦伶仃。

生：失群落伍。

生：遭人嘲笑。

师：都有道理。其他同学有没有不同意见？如果在三个不幸中选一个，你们觉得哪一个不幸对老王来讲是最大的？（学生没反应）我们换一个角度思考，老王最大的渴望是什么？他心中最渴求的是什么呢？（学生还是没反应）

好的，我们来看课文第四段，（师读）“有一天傍晚，我们夫妇散步……问起那里是不是他的家”。这个问题老王是怎么回答的？

生：“住那儿多年了。”

师：这个问题，一般情况应该怎么回答？

生：是，或者，不是。

师：对。可老王为什么这样回答呢？这个回答说明是还是不是呢？

生：是，也不是。

师：非常好。是他家，因为他住在这里；但又不是家，因为这不是他心中的家，因为在他心中这不像家。是啊，老王多想有个家啊！他心中的家应该有什么呢？他想要一个什么样的家呢？——有亲人，有妻子，有孩子，他渴望亲人的关爱，他渴望亲情的温暖。

好的。我们刚才先通过文中的一些关键词理解老王，然后又通过作者所写的具体事件理解老王，我们还通过别人的态度理解老王，我们还试图走进老王的心中理解老王。我们知道了老王的善良，知道了老王的不幸。下面我们再深入一层，从作者与老王的关系入手进一步理解老王，同时也深入理解作者。

下面，老师读一下文章的第八段，看同学们听我读完之后会不会产生一些疑问。

（师读课文第八段）

师：同学们有什么疑问？

生：最后一句话问“老王，你好些了吗？”但是实际上“我”前面已经看出来老王的身体不好了。

师：你的问题是，已经知道老王身体不好为什么还要问这句话。对吗？很好。大家说一说为什么问这句话。

（学生议论）

生：关心。

生：客套。

师：对，大家说得很好，看起来是关心，更多的是客套。这个客套，值得注意，也耐人寻味。有没有其他疑问呢？

生：老王为什么突然来到作者的家？

师：对，老王病那么重，为什么还要去作者家呢？去干什么？这也是个很值得关注的问题。如果从写作方法的角度去看，大家还有没有疑问？看来大家没有想到。黄老师读到这里，产生两个疑问：一般说描写一个人，总会在字里行间渗透着作者的情感，作者为什么要用这样的笔调描写老王呢？这是一。第二个疑问是，这一段的笔调为什么和上下文很不一致？

（学生没有反应）

师：如果黄老师病了，来上课，也这样站在门口，你们会这样描写吗？

生：不会。

师：如果作者描写钱先生病了，会这样写吗？对，也不会。但为什么写老王要这样写呢？好的，我们再看下面一段。

（学生看第九段）

师：这一段有很多问题值得我们关注。先来看一个句子："我强笑说……""强笑"是什么意思？

生：勉强。

师：似乎也对。为什么要"勉强"笑呢？笑不出来硬挤着笑，这就叫勉强。作者为什么不想笑又必须笑啊？我们读书要反复揣摩。其他同学有没有不同理解？

生：老王自己身体不好为什么不给自己吃？

师：因为不明白老王为什么这样做，所以“我”就强笑了？似乎还没有找到最好的理解。大家再想想。

生：我感觉这里作者和老王的关系不是非常亲密。遇到老王就像我们遇到一个乞丐一样，我们非常同情乞丐，但是不知道该怎么办，自己又非常窘迫，有点愧怍，强笑就是不想让对方知道自己内心的这种复杂情绪。

师：哦，大家揣摩得不错，分析得也都有道理。但是我觉得你们对具体语境考虑得还是不够。大家还是要注意前后的具体内容。我们先看前一个句子：“我也记不起他是怎么说的，反正意思很明白，那是他送我的。”再看后面说的话：“老王，这么新鲜的大鸡蛋，都给我们吃？”前一句的重音应该在哪里？在“送”。后一句的重音在哪里？在“给我们”。这就清楚了。“强笑”的原因就是因为老王将“这么新鲜的大鸡蛋”都送给我们吃。大家要特别注意是“送”是“给”，而不是卖，也不是换。所以作者很意外，很尴尬，很为难，所以只能“强笑”。作者为什么为难为什么尴尬啊？不收似乎不好，收了如果不给钱更不妥当。潜台词是什么？是我和你的关系，绝不能白吃你的东西。作者为难之后怎么办？

生：给钱。

师：对，就是给你钱，这样就不欠老王人情了。老王也懂得了“我”的意思，赶忙止住“我”说：“我不是要钱。”然后“我”也赶忙地说：“我知道，我知道——不过你既然来了，就免得托人捎了。”大家再揣摩一下这句话的言外之意，有哪些信息？

生：以前老王拿鸡蛋来换过钱。

生：有时候“我”没有当时给钱，托人捎过。

生：以前“我”给老王钱的时候，老王也客气过，不要钱，然后“我”把钱塞给他，他最后还是要了。

师：揣摩得很好。“我”一再强调说“我知道，我知道”。大家想一想，“我”真的知道吗？“我”又知道什么呢？

生：“我”知道老王拿鸡蛋来是换钱的。

生：“我”知道老王不要钱是客套。

师：揣摩得很好。在“我”坚决的态度面前，老王就无话可说了，钱也收下去了。大家看，老王真是个老实人啊！但我想，收下钱之后，老王的内心一定很复杂。

现在请你站在老王的角度，想象一下老王这时的心理，用简短的话描述老王此时此刻的心情。

（学生思考）

师：哪位同学说说？

生：我觉得这些钱对老王来说是一种伤害。

师：请用老王的口吻来描述。

生：一方面，感谢杨先生一家对我的关心和帮助。

师：感激，关心。

生：对，另一方面觉得他们是社会上可以理解我的人。

师：可以理解可以信赖的人。

生：但是，到最后发现他们从心里还是没有接受自己。

师：具体说，老王的心理有三个要点：一是老王对杨先生和钱先生的感激；二是内心里一直把他们当作最信赖的人；最后发现，其实他们之间还是有很大的隔阂，有距离。对吗？但你还是分析，而不是描述。哪位同学是描述的？交流一下。

生：杨先生他们平时待我不错，常常照顾我的生意。卖些鸡蛋给他们，我的日子也好过多了。我现在要死了，想把一点鸡蛋和香油送给他们，但杨先生却没有明白我的心思。不过，这样也好，让杨先生心安理得地吃那些鸡蛋和香油吧。希望他们能够好好过下去，珍惜现在有家有温暖的日子。

师：嗯，是描写。而且写出了更深的一层的内容——虽然杨先生对老王的心思不理解，但老王想这样也好，可以让他们更安心地吃鸡蛋和香油。还有没有同学要说的？没有？好的。黄老师读到这个地方，想到老王这时的心理，也写了这么几句：

杨先生啊，我的鸡蛋和香油真的不是来换钱的啊。你看，我这样子，还能活几天呢。我这样的一个人要钱还有什么用呢，我就是想把自己一点最值钱的东西留给我最亲的人啊。可我知道，我不配有这样的心思。你们都是有大学问的人，都是有身份的人，都是有文化的人。可我呢，一个一字不识的粗人，一个名声不好的拉车的人。你们两位不嫌弃我，钱先生肯坐我的车，就是看得起我，是同情我，是高看我，是照顾我啊。可是，杨先生，钱先生，我还是要在心里叫你们一声：亲人啊！

这是黄老师对老王心理的描述。和刚才那位同学的比，这个描述要浅一些，但有一点是共同的：这个时候在老王的眼里，杨绛夫妇是他的亲人。他孤老无依，没有亲人，最后一点东西，就送给他的亲人了。值得我们深思的是：在老王心中，杨绛夫妇是他的亲人；而在作者的眼里，老王是一个什么样的人呢？大家能不能找到一个确切的词来表达在作者“我”的心中老王是什么人？

生：一个可怜的人。

生：一个不幸的人。

生：一个需要同情的人。

生：一个熟人。

生：一个陌生人。

师：对。在作者“我”心中，老王只是一个不幸的陌生人，或者说是一个一般的熟人，一个熟悉的陌生人。

这样，我们对第八段的描写就可以理解了。这段描写让我们感受到作者的冷静和客观，因为当时他眼中看到的只是一个熟悉的陌生人，一个不幸的值得同情的人。请同学们回过头去，从上文“我”和老王相处的片段中，寻找这种“距离感”和“熟悉的陌生感”。

生：第一句就是，“他蹬，我坐，一路上我们说着闲话”。“他蹬，我坐”，让我感到一种距离。

师：对！你的语感非常好。为什么用这样两个短句子呢？“他蹬，我坐”，你看距离显得很远，他是拉车的，我是坐车的。如果揣摩一下就更有意思了。“一路上我们说着闲话”，为什么要说话？大家都有说话的欲望。对老王来说，除了“我”，又有多少人愿意和他说话呢？为什么说闲话？那年代，不说闲话还能说什么话？“我”和老王，不说闲话还能说什么话？这就是距离，就是熟悉的陌生。其他还有没有表现老王和作者之间距离的内容？

生：第四段。

师：第四段。具体说是什么内容？

生：就是那次“我”问他家的时候，老王说住那儿几年了。如果是关系非常好的话，“我”应该会问他什么原因，可作者没问，说明作者不想多关心。

师：对，有没有关心啊，关心了；但是，这个关心的分寸把握得非常好，不往深处关心。这或许就是知识分子的特点啊。表现得很关心，却不往深处关心。其他还有没有？我们一起看第五段，我读一下，“有一年夏天……我们当然不要他减半收费”。你们觉得这段话哪个词表现了距离？

生：“当然”。

师：对，“当然”。为什么要有个“当然”呢？你能感觉到作者一种什么样的心态？

生：是一种陌生感。意思是我当然不能占你的便宜；好像没有任何感情色彩。

师：除了陌生感、距离感之外还有什么感觉呢？

生：居高临下的感觉。

师：对，是一种居高临下的感觉。因为我经济比你好，因为我地位比你高，因为我是文化人……所以我当然不能占你的便宜了。很好。我们再看第七段，哪个词也表现了这种距离？

生：“幸亏”。

师：除了“幸亏”，还有哪个词？

生：“降格”。

师：对。“降格”这个词，就像第八段里的“镶嵌”一样，用了比拟的手法。这个修辞手法的运用，表现了两个人之间的距离，或者说表现了作者和老王之间的距离。从这个距离中，我们看到一个什么样的作者呢？我们刚才从作者的角度读老王；现在换一个角度，从老王的角度读作者。作者是一个什么样的“我”呢？

生：虽然说作者对老王很同情，也帮助过不少，但又保持了一种距离。

师：为什么要保持距离？是什么原因呢？

生：她并不把自己看作老王的同类。

师：她不把自己看作是老王的同类。说得很深刻。保持距离，肯定与那样的时代有关。但主要原因，还是心理上的不认同。想一想，为什么作者不把老王看作是和自己同样的人呢？

生：有文化人的优越感。

师：非常好。这种心理，的确是文化人的一种优越感；通俗说，是文人的清高；说得重一点，是文化人的狭隘和自私。可以说，她对老王的同情是不彻底的，她的善良我们觉得也是有保留的。所以，当时的作者，杨绛，完全是以一种居高临下的眼光来看老王的。读现代散文，就是要读出文章中的“我”来。这里，我们就读出了杨绛文化上的优越感，清高甚至矫情。但这并不是杨绛先生的个人缺点，而是文化人共有的一种缺陷，是他们这个群体和老王们这个群体之间的天然距离。而杨绛先生本文敢于这样解剖自己，表达自我的反思——尽管这个反思迟到了几年——则显得非常可贵，尤为值得我们尊敬。了解了这些，理解文章最后一句话，就变得水到渠成。大家想想，如果说当年的杨绛是以一种居高临下的眼光看老王，是保持着一种距离和老王交往，那么当她写这篇文章的时候，当她愧怍于老王的时候，她是用什么样的眼光来看老王的呢?

生：仰视。

师：对，是一种仰视。她发现与老王相比，自己是自私的，自己的善良是不如老王的那么纯净的。于是她说“那是一个幸运的人对一个不幸者的愧怍”。可据有关资料显示，这句话在初稿上是：“那是一个多吃多占的人对不幸者的愧怍。”大家想一想，这两者有什么区别?作者为什么要把这个“多吃多占”改为“幸运”呢?

生：“多吃多占”有点贬义，改成“幸运”就没有贬义了。

师：这是一个区别。（一学生举手）好，你说说——

生：“多吃多占”的意思比较狭隘，它只是指物质上的；改成“幸运”，内涵更广了，不仅指物质上的还有精神上的，强调老王的不幸，不仅是物质上的不幸更是精神上的不幸。

师：非常好，理解得很透彻。其他同学有没有不同理解?

生：有。我觉得还要广一点，其实整个社会的人可以分为幸运的和不幸的。但作者认为自己与老王相比就是幸运的人。

师：很有哲学意味。刚才第一位同学想到的是感情色彩的差异，这两位同学强调的是内涵不同。“多吃多占”的确是局限于物质上的愧疚，主要是着眼于两个人之间鸡蛋换钱一类的交往。起初，或者说当时，“我”认为拿钱买老王的鸡蛋是同情老王，帮助老王；后来发现，其实占便宜的不是老王，而是“我”。改成“幸运”的人，首先是概念上更对应了，表达更严谨；同时，内涵也更丰富了，更重要的是，这种“愧疚”感主要是着眼于精神，而不是物质。它表现了作者写作的思维过程，也表现了作者精神的反思过程。她对老王的高大、老王善良品性的理解，都在不断地提升。

最后，我们再讨论一个问题，作者是不是真的是幸运的人？

生：不是。她也是不幸的。

师：那么，她为什么又说自己是幸运的呢？

生：是和老王相比。

师：是的。她是不幸的，但和老王相比，她太幸运了。她经济上还过得去，她还有钱先生。当写下这篇文章的时候，作者认识到，在我们这个社会中，最不幸的是老王这样一类人。可是要认识到这一点不容易。很多文化人，很多知识分子，往往喜欢夸大自己的不幸，以为自己是天下最不幸的人。而老王这样最不幸的人，却在那样的社会的最底层坚韧地生活着，并能坚守着做人的良知，是多么令人尊敬！大家知道那是什么样的社会吗？

生："文化大革命"。

师：大家对"文化大革命"可能不太了解。人们一般都以为，"文化大革命"主要的罪过是对文化的践踏，这固然不错。但黄老师觉得，还有更可怕的一点，就是对人与人关系的伤害，对善良人性的摧残。可以说，那是一个人人自危的年代，人与人的关系几乎到了最冷漠最冷酷的地步。课文中对这样的社会背景和社会环境也有所表现。大家有没有注意到文中这样的内容？

生："过了十多天……"

师：对，就是这一段。大家读一读。体会一下老李的答话，看能体会出什么样的感情。

（学生读句子）

师：什么样的感情？

生：冷漠。

师：而老王这样不幸的人，却能在这样的环境中坚守着善良，坚守着真诚，甚至坚守着对文化人的尊重，是多么难得和可贵。我想，我们站在这样的立场，置身于那样的背景，来读老王，来读杨绛，来读《老王》这篇散文，或许更容易有准确的把握，也会有更丰富的收获。

今天这节课，黄老师和大家学习这篇文章，就是要大家知道该怎样去读现代散文，怎样去读写人的散文，怎样去读懂散文中的“我”。好。下课！

把作文课上成作文课

一、作文教学的基本定位

中学作文教学是什么，中学作文教学应该教什么，中学语文为什么要开作文课，中学作文教学应该让学生学什么样的作文，应该培养学生什么样的写作能力，这些问题就是中学作文教学的基本定位。可是对这些问题，很多教师从来没有思考过，甚至并不关注。不关注不思考有两种可能。一种可能是智者，他没有想清楚，但是他能做得很好，“随心所欲而不逾矩”，这是教育的最高境界。但更多的人达不到这个境界，那只能是以其昏昏使人更昏。这就导致了中学作文教学很多混乱的现状。王荣生老师通过一项调查发现，不少中学语文教师是没有作文教学的。我的理解是，所谓没有作文教学，一是指没有正常的作文课，二是指没有明确清晰的作文教学思路，三是指对学生写作能力的提高没有有效的做法。如果我的理解大致不错，王老师的结论应该是切合实际的。据我们所知，能有计划地正常地开展作文教学的教师并不多，能切实有效地对学生的写作发挥引领指导作用，帮助学生提高写作能力的教师也不多，即不少教师对中学作文应该教什么和应该怎么教并不清楚。反过来说，作文教学不作为或乱折腾的绝不是个别。而这都与对中学作文教学的课程价值缺少应有思考和清晰认识有关。

那么中学作文教学的基本定位是什么呢？

这个问题要从不同角度回答。

1. 从课程目标的角度看，中学作文教学的基本任务就是培养学生的公民写作素养

什么叫作公民写作素养呢？即一般公民的日常生活所需要的写作素养。简单说，就是能够用书面语言清晰地表达自己的思想和感情，也就是能够达到写作的基本要求，能够做到文从字顺、言之有物，能够掌握常用的表达方式和基本的写作方法，学会常见文体的写作。

为什么这么说呢？

这首先是由中学教育的性质决定的。中学教育，包括高中教育，仍然是基础教育，它的总体目标都是培养公民的基本素养。语文学科当然是培养学生的语文基本素养，写作也就是培养学生的写作基本素养。其次是由人的基本素质决定的。绝大多数人各方面基本的素养都是普通水平，或者说都比较接近。只有少数人在某一方面具有特别超常的天赋。数学特别好的，绘画特别好的，音乐特别好的，跑步特别好的，都是极少数人。自然，写作天赋好的，也是极少数人。再次，也是由班级授课制这样的学校教学方式决定的。班级授课，某种意义上就是工厂化生产。工厂化生产出来的只能是工艺品，而不可能是创作的艺术品。尽管我们从理念上强调教育对个性的培养，但班级授课要实现这一目标是非常困难的，效果也是非常有限的。教师如果能够包容而不扼杀个性就已经非常难得了。

最主要的是由写作规律决定的。古人说：诗有别才。其实，文章写得好，都有别才。就像不是所有人都可以将围棋下到聂卫平那样的境界，不管你怎么勤奋都不行。同样，不管你用怎样神奇的教学方法，都不能培养出鲁迅和莫言。我们反复强调“基本”，就是强调公民写作素养而不是特长培养，也不是竞赛作文，更不是培养作家。鲁迅是学校培养出来的吗？莫言是学校培养出来的吗？韩寒是学校培养出来的吗？都不是。谁都知道，作家不是培养出来的，更不是学校教育培养出来的，不用说一般的中学，就是北大那样的大学也培养不出作家来。竞赛获奖是培养出来的吗？我们说也不是。有些教师班上有两个学生作文得奖了，他就以为是他的功劳；班级上有同学发表文章了，他也以为是他的功劳；班级上有同学出书了，他还以为是他的功劳。说这和你有关系，我信。因为你没有以考试为由而扼杀了这些孩子的写作兴趣和天赋，可能你还培养了他的兴趣，使他的天赋得到更好的发挥和展示。但说是你教出来的，我就不信了。我要问，我随便指定一个学生给你，你能保证让他获奖吗？可信吗？更重要的是，即使是你教出来的，不能说你就是一个好的中学语文教师，因为你的主要责任是教好所有学生，至少是绝大多数学生能写好文章，能提高他们的写作能力。

但现在有不少人不是这样认为的。有的人把文学创作能力的培养作为中学作文教学的主要任务，尤其是新课程改革强调人文性之后，“语文就是文学”“语文主要是文学”的观点仍是很多人的主张。有些人虽然并不倡导文学式的写作，目的也不是培养学生的文学写作素养，但从高考出发致力于小小说、寓言、童话、剧本等文体的写作指导。我们看到一些阅卷专家撰文或做讲座，大力倡导引导学生考场写记叙文。他们这样提倡自有他们的道理。或许，考场的议论文的确“不像个东西”，或许高考得高分的记叙文居多。但能不能就此推论出写记叙文就好呢？这是另外的话题，说清楚很费口舌，姑且不说。但我们认为应对高考作文，依靠投机的手段总不是办法。我们这里要说的是，对于一个公民的写作素养，恐怕最需要的还是直接表达自己思想的实用性写作的能力。也有人认为，所谓公民写作素养主要就是学习应用文的写作。我们觉得，这样的认识是狭隘的。从日常生活的经验看，应用文应用的场合并不是很多。如合同、电报之类的应用文，大多数人也是难得应用。而且这类应用文的写作，除了格式的掌握之外，重点、难点还是清晰地表达自己的想法和诉求。掌握格式是容易的，清晰表达自己的想法和要求是不容易做到的。

2. 从学习目标的角度看，中学生写作的基本任务就是学习指令性写作

作文教学，我们常常又叫写作教学。从某种意义上说，作文和写作没有区别。但有时两者又不完全是一回事。比如我们说作家写作，一般不说作家作文。这也告诉我们写作有着不同的类型，中学生写作是一种特殊的写作。写作有哪些类型呢？我们以为大致分为两种类型：一是自由式写作，一是指令性写作。作家的创作大体是前一类，中学生的作文基本是后一类。这两者有着本质的差异。

首先两种写作类型有着截然不同的写作动机和目的。指令性写作多是在规定的情景中完成指定的写作任务，通过这些任务的完成，以提高或测量写作的能力，即写作是为了写作本身。自由式写作大多是为了表达写作主体的思想和情感，宣泄写作主体的情绪，功利色彩比较淡化，尤其不是单纯为了写作而写作，尽管也具有较强的功利性，但这种功利具有社会性特点，更多地是为了表达作者对生活的关注、思考和干涉；这种功利性和写作具有一种远距离的关系，主要不体现在作者本身，更不体现在写作过程本身，而体现在写作的结果（作品）上。

这两者写作主动权的归属和写作的流程更不一样，甚至可以说完全相反。所谓自由式写作，就是写不写、写什么、采用什么形式写、什么时候写，完全是由写作主体决定的。所谓指令式写作，就是写不写、写什么、采用什么形式写、什么时候写，完全是由外在因素决定的。指令性写作的流程是写作主体接到指令，简单说就是看到题目，明确题目要求，确定立意，也就是所谓审题立意；再根据题目要求和自己的立意选择材料、组织材料，就是所谓选材剪裁；接着是写作成果的呈现，就是连缀成文。写好后可能简单修改，也可能没有时间修改就交给教师或者阅卷人评价，有时候有别人的评讲和自己的反思，更多的是一写了之。而自由式写作的流程大致是：在生活中因为一事一物引起触动，形成了写作的欲望；然后这个想法在脑子里不断强化，在心里反复思量，因而想法越来越强烈，思想越来越深刻、越来越丰富，于是提炼出一个思想内核作为要表达的中心，围绕这个中心广泛收集材料、丰富材料；最终选择一种自己能够把握的、适合具体材料的写作形式加以呈现。完成后往往都要进行反复的修改，再找到适当时机和适当方式进行发表交流；发表后则接受社会性、历史性的评价。

由于写作的性质和写作的流程不同，我们对写作的结果的期望也就不应该一样。指令性写作的成果呈现一般是单向的，即呈现的目的是让命题者评价而不是读者评价，通过命题者的评价，再进行自我反思以提高自己的写作能力；评价周期短促，对成果的评价是标杆式的，即是否达到预定的要求。自由式写作的成果呈现一般都是社会性的，评价的主体是读者和专业评论者；评价周期则往往比较长。社会和作者对于写作成果的质量都期望很高；评价的标准主要着眼于其独特的文学价值和社会价值，尤其是在思想深度和形式的新颖方面有着很高的要求。因此，期望学生在规定时间、规定地点按照规定要求写出的文章具有作家创作的特点和质量，是违背写作规律的。

认识了这一点，可以发现我们作文教学的一些问题。

一种情况是把中学生作文和文学创作式的自由写作混为一谈，用自由写作的方法指导学生的指令性写作。这些教师理念非常先进，而且常常很有才气，自以为对写作有思考有研究，于是简单化地用自由写作的方式来指导学生的写作。特别是一些文学素养比较好的教师，常常会如此。我认识几个才子才女，自己的文笔绝对漂亮，散文赶得上专业作家，但是他们学生的写作并没有优势，有的高考反而不行。什么原因呢？因为他们把中学生的作文当作文学创作，用纯粹的自由写作的方式来指导学生的指令性写作，就等于用打排球的方式来指导打乒乓球，用指导打反胶的方式来指导学生打正胶。结果自然会南辕北辙，造成学生脑子里一片混乱。现在语文刊物上很多关于作文教学的文章仍然存在这样的问题。

也有些教师用指导竞赛作文的方法指导学生的日常写作。有一段时间这新概念作文甚嚣尘上，贻害不小。因为新概念作文的写作方法和中学生写作的要求完全不一样，用那样的方法指导中学生写作，只能令其走上歧路。我跟高三的同学讲作文，特别强调这一点。在写作策略上，竞赛作文和考场作文刚好相反。竞赛作文是要么上天堂，要么进地狱；宁可下地狱，也要上天堂。这是什么意思？简单地说，就是宁可冒险，也要求新。因为我要么就获奖，要么不获奖。假如这次比赛十个人获奖，我是第十一名。我的第十一名和倒数第一名某种意义上没有区别。而高考作文、中考作文显然不一样。我对我的学生说：宁可不上天堂，也绝不下地狱。即使不能得高分，也不能因为冒险得低分。力求稳妥，绝不冒险。就是说，我不想得那个特别高的分，我也不能得特别低的分。这两个策略是相反的，所以在高考作文的时候，文章的取材、立意、结构等，它的策略都应该如此。

而比较普遍的做法是简单化地用指令性写作的方法来应对考试。教师反复强化针对考试说明和评分标准的写作训练。就是将考试说明的要求和评分标准进行分解，然后再归纳出一系列的方法和技巧，有计划地进行分点的反复训练。遗憾的是，很多作文阅卷的专家也到处鼓吹这样的做法。但事实证明这样的做法效果也不好，不仅学生的作文越来越空洞无物，甚至他们所期望的考试要求也并没有达到。因为这些人也没有真正认识到中学生作文写作的规律和特点，即中学生写作的基本性质是学习指令性写作，而写好指令性的文章，并不是依靠简单的应试训练就能解决的。关于这一点，我们在中学作文教学的基本策略中再做比较充分的说明。

3. 从教学目标的角度看，中学作文教学的基本任务就是培养学生的基本写作能力

应该看到，我们现在对中学作文教学的定位普遍拔高了，而实际的操作又非常低端，这就出现了严重的眼高手低、目标和实际脱离的问题。为什么会出现这样的情况呢？根源主要在于高考、中考阅卷与课程标准的脱节。实际上，课程标准对中学作文教学要求的定位总体上讲还是比较清晰的，也是比较恰当的。如初中写记叙文，就是要求内容具体，有自己的体验、有自己的感情就行了。用我们的话来说就是中心明白、内容具体、表达清楚，用更通俗的话来讲就是文从字顺、内容具体。但达到这个要求，中考阅卷只能拿中等偏上的分。阅卷教师是怎么要求的呢？要看立意是不是深刻，取材是不是新颖，结构有没有特点，语言有没有文采，等等。要达到这四个要求，学生的作文才能拿到高分。不少省份的高考作文阅卷则把作文的总分分为基础分和发展分，60分总分的基础分常常是40分，70分总分的基础分常常是50分。什么情况才能拿到基础分呢？就是我们刚才讲的内容具体、表达清楚、思路流畅、中心明确。还有20分被称为所谓发展分。什么情况才能拿到后面的20分呢？在众多专家对发展分纷繁复杂的解读中我们找到一个相对简明的说法：

高考《考试说明》把作文分为基础等级和发展等级。考生要想在高考语文考试中获得高分，作文不仅要符合基础等级的要求，更要符合发展等级的要求，具体而言就是要达到四项要求，即深刻、丰富、有文采、有创新。其中“深刻”包括：（1）透过现象深入本质；（2）揭示事物内在的因果关系；（3）观点具有启发性。“丰富”包括：（1）材料丰富；（2）论据充实；（3）形象丰满；（4）意境深远。“有文采”包括：（1）用词贴切，句式灵活；（2）善于运用修辞手法；（3）文句有表现力。“有创新”包括：（1）见解新颖，材料新鲜，构思新巧；（2）推理想象有独到之处；（3）有个性色彩。发展等级的评分，依据13个评分点，不求全面，以一点突出者按等级评分，直至满分。所谓“突出”，指不仅全面符合某个评分点的要求，而且在某一方面有优异的表现。

这个要求就是阅卷人期望考生达到的理想的写作水平，在他们看来，高中毕业生就应该能写出这样的文章。而现在普遍的现象是，高考作文的标准就是教师作文教学的目标，而且几乎所有学校的教师都冲着这个目标（而高考的评分标准又左右着中考的作文评分）进行作文教学。换一个角度也可以说，他们认为中学作文教学的任务就是培养学生能写这样的文章。那么，高中生都能写出这样的文章吗？中学作文教学能完成这样的任务吗？我们认为都不能。

这样的要求是明显高于高中课程标准的要求的。《普通高中语文课程标准》（实验）第二部分“课程目标”“必修课程”的“表达与交流”有9条要求，其中1—6条都是对写作的要求：

1. 学会多角度地观察生活，丰富生活经历和情感体验，对自然、社会和人生有自己的感受和思考。

2. 能考虑不同的目的要求，以负责的态度陈述自己的看法，表达真情实感，培育科学理性精神。

3. 书面表达要观点明确，内容充实，感情真实健康；思路清晰连贯，能围绕中心选取材料，合理安排结构。在表达实践中发展形象思维和逻辑思维，发展创造性思维。

4. 力求有个性、有创意地表达，根据个人特长和兴趣自主写作。在生活和学习中多方面地积累素材，多想多写，做到有感而发。

5. 进一步提高记叙、说明、描写、议论、抒情等基本表达能力，并努力学习综合运用多种表达方式。能调动自己的语言积累，推敲、锤炼语言，表达力求准确、鲜明、生动。

6. 能独立修改自己的文章，结合所学语文知识，多写多改，养成切磋交流的习惯。乐于相互展示和评价写作成果。45 分钟能写 600 字左右的文章。课外练笔不少于 2 万字。

我们不难发现，在很多高考阅卷标准中，“对自然、社会和人生有自己的感受和思考”变成了“能透过现象深入本质，揭示事物内在的因果关系，观点具有启发作用”；“力求有个性、有创意地表达，根据个人特长和兴趣自主写作”变成了“见解新颖，材料新鲜，构思新巧，推理想象有独到之处，有个性特征”，“提高记叙、说明、描写、议论、抒情等基本表达能力，并努力学习综合运用多种表达方式”；“表达力求准确、鲜明、生动”变成了“用词贴切，句式灵活，善于运用修辞手法，文句具有表现力”。

我们不知道制定这些阅卷标准的专家们自己的文章能否达到这样的标准。他们是不知道一般高中生也是一般人写作素养的实际呢，还是不理解写作的基本规律和课程标准的要求呢？

毫无疑问的是，绝大多数学生是不可能达到这样的要求的，绝大多数语文教师也没办法教学生写出这样的作文。我们说过，文章写得好是要有特别的天赋，不是每个人都能写得深刻、写得新颖的。面对这样的标准，我跟高三的同学讲，也跟高三的教师讲，我们的作文教学应该追求学生作文得多少分呢？我的想法是70分的作文要确保50分，力争55分，拿60分是你的运气。和高三同学讲作文，我第一个问题就问他们：你们高考作文想得多少分？有的学生起哄说："我们想得满分！"我会说，高考作文想得满分，说明你是个糊涂蛋。然后我就告诉他们：70分的作文你要确保50分，力争55分，考不到50分、55分，你也是个糊涂蛋。因为只要按照要求去做，人人都能考到50分、55分。对于教师来说，如果你们班上没有学生考50分以下，大多数考55分以上，那么你这个班级的成绩一定很漂亮。而这个分数是我们可以教的，能够帮助学生做到的。为什么我不鼓励不要求学生争取高分力争满分呢？因为我自己做不到，一般教师也做不到。我们前面说过，考场作文有它的特点，有它的特殊性。要写得深刻、生动、新颖，这是很不容易的。

我始终不明白高考作文这样的评价标准是怎么制订出来的。这样的要求，有多少人能做到呢？不要说学生，我们语文教师有多少能做到呢？我估计不多。我们自己当年的高考作文是高分吗？我们能保证不管什么作文题每次都可以写出高分的作文吗？

我估计绝大多数教师不能。当然，不单单是中学教师写不出来，大学教师也写不出来。很多人知道，连作家也写不出来。命题的教师和专家，阅读的教师和专家，都能写出来吗？也不能，或者说绝大多数不能，更不能保证每次都能。孔子说：“己所不欲，勿施于人。”换一个角度，己所不能，也勿施于人。现在有一个非常没道理的现象，就是教师写不出来，专家写不出来，偏偏要求学生写得出来。教师写不深刻，要学生深刻；教师写不生动，要学生生动；教师写不新颖，要学生新颖。

让学生具有基本的写作素养和基本能力，是我们能教的；让学生具有超常的写作素养和写作能力，是我们不能教的。我们不要在不可教的地方拼命用功。再换一个角度看，一个班级作文能考 60 分以上的人有多少呢？ 60 分以上的作文相当于百分制将近 90 分了。平时有多少学生的作文能达到 90 分呢？高考阅卷的高分作文，一般不会超过 10% 吧？就是说，50 个人的班级，高分的也就只有 5 个人左右，还要你这个班级的作文达到一个省的中等水平。事实上优秀的学生常常集中在一些重点中学的重点班级，普通中学的普通班级是远远达不到这个比例的。我们的教学能只是为班级上的极少数的三四个同学服务吗？而班级上的这几个写得特别好的学生是你教出来的吗？你即使为他们而教学，就能保证他们考高分吗？

我说这么多，并不是纠结于高考作文的评分和想得多少分，是为了通过这个分数说明我们作文教学的目标定位应该是让绝大多数学生写出平平常常的好文章。什么是平常的好文章呢？我们当然可以借用课程标准来说明，也可以展开比较全面的阐述，但我们一般简单概括为：切题、有物、得体。所谓切题，就是紧扣题目的要求，就是有明确的话题，不枝不蔓，内容集中。所谓有物，一是有自己的想法，即有明确的中心，想要表达什么，想要说明什么，自己清楚，让读者也清楚；二是有具体的内容，通过具体的材料来表达自己的思想和感情。所谓得体，是能够根据特定的要求和对象，根据具体的目的和内容，采用适当的形式进行表达；写什么文体像什么文体，能根据表达需要和文体的特点运用适当的表达方式。我们想，这就是一个高中生或者说一个公民必须具备也能够具备的写作素养。事实上，我们作文教学的最大问题，并不是学生写不出深刻、生动、新颖的文章，而是写不出达到这样基本要求的文章（甚至有为数不少的中学教师、大学教师也达不到这样的要求）。

总之，我以为，中学作文教学的基本任务是：培养学生写作的基本能力，训练学生掌握常见文体的写作，让学生能够写好平常文章。所谓写作的基本能力，就是能够根据具体要求完成具体写作任务，能够清晰地表达自己的想法，能够围绕文章的中心组织材料，能够条理清楚地组织文章内容。或者说，就是必须明白要求写什么，自己想写什么，用什么形式写比较适宜，能把自己要写的写清楚。所谓掌握常见文体的写作，就是能够根据具体要求和具体材料选择适当的文体，能够体现不同文体的基本特征，能够根据需要比较熟练地叙事、说理、说明和抒情。所谓写好平常的文章，就是只求切合要求，不求别出心裁；只求文从字顺，不求语言文采；只求言之有物，不求立意深刻；只求形式适宜，不求形式新颖。这才是绝大多数学生能够达到的，也是大多数教师能够有所作为的。

中学作文教学的课程价值，是一个很理性的大问题，以上是我作为一个中学语文教师不成熟的思考，敬请大家批评和方家指正。

二、作文教学的基本策略

基本策略，其实也就是中学作文教学怎么去做。但是怎么教的问题，包括很多层面。课程标准是从理念的层面告诉我们怎么教；很多专家会从理论层面说明应该怎么教；而一线教师需要的是具体的方法。但不同的人有不同的方法，不同的学生有不同的方法，不同的内容有不同的方法。我们今天是着眼于中间层面，讲作文教学的基本策略。

策略之一：中学作文教学必须坚持自由写作和指令性写作两者的结合和互补

这是非常重要的一个策略，必须放在前面讲，否则前面的一些内容会引起误解。

我们前面说到作文教学的实际，指出两种不好的情形。一是有些教师用文学创作的自由式写作的方法指导学生的指令性写作，一是很多教师用简单化的应试指令性写作的方法对学生进行写作的指导。而事实上这两种做法效果都不好。

于是有些教师会问，你不是说中学生写作的性质就是指令性的写作吗？这有什么错呢？对，我告诉你这的确也是错的。中学生写作的基本性质是指令性写作，但并不等于说用指令性写作进行训练就能使学生写好作文，即培养指令性写作的能力也并不是完全依靠指令性写作。因为从指令性写作学生获得的只是写作技巧和写作方法，而不能使学生获得写作的体验和写作的经验，更不能从根本上培养学生的写作素养。打个比方，就像一个人生了病，如果缺脂肪、蛋白质、维生素 C，当然可以吃点药补充一下。但小孩子生下来，我们绝不能就让他根据各种需要去直接补充蛋白质和各种维生素，而只能是从正常的饮食中获得各种需要的营养。有句话很朴素，但非常深刻，说出了语文学习的规律，也说出了写作能力培养的规律：语文不是吃肉长肉的事情。这个道理一定要弄懂。用指令性写作反复训练，就像让学生喝各种营养液，吃各种补药，终究是不能调养出好身体的。在这种机械的训练中，学生得到的只是应试的技巧，只是熟悉考试作文的游戏规则。一个人靠学习游戏规则能成为游戏高手吗？肯定不能。一个人要学习开车，就专门在家里学习交通规则行不行？肯定不行。

要有效提高学生的写作能力，包括应对高考作文的需要，必须首先坚持指令性写作训练和自由写作的结合。

那么，什么叫自由作文呢？一是指学生自主进行的写作活动，写与不写，写什么内容，写什么文体，用什么方式写，在什么时候写，完全由学生自己决定。二是在安排统一的作文训练时，不要僵化地“一刀切”，不要简单强调统一，也要留给学生自己选择的空间。我们有很多教师在这样的问题上总是想不通。他们觉得，只有统一的训练才有效果，他们宁可让学生不停地进行低水平的反复，也不愿意给学生一点空间，让学生写出更好一点的作文。也有些教师有顾虑：总是自由写作，到考场怎么办呢？其实，这是不用担心的。一方面，我们也没有完全拒绝指令性的写作训练和规定性的写作训练。更重要的是，让学生具备基本的写作能力才是根本，有了良好的写作能力和写作素养，才能写出好的文章；没有写作的基本能力，即使再熟悉考场作文的技巧，即使能够在规定时间内完成任务，写出来的很可能也是低劣的作品。根据我们了解，不少学生三年甚至六年里从来没有写过70分以上的作文，到中考高考就能写出理想的作文吗？当然不能。这就证明，简单化地应对考试的作文教学，并没有把学生的考试作文教好。因为这样的教学都没有培养学生的写作能力和写作素养。

那么，作文教学应该教什么，应该怎么教才能培养学生的写作能力和写作素养呢？

一是让学生感受写作的过程。

古人说："文章千古事，得失寸心知。"这可能是说写作的责任和艰难。但我想理解为写作需要自己的亲身经历和体验也是不错的。写作过程是一种极为复杂和丰富的过程，恐怕谁都说不清楚。"道可道，非常道；名可名，非常名。"即使说清楚了，也是非亲历不能真正理解。这个亲历的过程，就是一种最好的学习方式，也是最重要的学习内容。很多写作的大家，并没有名师的指导；很多名师，也没有能指导出大家。这足以说明，所谓"教学"对于写作能力的提高是多么苍白无力；而亲历和体验是多么重要。

因此，对于作文来说，"不教而教"，让学生亲历写作的过程，体验写作的过程，去经历体验和积累种种写作的感受，是作文教学最基本的教学内容。毛泽东说，要知道梨子的滋味，只有亲口尝一尝。这对写作来说是至理名言。小马过河，只有自己到河里一探深浅。站在岸上，听老马“讲”和在老马指导下“练”，终究不能解决问题。无论是作文指导还是作文评讲，教师都不可剥夺学生这样的权利，更不能以自己的主观认识或他人的经验强势压迫和替代学生的写作体验；而要善于激活学生自觉体验写作过程、反思写作过程的意识，共享写作体验的资源。

二是让学生体悟写作的规律。

写作是一种高层级的语文能力，是一种复杂的学习活动。尽管人们对它的认识还很肤浅，但它有其自身的规律存在，这是必然的。要提高写作能力，必须认识这个规律。但认识写作规律，不是或者主要不是通过教师的讲解，甚至也不能通过所谓练习达到目的，而主要依靠写作主体也就是学生自己的体悟。这大概就是作文教学难以见效甚至有些教师不愿意有所作为的原因之一。费了很多神，花了很多时间，未必有用，甚至适得其反。因此，我们必须承认，写作规律的认识，必须依靠学生自己的体悟，而这也应该是作文教学的基本内容。比如，我们必须让学生认识到写作绝不仅仅是作文课的事，也绝不仅仅是单纯地“写作文”；我们要努力培养学生非写作状态中的写作意识。一个囿于课堂、囿于考场教作文的人，是绝不可能教好写作的；一个囿于课堂学习写作的人，也是绝不可能写好文章的。

三是让学生形成直接的写作经验。

写作是需要经验的。这就是绝大多数人文章越写越好的原因。写作经验，既包括成功的经验，也包括不成功的经验；既包括写作过程的发展，也包括写作方法和技巧的运用；既包括写作过程中各种知识积累和生活积累的调动，也包括各种矛盾的处理；既包括思想的不断深化，也包括情感的复杂运动。这个经验形成的过程，常常是不自觉不自知的，常常是潜移默化的。

写作是一种个性化的学习活动，很多写作经验是不可复制的，甚至对于同一个写作主体都是不可重复的，因此照搬别人的写作经验，并没有多大的意义。它不像数理化等学科，有很多定理和方法大家都可以采用。在自然科学中，不可复制的结论往往得不到承认；而在写作领域，重复再现的东西却常常得不到人们的承认。

对于中学生来说，这种写作经验的个性化，主要体现在必须在自己的写作活动中形成自己的经验。这就要求我们的作文教学把学生写作经验的形成当作作文教学的主要内容。单纯应试式的写作训练并不能真正提高写作能力，也不能有效提高考试成绩，就是因为这样的写作训练、这样的作文教学，学生很难形成良好的写作经验和良好的写作体验。

写作经验的重要，启发我们要能更多地为学生提供良好的写作空间，以利于学生体验写作过程的同时，在不自觉中形成写作经验；还要引导学生形成善于进行写作反思的品质。我们在前面否定过把写作技巧和写作方法当作作文教学主要内容的做法。其实，我们反对的只是简单化的教学技巧和方法。我们认为，符合写作规律的做法，应该是让学生在写作经验形成的过程中掌握方法和运用技巧，或者在写作活动的过程中学习写作方法和技巧。

四是让学生丰富写作积累。

只要不是外行，都知道语文学习必须强调积累。而对于写作能力的提高来说，积累更具有极为重要的意义。

但人们常常注意的是写作素材的积累，这固然很重要。文章是高楼，素材是砖瓦和泥沙。但一幢大楼，仅仅有砖瓦泥沙是不行的。不要说造大楼，造一间小房子都不行。还有许多更为重要的东西。

首先是生活的积累。什么是生活呢？并不好说。有教师说，现在学生的生活太苍白了，所以写不出好文章。他们认为，只有投身“鲜活”的社会生活才能写出好文章。对此，我并不完全赞同。一方面，我也认为，现在学生的非正常状态的学习生活和远离社会的生活对他们写作能力的提高是有影响的；但我同时认为，这不是问题的关键，或者说不是根本的原因。因为让我们的学生写他们所深恶痛绝的单调的学习生活，他也写不好啊。问题的症结在于他们缺少生活意识，对生活抱一种无关痛痒的态度。所以，再鲜活、再丰富的生活对他来说也是无意义的，因为并没有为他所“积累”。

近几年，有人热衷于活动式作文，即先活动后作文。这样的做法，应该会有一定的效果。但我并不完全赞同。如果写作文之前总要先来一次远足，总要先参观一下“世博”，甚至先搞一次班会，做一次游戏，那么对作文的理解就失之于简单化。我认为，对于写作来说，生活应该是一种原味的自然的生活，活动也应该是一种原味的活动，甚至没有活动的生活也是“有文章可做”的。

我们所强调的生活积累，就是善于把普通平常的生活“据为己有”，使之成为写作的材料、源头、动力和灵感。

而丰富的生活积累，来自对生活的关注和思考。本质上说，写作是对生活的表达。为写作而写作，为文造情，是写不好文章的。

即使有好的写作技巧和语言素养，至多也只能是形式花哨、语言华美、内容空洞的文章。只有对生活有思考的人，才能写出有思想、有内容的好文章。因此说，关注生活、思考生活的意识，是非常重要的写作素养。有思考的积累，才是有意义的积累。

对于写作来说，感情和思想的积累更为重要。

在具备基本能力的前提下，区分记叙文高下的一个重要因素，就在于其是否有细腻的描写（而现在学生的通病就是泛泛的叙述）；而有没有细腻的描写，其关键又在于有没有细腻的情感。细腻的情感哪里来？除了先天的因素，就是依靠积累。在相同的前提下，区分议论文高下的一个重要因素，就在于其是否有思想的深度。认识有深度，是因为自己心中有一个“深刻的东西”。自己心中有一个“深刻的东西”，才能发现题目和材料中“深刻的东西”。自己心中这个“深刻的东西”从哪里来呢？当然只能从生活中来，只能从阅读中来。但归根结底又是从思考中来。思考，才能有思想。思考的过程，就是一个积累的过程；有了思考过程的积累，才会有思想的积累。对于写作来说，这恐怕是最重要的。

学生怎样才能够感受写作的过程，体悟写作的规律，形成直接的写作经验，具有丰富的写作积累呢？事实早已证明，只有在自由写作中，学生才能真正进入写作的情景，才能获得写作过程中的真切感受，才能形成写作所必需的种种丰富的积累，才能在一次次成功的或失败的写作中对写作的规律有所体悟，才能形成自身直接的写作经验。而简单化的指令性写作的反复训练是不能真正培养学生的写作素养的。再简单地说，让学生自由写，他才喜欢写，才能够培养兴趣，才能够发现优势，才能够写得好，才能够写出佳作。作文教学，写得多不是目的，写得好才是目的。

除此之外，自由写作还可以让学生积累丰富的写作素材和作文半成品。有实际写作经验和对学生写作实际有深入了解的人都知道写作素材尤其是半成品作文对写作的意义。台湾地区有位研究作文教学的专家专门对半成品写作进行了深入而系统的研究，并且取得了非常显著的成效。我们所倡导的共生写作，有一个很重要的类型也是半成品写作。我们曾经访谈过数十例在高考中作文获得高分的同学，几乎无一例外的都是半成品写作；看到题目凭空写起而获得高分的几乎没有。他们有的说：老师，看到题目，我就想到我以前写过的一个素材，然后稍做加工，就写出来了。有的说：老师，看到题目，我就想到我以前写过的一篇作文，稍做修改，就写出来交了，感觉很爽。有的说：老师，你说过的一个材料帮了我的忙，我写的就是你说过的一个故事。有的说：我这次要感谢 ×× 同学，因为我写的是他有一次在作文中写的材料。这些同学的经验，尽管有的是用的自己的半成品，有的用的是别人的半成品，但都是对半成品的加工。而半成品，尽管可以从书本中来，可以从别人的写作中来，但最主要的还是从自己的生活中来。我们在生活中，常常都会有很多收获，有很多感触，也会发现很多有意思的材料。但如果只是稍加注意，并不能真正成为我们的素材积累；只有经过写的过程，哪怕没有写成一篇成熟的作文，它也会成为我们比较深刻的记忆，而那些并不成熟的作文就是所谓半成品。

在强调自由作文对于培养写作能力和写作素养的重要意义的同时，我认为对指令性写作进行深入研究，了解其特点和规律，并让学生在一定的训练中获得应对考场写作的必要能力和技巧也是必需的。而对这个问题的研究，也存在着严重的误区。

从复习策略的角度看，有的教师不知道初中生、高中生的语文教学应该怎么进行才能让学生写好文章，不知道到了初三或高三这一年又应该怎么安排自己的语文教学，怎么进行应考作文的准备，也不知道还有三个月高考时应该怎样指导学生的作文。我经常举一个例子：一位教师到了离高考还有三个月的时候，作文课上还要训练学生如何让语言有文采，举了一大串例子，教了一大串招数。说有用吗？我说基本没有用。大家想一想：语言有文采可以教吗？即使可以教，还有三个月可以教吗？你教的那些招数，什么多用拟人、多用排比、多用比喻，什么多用古诗和古文，就是文采吗？肚子里没有古诗和古文怎么办？拟人排比和比喻不当怎么办？三个月让人有文采，是神仙也做不到的。再说，你的学生的作文的主要问题是没有文采吗？这样的教师，就是缺少对考试作文的研究，当然也缺少对写作规律的研究。

从考场写作规律的角度看，很多教师的教学完全脱离学生的实际和考场的实际。我们在前面说到，有些教师大讲审题类型和审题步骤，也是属于这类问题。一个考生在考场上能这样去想审题的几个大类，每个类型审题的几大步骤吗？是绝对不能的。还有的教师说：作文选材，一定要写别人之未写，更不能写以前写过的材料。以前写过的材料都不写，那么写什么材料呢？在考场上，我们怎么知道别人写什么材料呢？这不是把学生逼上绝路吗？还有教师要求学生高考考场作文要写记叙文（初中当然如此），因为记叙文容易得高分。不错，似乎高考的高分作文记叙文占的比例比较大，但能不能说所有人写记叙文都可能得高分呢？这在逻辑上是说不通的。事实上，从写记叙文的总数看，得高分的比例还是非常非常小的。更重要的是，考场上的文体选择是有自身规律的，并不是一厢情愿的事情。文章的立意也是如此，有些教师过分强调立意要新奇，要不同寻常，事实上风险也因此大增。所以，我们对指令性写作和应试写作，也要了解它的特点，掌握它的规律。

很显然，负责的作文教学，科学的作文教学，应该坚持自由作文和指令作文互补，坚持两条腿走路。那么怎么坚持呢？简单说，由初一到高三，先放后收，即初一、高一以自由写作为主，兼顾指令性写作；初二初三、高二高三逐渐强化指令性写作，兼顾自由写作。我相信两者的结合会相得益彰。但不管是哪一个阶段，都应该坚持两者的互补和结合。要说明的是，所谓自由式写作，绝不是作家的创作式写作，除了一般所说的课外练笔、日记等，还可以体现在哪怕是统一要求的作文中，也要在时间和要求上给学生足够的自由空间。

策略之二：努力建构立体化的写作空间，培养学生非写作状态下的写作意识

古人说："功夫在诗外。"其实，写文章的功夫也在"文章之外"。我们前面引古人的话说作文有可教的有不可教的，而我们在作文课上大概只能教可教的一部分。不可教的一部分怎么办呢？不可教的一部分一来依靠自由写作，让学生自己去感悟；二来依靠我们为学生营造良好的写作环境，也可以说为他们建构立体化的写作空间。语文教师自己都应该有体验，写文章最主要的不是"写"

的那个过程，更重要的是在写之前的准备。比如我们教师要写论文，很多教师往往都是要评职称了，要交论文了，就坐下来写论文。写不出来就说论文难写得不得了。打开电脑才想到写论文是绝写不出论文的。所以有人把写文章比喻成生孩子是非常有道理的。只有已经怀胎十月，到那一天才会自然分娩，生出一个健康孩子；如果肚子里没有孩子，不管怎么努力，不管如何高明的接生婆，也生不出孩子的。我们学生的写作也是同样的道理。所以要建构一个立体化的写作空间，努力培养学生非写作状态下的写作意识。

首先要在阅读中培养写作意识和写作能力。

当然，这绝不是把阅读课教成作文。我们反对把作文课上成阅读课，也反对把阅读课上成写作课。有人提倡语文教学要以写作为中心。尝试当然是可以的，但我们以为总体是不可取的。阅读和写作紧密关联，但阅读就是阅读，写作就是写作，二者不可互相取代，当然也不可以互相隔离。但现在阅读教学和写作教学的隔离是一个不争的事实。很多教师的阅读课就是图解文本内容，教师出题目，学生找答案；文言文就是串讲文意，就是实词虚词和文言句式。我们一直强调文言文的教学要文言、文章、文学、文化“四文”统一。但现在别说文言文了，很多现代文阅读教学都没有文章意识和文学意识了。不能不说这对学生写作有很大的伤害。而只有到了写作课上才“讲作文”，很多教师似乎太迷信写作训练的效果了。有些教师的阅读课也会讲写作特点，但只是作为一个知识点一个任务去完成，并不是为了给学生写作的启发。有学生到高三还不会写议论文，问我怎么写，我说背诵《六国论》，然后用心想一想。在阅读教学中培养学生的写作意识和写作能力，主要的是立足写的角度思考问题：作者是怎么写出来的？为什么要这样写？这里为什么要描写？有些内容为什么不写？我教《孔乙己》，在品读了小说中写手的细节之后，让学生也找一处可以写手的地方写一句手，让学生思考写手时要注意什么问题（一要合乎人物性格，二要切合上下文），写好之后再讨论大家写的地方作者为什么不写？我教《黔之驴》最后有一个环节是讨论：课文内容写老虎的多，为什么题目叫“黔之驴”而不叫“黔之虎”呢？写虎对写驴又有什么作用呢？原来这和作者要表达的主题有关，目的在于讽刺驴而不在于歌颂虎。诸如此类的活动，我是经常组织的。我不敢说这些活动就非常成功，但我相信它们的价值绝不仅仅是解读文本内容，对学生的写作意识的培养和写作能力的培养都会有积极的效果。

但我们反对简单化的读写结合。有些教师阅读教学教散文就写散文，读诗就让学生写诗，读《背影》就写“背影”，学《桥》就写“桥”。记得一个教师教茅以升的《中国石拱桥》，就让学生以“桥”为题写一篇文章。我说这样做不好，他不服气，说读写结合是传统的写作教学经验。不错，强调读写结合的确是我们传统的经验，但这样的读写结合是不符合写作规律的。这个教师问我为什么不符合，我说你让学生写什么文体呢？他就说文体不限啊，可以自由写。我说文体不限，但学生只能写一种。写哪一种呢？他说我们这里学的是说明文《中国石拱桥》，那他也可以写说明文啊。我说茅以升写《中国石拱桥》，是对石拱桥有研究，桥有多少个孔，每个孔有多高，这些孔有什么作用，水流从哪里流出去，怎么样才能减小受到的冲击力，他清清楚楚。可是我们的学生写什么桥呢？他们对桥了解吗？我告诉他说明文的题目不能随便布置，因为没有研究、没有充分的了解，就没有办法写说明文。我女儿读初二的时候，她的老师布置写一篇“钢笔”的说明文。她写不出来，让我帮忙，我也写不出来。因为钢笔上很多地方我们连名字也说不来，很多原理更不懂。我说，学生对桥没有研究就写不出说明文。这位教师说，那就写散文或记叙文吧。阅读教学教的是说明文，让学生写散文、记叙文，这读写怎么结合呢？所以我们强调，在阅读中培养写作意识和写作能力，主要是在阅读教学的过程中注意激发学生的写作欲望，让学生感悟写作的规律，而不是把阅读课上成作文课，也不是简单化地生硬地进行读写结合。

在阅读中培养学生的写作意识和写作能力，还要引导学生在读书中有写作的意识。读书的用途是多方面的，但读书为写作服务是一个很重要的方面，中学生的读书尤其如此。而现在有些同学是为读书而读书，书读了，脑子里什么都没有，甚至一句话都说不出。读书对写作的作用是多方面的。首先是弥补生活阅历的不足。一个人的生活阅历总是局限的，中学生尤其如此。唯有读书能够弥补这种局限。没有经历战争，我们可以在读书中经历战争；没有经历爱情和婚姻，我们可以在读书中经历爱情和婚姻。读书还可以引领思想的成长。和阅读理解一样，阅读能力和写作能力，从根本上说都不是方法问题而是思想问题。对题目的理解，对材料的运用，对文章的立意乃至文章的构思和结构，一个人的思想水平都起着重要的作用。而思想和情感一样，除了先天的因素，主要通过读书来提高。这些是从写作的源头和根本上说的。

如果从比较狭隘也比较功利的角度讲，读书对写作也有许多直接的作用，比如材料的积累。写议论文总要有理有据。理可能是从自己的心中出来的（其实心中的理也与读书有关），但据是哪里来的呢？主要是从书本中来。这就要在读书时善于为写作考虑，或者说能立足写作的立场读书：哪里可以为我所用？哪里可以说明什么样的问题？即使写记叙文也可以从书中获得很多写作的启发和材料。很多名作家的作品都是在读其他名著时产生写作灵感的，甚至还借鉴了很多东西。不是有人说鲁迅的《狂人日记》和曹禺的《雷雨》都借鉴了别人的作品吗？用我的共生写作理论解释，这就是和名家名著进行共生写作。我曾经对高中同学讲，你把《红楼梦》读透了，就能把文章写好，包括考试的文章，谁还能出一道不准写《红楼梦》的作文题呢？关键是怎么读、怎么用。为读书而读书自然是写不好文章的。

培养学生非写作状态下的写作意识，很重要的一点就是要培养他们任意想想、随便写写的习惯。

应该说很多教师是有这个意识的。让学生写日记、写随笔练笔是不少教师的做法。长期坚持肯定是有效果的。我一直说：就靠每学期几篇大作文是写不好文章的。但有些教师对待学生的日记、随笔却越来越严肃，很多教师也很正经地修改。这就把学生的自由写作又逼到了指令性写作、应试写作的路子上去了。我的想法和做法是要求学生任意想想、随便写写。我能举很多例子说明我自己的一些文章是胡思乱想写出来的，我相信很多人会有同感。我鼓励同学们多写半成品，或者是原始素材的记录，或者是稍微做些加工，这些东西主题或许不明，结构或许不完整，但到时候却是很顶用的。每一个作家都有丰富的素材库和半成品。有需要时，条件成熟时，拿出一个就很有用。我问过不少在高考中作文分数比较高的同学，他们大多是根据题目要求对半成品进行加工写出来的。凭空写起的不多，有通篇照搬的危险。这就像我爸爸那辈人造房或者打家具：今天有棵树，明天有块板，都收集起来。如果需要，做适当修砍，但基本是不触及关键的，因为他们还没有想好，到时候到底怎么用。一旦修砍太多，到时候加工余地就小了。我之所以说是半成品，没有简单说是素材，是因为它们还是需要得以适当修整而不是完全原始地保留的。我强调写半成品的重要，还与强调学生应该学会共生写作有关。所谓共生写作是一种作文教学的方法，也是一种作文的写作方法。聪明的作家都将这个方法运用得非常熟；一种熟悉的生活，一个精彩的生活故事，他能写出很多作品，写小说、剧本、散文、诗歌。甚至写不止一本小说，不止一篇散文。而我们的同学却坚信一则材料只能切合一个题目，只能写一篇文章，因为有些教师就是这样指导的。而我恰恰相反，总是指导学生开发自己的生活，用好自己的独特素材，要用一个素材写出多篇文章来。如果积累了一批半成品或者素材，有时间就盘点一下，琢磨琢磨能写个什么。这样的做法，对培养写作意识和写作能力都是非常重要的。

经常交流积累的材料和半成品，也能有效培养学生的写作意识和写作能力。莫言在诺贝尔颁奖大会上发言时说："我是一个讲故事的人。"我觉得不仅作家，写文章的人都必须会讲故事。写记叙文就是讲故事，写议论文也少不了讲故事，某种意义上说，作文教学就是大家一起讲故事。所以，我经常对学生讲故事，讲我自己的故事，讲我们家族的故事，讲我在生活里遇到的故事。有不少同学把我讲的故事写到作文中。我还会经常安排时间让学生讲故事。高一年级的第一轮演讲就是“一个有意义的故事”。高三后期我组织了一个宝藏素材交流活动，也就是讲故事。讲完了，大家讨论，根据故事可以写什么样的话题，可以表达什么样的主题，对不同的主题和话题应该如何进行加工。这样的交流，互相启发，互相补充，对写作的意义是非常大的。

其次要引导学生发现和抓住生活中的写作事件。

生活中从不缺乏写作的材料，而同学们总抱怨生活太单调，有的教师也跟着起哄。我是不同意的。我让学生以“单调”为话题写作，他们也写不好。这是什么原因呢？其实是我们的同学有眼不识宝贝。怎么办呢？有教师想出的办法是活动式作文，先活动再作文；有教师想的办法是制造作文事件，其实还是搞活动，什么名著评选啊，排演话剧啊。这样做用心良苦，意义总是有的。但这种“人造生活”对学生可能有些误导，让他们觉得原味的生活中就没有事件。对此我是不同意的。真正的好作文都来自原味的生活，生活中有的是作文事件。这方面，就是自己不仅要有正确的认识，最好还能有所示范。我是经常这样做的，即把自己在原味生活中经历的事件或故事和学生一起讨论，看能写什么该怎么写，效果是比较显著的。我在有关文章和专著里都举过例子，这里不再细说。记得一年秋天，一片树叶掉在我头上，然后掉进了我的车篓里。上课之后我就借此事件和学生共生写作了一首小诗。诗歌拿不出手，给学生有益的东西是很多的，至少可以培养他们非写作状态下的写作意识吧。

语文教师应至少偶尔写点东西，从来不写的话，要教好写作很难。但即使不写，也可以借助别人的写作体验和案例来引导学生关注生活中的作文事件。比如鲍吉尔·原野的《月光手帕》就经常被我用来培养学生的写作意识。作者在医院里陪护父亲，晚上在病房走廊里来来回回上上下下地边走边抽烟。可是他发现一个小女孩竟然在他走了好几趟的楼梯上捡起一块漂亮的手帕。可是他再走过去一细看，原来地上还有一块手帕。蹲下来仔细一看，原来是光透过花窗照在楼梯上就像一块手帕。作者以此为题材写了一篇非常优美、立意深刻的散文。我和同学们一起读文章，一起讨论好文章是怎么写出来的。效果很不错。还有篇文章叫《会飞的鸭子》，我记不清作者了。作者从一群鸭子中发现一只鸭子能飞很远很远，经过观察，发现这只鸭子没有脚，后来了解了这只鸭子曾经被黄鼠狼咬断过双脚的故事。文章或许算不上经典名篇，但对我们培养写作意识却很有用。我用它告诉学生要写好文章就要善于发现事物的特别之处，然后去寻找背后的故事。生活中，可写的作文事件真是层出不穷，写也写不完。从奥巴马访华到中学生升旗讲话时向女同学表达爱慕，从中国式“到此一游”到中国式上电梯，即使不写这些社会问题和社会事件，我们的校园生活、班级生活、语文生活中就有很多很多可写的“事件”。生活无处不在，生活无不精彩，到处都有可写的故事。

策略之三：系统训练和散点式训练相结合

建立一个具有科学性、操作性的作文教学系统和写作训练系统，可以说是一线教师的共同期望；认为作文教学效率低下的原因主要是缺少一个教学系统和训练系统，也几乎是大家的共识。

应该说，教师们提出这样的要求是可以理解的。我多年前曾撰写长篇论文论述一个观点：在目前情况下，还没有发现一个科学的、具有可操作性的作文教学系统和写作训练系统。我们甚至觉得，作文教学和写作训练是否具备一个科学而有操作性的系统都值得怀疑。但我们这样说，绝不是主张无序的、混乱的作文教学和写作训练。我们只是想告诉大家：作文教学只能在无序中求有序；不要指望课标制定者、教材编写者提供一个系统，或者说也不要轻易相信和依赖有些教材所提供的所谓系统。那么怎样做到在无序中求有序，怎样避免随意、混乱的作文教学和训练呢？

一是暂时放弃对作文教学系统和写作训练系统的学理追求，建立经验型的作文教学系统和训练系统。

既然那个具有普遍价值的系统不存在，至少是暂时还没有发现，不如针对我们自己的教学对象，立足自己的教学实际，根据自己的教学经验建立作文教学系统和写作训练系统。我们常常看到一些教师在这方面有很成功的做法。语文刊物上有这样的论文，我们也听过一些教师的口头介绍。我身边就有年轻教师形成了她自己的"系统"。我们觉得每个人都可以有自己的"系统"，小而言之就是自己三年的作文教学计划和写作训练的统筹安排。如果不求完美，这并不难。有，总比乱好。我自己的基本做法是，高一基本都是进行自由式写作、话题写作；高二在以自由式写作、话题写作为主的同时，适当强化议论文写作；高三强调三种基本文体（记叙文、议论文和散文——这里不是很严谨的分类，只是从应试的角度大致分类）写作的同时，有意识地鼓励和培养个性化的写作（培养考场绝招——未必人人都有）。同时我会针对班级同学的具体情况，进行专题训练解决他们的突出问题。

写文章，各人有各人的思路，关键不能没有思路。写作教学似乎也应该如此。这种经验性的作文教学计划和训练安排在学理上未必经得住推敲，但常常比较实用，比之于混乱无序效果肯定要好——因为没有一种系统是经得住推敲的啊！

二是暂时放弃对建立整体系统的追求，建立局部的作文教学系统和写作训练系统。

如果说建立一个完整的系统，困难很多，那么建立一个局部的、灵活的系统相对就比较容易；而且从教学实际的角度看，也更加实用。最简单的就是建立一次写作训练的系统。现在作文教学的无序，不仅仅是整体的作文教学没有系统和序列，而且每一次写作训练的基本环节也互相割裂。绝大多数教师作文教学的基本流程是布置一次写作，然后利用教学之余进行批改，隔一两个周进行评讲，评讲后再进行下一次写作（而这一次写作基本和前一次写作没有内在联系）。在这样的写作训练活动中，三个基本环节并没有互相作用。我们要使作文教学有序有效，恐怕首先要解决这个问题。这个问题不解决，即使有了整体的系统，也不能发挥效益。而解决这个问题，最基本的就是建立一次写作训练的系统，即让写作、批改、评讲三个基本环节能够互相作用（包括再写作是四个基本环节）。

其次是建立一个题目、一个话题写作训练的局部系统，即围绕一个题目、一个话题进行局部系统的训练。现在比较普遍的做法是一个题目、一个话题写作一次，这就显得凌乱随意，很难体现整体效应。其实一个题目一个话题有计划地进行一组训练、几次训练，实际上就是一个局部的系统。

更为有意义的应该说是围绕一个专题建立局部的写作训练系统。这个专题可以是一个写作能力点，也可以是一种文体或者是一种文体中的一个小类，当然也可以是学生写作中暴露出的一个具有普遍性的问题。围绕这个专题比较集中地进行一个阶段的训练。我觉得这比之于建立一个整体的训练系统，而每个点都只能机械地进行一两次写作训练更有针对性，效果也更能保证。而初三、高三则更适宜采用这样的训练方法。

三是暂时放弃对固定系统的追求，建立灵活的作文教学系统和训练系统。

建立一个固定的作文教学系统和写作训练系统似乎能一劳永逸地解决作文教学的烦人的问题，但似乎不大可能；即使可能，效果似乎也不大好。作文没有一个一成不变的公式，作文教学也没有一个公式一样的教程，反而是灵活的系统更能适应教学的需要，更有生命力。今年可以这样组合，明年可以那样组合；这样的学生可以这样训练，那样的学生可以那样安排。训练的内容、重点、安排，完全可以随机应变，不拘一格。

四是暂时放弃对共性系统的追求，建立个性化作文教学系统和写作训练系统。

作文教学和写作训练无疑是有共同规律的，每个教师的作文教学都必须遵循这个规律。但遵循这个规律，不等于所有人必须按照同样的系统进行作文教学。事实上，每个教师对作文规律的理解也未必相同；即使理解相同，作文教学、写作训练的方式也未必相同。比如说，有的教师注重课内训练，有的教师依赖课外的自由写作，有的教师注重阅读中的写作指导，有的教师喜欢在活动中进行作文指导，等等。这些个性化的写作训练方式，很难说孰优孰劣。所以说，建立个性化的作文教学系统和写作训练系统，是必需的也是可行的。也许有人担心，这样会形成混乱。我想，这样的担心是不必要的，也是没有意义的。殊途同归，达到培养学生写作能力的目的就行。不管怎么说，有一定经验的教师能根据自己的经验，针对自己的学生建立作文教学的个性化系统，比之于无序的训练效果，一定会好得多。也许有人会问，那些年轻的教师怎么办？我认为，不仅是年轻教师，凡是自己没有能力建立系统的，都不妨借用别人的比较合理的系统。所以我们要强调，这个个性化系统，也不只是指教师个人的，更多地是指一定群体的。一个教研组、一个备课组形成的个性化的作文教学系统和写作训练系统，是最实用、最有价值的。

我认为，目前作文教学的无序和混乱，主要问题不是缺少三年的整体系统，而是作文教学各个环节的脱节。目前，作文教学比较普遍的做法是，学生完成一篇作文，教师两三个星期才能改完发下去评讲，评讲之后再另做一篇内容、体裁和前一篇几乎没有多大关联的作文。这样的做法，最大的问题有两个：一是学生的写作距离教师的评讲时间太久，等到教师评讲时，学生的写作体验几乎完全淡忘，甚至对自己写的什么内容也没有很深的印象，所以对评讲的内容也就缺少深切感受和认同；二是前后的两次作文关联不大，即使教师的评价很有质量，针对前一次作文的评讲，也不能很好地为后面的一次写作服务，意义不大或者完全失去意义。针对这一问题，我们在实践中总结出套餐式再生写作的做法，虽然不是非常系统，但效果还比较理想。其具体做法通常有这样几种：一是同一题目、同一要求，因人施教，内外互补的再生写作；二是同一题目、不同要求，分步训练，不断提升的再生写作；三是同一题目、不同文体，强化文体特征训练的再生写作；四是同一话题、不同角度的再生写作；五是同一题目、多向立意的再生写作；六是同一材料、不同要求的再生写作。

在注重作文教学的阶段性、灵活性、个性化的系统性的同时，我们还要注重“点”的训练。所谓“点”的训练，就是针对写作能力的某一个“能力点”，或者针对学生写作的某一个“问题点”进行教学。实践证明，这样的做法是有效的。虽然说写作能力可以体现为系统的无数个点，但在教学中也不是每个点都平均用力的，有些点可能训练一两次，而有的点可能要许多次。这样的选点教学和选点训练一方面可以具有非常强的针对性，另一方面又可以提高课堂的实效性。初三、高三尤其要加强点的训练。还有几个月就要上考场时，学生所需要的，就是我们应该着力的“点”。有了具体的“点”，教学就有了方向。

我总觉得现在很多教师的作文教学总是笼而统之，大而化之。一节课，往往会把写文章的话都说到，都说尽。听几节高三作文课更是如此。一位教师一节课的教学内容干脆就是《高考作文八项注意》：（1）吃透要求，看菜吃饭；（2）量身定做，把握文体；（3）以静制动，准确审题；（4）合理用时，确保字数；（5）慎重下笔，讲究技巧；（6）换位思考，少犯错误；（7）稳保基分，力求突破；（8）用“本”索“源”，注重积累。八个方面，平均用力，五分钟一项。面面俱到，毫无重点；蜻蜓点水，浮光掠影；泛泛而谈，毫不深入。看上去内容充实，其实几乎无效。我想，假如在一个方面选择一个学生最不清楚、教师又有心得的点进行教学，效果一定比这样要好。我特别提倡，作文训练，尤其是课堂的作文教学，无论是指导还是评讲，都应该有一个清楚的“点”。这个点就是教什么，就是教学内容。

这个点一定要力求具体集中。一般来说，越是具体集中，效果会越好。这些点绝不是来自什么教学指导用书，也不是来自教师的主观想象，更不是来自什么复习资料；而是来自学生，来自具体班级的具体同学的具体问题。阅读教学，要从学生的原初体验出发，作文教学也是如此。针对学生的问题，才能满足学生的学习需要，才能真正达到教学生学习。

这个点应该是内容和形式的统一。我的共生式教学结构，简单说就是“一个点，一条线，多层次，求共生”。这个点就是“教什么”；这个“点”，应该是一个教学生长点。只有着眼于形式和内容的结合点，明确教学内容，这个“点”才会体现语文学科的课程特点，才会有充满活力的共生共长的教学情景。

有了这个“点”，明确了教什么，课堂教学就要在这个点上用力。有位教师，教学目标很明确，说是“文章要主题鲜明、中心突出”。可是一开头就把考试说明的所有要求用 PPT 展示一遍并一一说明，然后结合学生作文，介绍使主题鲜明的三个具体方法（A. 明确表达观点，使文章的立意贯穿始终；B. 材料要始终为主旨服务，要有聚焦主题的功能；C. 按一定意图精选材料，感觉所用的材料不能为主旨服务时，一定要修改或更换）。接下去，便在如何写警策的句子上进行指导和训练。很显然，教师并不真正清楚这节作文课究竟要教什么；或者说表面清楚教什么，却没有紧紧围绕既定的教学内容展开教学。我教过一节“让观点集中明确”的作文评讲课，主要有三个教学环节：一是让学生进行自主评价，在互动讨论中甚至是辩论中发现习作比较隐秘的问题；二是通过作者和读者的互动，理解文章具体材料的性质及其实际的论证效果，它们和原定中心观点之间的距离；三是对习作进行既立足原定中心，又假定新的立论角度的多元修改。三个环节，第一个环节加强学生对观点明确这一写作知识的深层理解；第二个环节是例文解构，分析问题；第三个环节是重新建构，立足写的指导和训练。力求做到知识传授和写作实践结合，评改讨论和修改思考结合；做到紧紧围绕既定的“教什么”展开，一节课都围绕这个“点”进行教学。

在我们强调作文教学要力求有序、有计划的同时，还必须强调任何周密的计划都不能全面覆盖作文教学的所有内容；换一个角度说，只是按照计划进行的作文教学，不管计划如何周密，也不可能有非常好的效果。所以我认为，作文教学必须坚持系统训练和选点训练的结合。但我们这里的点，既不是课程标准上的能力点，也不是各种资料上的知识点；既不是考试说明上的考查点，也不是中考、高考作文阅读标准中的得分点；当然也不是教材上每个单元的写作点。我们认为，这些点应该来自：

一是写作能力的薄弱点。要分析班级学生写作的问题所在，抓住弱点进行强化训练。不同年级学生写作的问题不同，不同班级的学生的问题也不同。选点训练就是针对问题进行训练。

二是写作能力的关键点。比如初中记叙文写作，如何把事情说清楚、写具体，如何在叙事中有细致的描写，就是关键点；高中议论文写作，如何用简明扼要的话表达自己的观点，如何根据观点需要叙述材料，如何紧扣观点对材料进行分析，就是关键点。

三是教师自己写作的经验点。很多教师讲的方法都是各种资料上可见的方法，一些概念化的方法，但总是运用通识经验进行教学，效果往往不好。如果能够根据自己的写作体验和作文教学的经验，对教学内容（比如考点、知识点、能力点）进行更为具体的分解加工，对学生可能就更有用。

既然是选点教学，我们就不必追求计划性和系统性，有的点训练一次两次，有的点可能要训练很多次。其实，对同一个点进行多次训练，其实就是一个系统了。

所以我们说，合理的作文教学策略，应该是系统训练和散点训练的结合。

策略之四：作文教学要优化教学行为和教学机制，努力作用于学生的写作过程

上海师范大学的王荣生教授曾经说，有相当一批教师是没有作文教学的。这我是相信的。很多教师的作文教学就是“看天收”。而那些有作文教学的教师，又是如何进行作文教学的呢？

有些教师的作文教学只做两件事——出题目，打分数。出题目，打分数，能让学生写好文章吗？我认为不能。原来写得怎样还是怎样。因为这里面没有教和学，有的只是要求和结果。

还有一些教师，不仅出题目、打分数，还要写评语，而且还很认真。现在有很多教师在写评语上很下功夫。如果评语写了学生并不认真看，我们有些教师就很生气。我劝他们不要生气，他们想不通。其实，作文评语从小学三年级就已经开始写了，写到初中就已经写了三年了，初中又写三年，已经六年了，而且六年的评语基本差不多。高中教师未必写得比初中教师好，初中教师也未必比小学教师写得认真，也未必比小学教师写得高明。对学生来说，自己的作文评语已经看了好几年了，还想再看呀？实际上，教师不写评语，大多数学生也知道自己的作文有什么样的问题，别人的好作文有什么优点。甚至我们让学生自己写评语，也未必比我们教师写得差。我每学期都让学生互相批改一次作文，学生的作文评语写得真的不差。

从实际情况看，目前绝大多数教师的评语还是套话多，还是格式化的多，就跟学生的期末家庭联络书上的评语差不多。有人统计的结论是，中学语文教师的作文评语最常用的就是12个短语，几乎没有超过这12个短语的。我的感觉是可能都没有12个短语那么多，基本就是常规的五六个短语再组合，什么审题怎么样，选材怎么样，中心怎么样，结构怎么样，立意怎么样，语言怎么样。这样的评语，你让学生看什么呢？又有什么用呢？就像群发的短信，真的没有什么真情实感。

更重要的是，学生读了评语，哪怕是非常认真地读，对作文提高有用吗？基本是没有用的。这不是我的观点，这是叶圣陶先生说的。其实，道理很简单，如果学生读评语、读范文就能写好文章，那么我们就各年级选一批好文章，请一批人写上最好的评语，然后全国中小学生都看这本书，那作文教学岂不省事了。问题是不会这样简单。有人要问，那么为什么要写评语呢？我觉得主要是为了便于和学生交流，也为作文评讲提供素材准备，为作文教学的决策和安排提供依据。

当然，除了出题目、打分数、写评语，很多教师还有作文指导和作文评讲。但作文评讲和作文指导能不能都说是作文教学呢？我以为还不一定。因为有些教师的作文指导课主要就是和学生一起审题。所谓审题就是明确要求，就是讲好作文的标准，就是弄清楚应该怎么写，怎么写才是最好的。这对于学生的考试写作自然是有一定作用的。但我们前面已经说过，平时写作训练是为了提高写作能力，而本身并不是考试行为。而从写作规律的角度看，知道要求、标准对提高写作能力几乎没有意义。从某种意义上说，这都没有进入写的过程，都没有着眼怎么写。至于作文评讲课，比较普遍的模式就是“开两会”。一般先开表彰大会，说说这次作文哪几个同学写得好，好在哪几个方面；然后再开批判大会，说说这次作文有哪些同学写得不符合要求。这样的表彰大会和批判大会，有没有用？不能说一点用没有，但用处不大。因为这些话，不用老是说，学生也知道。看一篇文章，学生都会有自己的看法。某某选材新颖，某某结构巧妙，某某立意深刻，他们能看得清清楚楚。教师花了那么多时间，说的都是学生本来就知道的，当然用处不大。在这样的评讲中，教师充当的只是法官，是判定输赢的裁判，而不是教练。而教师的角色，不是布置任务的领导，也不是裁判和法官，而应该是一个好的教练，即应该让学生由不会而会，由不好而好，把立意不深刻的变得深刻，把结构安排不好的变得好起来，这样我们学生的作文能力才会提高。从教学内容的角度看，作文课也并不常常触及学生的写作过程，没有对学生写作能力的提高起到比较好的直接作用。

有的教师把写作知识作为作文教学的主要内容。写作教学当然要涉及写作知识。比如记叙文、议论文的特点，比如记叙、描写和抒情等表达方式的作用，比如论点、论据和论证之间的关系等文体知识，比如联想、想象和象征等表现手法及其作用，如此等等。但写作知识的学习并不是作文教学的主要内容，更不是作文教学的目的和重点。可是，相当一部分教师的作文指导和作文评讲还是以讲写作知识为主。翻来覆去就是那么一套写作知识，什么主题如何如何，剪裁如何如何，结构如何如何；什么记叙文的倒叙，散文的线索，散文和记叙文的区别。甚至写作训练也是在概念上下功夫。我听过一节“感悟亲情”的写作课，先是欣赏歌词《父亲》《母亲》，归纳出“修辞方法、细节描写、抒情议论”等表现亲情的写作方法，再阅读欣赏史铁生的《秋天的怀念》，归纳出“开篇夺人、侧面描写、细节渲染、精致结构、真情实感、抒情议论”等表现方法，接着就是套用这些方法进行写作。一节课的教学，就是以这一大堆概念为中心展开。我不止一次听过“联想和想象”的作文课，几乎整堂课就是学习联想和想象的知识，诸如什么是联想，什么是想象，各有什么类型，思维怎么展开，注意什么问题，联想和想象有什么不同；有时候也会穿插一些训练，但完全是为了例证概念、理解概念、接受概念。一位教师在材料作文的审题训练课上，就把材料分为“情境型、问题型、话题型、寓意型、事例型、名言型、数据型、图表型、漫画型”等类型，然后再一一说明每个类型的特点，接着就教给学生应对不同类型的审题方法；再提供材料分别进行审题训练，并交流分别用了什么方法。不要说学生，就是我们听课的语文教师也给弄得眼花缭乱；不要说运用，那么多知识概念要记住并能区别就不容易。

有些教师把写作方法和技巧作为作文教学的主要内容，这无疑对学生的写作是有益的；新的课程标准也强调“知识和能力、过程和方法”，我们传统的教学理念更是强调“授之以鱼，不如授之以渔”。但对于语文学习来说，尤其是对于写作来说，方法和技巧本身并不是写作能力，也不是写作素养。没有学习过写作方法和技巧，可以写好文章；学习过写作方法和技巧，甚至系统地学习过写作方法和技巧，也未必就能写好文章。鲁迅就从不相信所谓小说作法之类的东西。作家班几乎没有培养出真正的作家，或者说大作家；绝大多数作家，尤其是大作家，几乎不是作家班培养的。没有积累，没有体验，没有感悟，技巧几乎是没用的，甚至会适得其反。

而现在很多写作课主要就是教给学生写作方法和技巧，什么审题的几种方法，选材的几种方法，结构的几种方法，开头的几种方法，点题的几种方法，议论的几种方法，分析的几种方法，抒情的几种方法。有的一节课就是在讲方法。先是概念，然后是举例，再接着就是训练，似乎学用结合，立竿见影。但是否知道了写作方法和技巧的概念，了解一两个例子，就能运用了呢？知道开头的八种方法，就能把开头写好吗？所谓凤头，就一定是好文章吗？知道了语言有文采的几种方法，语言就会有文采吗？这些都是不用回答就知道结论的问题。这是把复杂的写作活动简单化了。也有的课堂，先花大力气归纳方法，然后再进行运用方法的训练。比如写人，就是先由阅读的课文中归纳出人物描写的几种方法，然后依样画葫芦描写人物。或许，课堂上会表现出一定的效果，但要真的提高写作能力似乎不大可能。

我听过一节作文课是“让你的语言亮起来”，就是先列举大量的例子归纳出语言生动形象的种种技巧，然后再模仿运用。从现场看似乎是有一点效果的，但大家都知道语言素养的提高，不可能在一两节课就见效，更不是学一两招技巧就有用的。甚至有教师指导学生写散文、诗歌也是先通过阅读范文（一篇散文、小说或者一首诗）引出一两种写作方法，然后现场进行模仿训练或者叫迁移训练。这与其说是写作训练还不如说是语言知识运用的训练。有些教师的作文课，就是进行应考的针对训练，重点就是学习对付考试的套路。先是考点出示，然后是考点解释，再是评分细则，接着举正面佳作，然后举反面例子。一切就是为了弄清楚中考高考阅卷的要求，什么样的作文得高分，什么样的是中档分，什么样的是低档分。重视考试作文训练并不错，我们承认应试作文的写作也是一种必须具备的能力。但既然是一种能力，就必须着眼于能力的培养。这样把评改标准和评改方式，或者说把应试作文格式训练，作为作文教学的主要内容，对于提高应试作文的能力来说，只能是缘木求鱼。

有的作文课把阅读范文作为作文教学的主要内容，要么读学生的优秀习作，要么读名家的代表作品。一位教师的作文教学主题是“细节描写，让记叙文亮起来”，其教学环节有：（1）感受细节。去掉鲁迅小说《祝福》中“五年前花白的头发……纯乎是一个乞丐了”这个片段中的细节描写，然后要求学生和原文比较，说说哪一段更好，为什么。（2）品味细节。要求阅读《为了忘却的记念》《药》《孔乙己》《项脊轩志》中的五个片段，指出描写的类别并分析其作用。先讨论归纳出“动作细节、神态细节、语言细节、衣着细节”等细节描写的类型，分析其不同的作用，然后提炼出“观察生活、锤炼词语、典型化”等细节描写的方法。（3）添加细节。给一篇习作添加几处细节。不难看出，这节作文课，无论是教学时间还是教学活动，都把重心放在了阅读上。

有些教师的作文课，把大量时间花在优秀作文的展示和交流上。我听过一节作文课：先是名家名篇的展示，再是高考优秀作文展示，接着布置写作，然后小组交流，再接着就是各组优秀作文的展示，最后是教师自己作品的展示。现在很多作文课上是讲义一张又一张，让学生目不暇接。作文课上，展示一些优秀的习作是一种示范，也是一种交流，能够激发写作兴趣，激发写作动力。但出示太多，就很值得推敲。我认为，在学生写作之前，对其展示名家名篇和优秀作文并不十分适宜，这对学生的写作心理产生更多的是消极影响，而不是积极的示范。因为，一般的中学生有效模仿名家名篇绝不可能，模仿名优作文也是很不容易的事情；而且这种立竿见影式的生硬模仿意义也是不大的。而学生习作的交流，仅仅只是展示优秀的习作，我以为也没有道理。写得比较成功的习作，一个班级总会有的；但更多的可能是写得一般的甚至是写得不太好的。教学的目光应该关注那些写得一般的和写得不够好的，教学的重点应该是帮助这些同学提高，这才是真正的“教学”。至于，最后展示教师自己的成功习作，则更不应该。从课堂教学活动的角度看，教学活动的意图是不明确的，甚至动机是不良的。如果缺少和学生写作过程的有效整合，展示自己的习作能对学生的写作起什么作用呢？

通过以上分析不难看出，我们的作文教学很普遍的问题是没有能真正作用于学生的写作过程，教师的教学总是着眼和用力于两端，总是站在局外，教的都是知识，都是结论。那么，作文教学怎样才能作用于学生的写作过程呢？

作文评讲课最基本的做法就是对学生的作文进行现场的选点提升。每篇提升、篇篇提升是不太可能的；每次提升一两篇是应该的，也是可以的；从来不进行提升肯定是不行的。作文升格，早就有人研究和实践，这应该也是一种很有效的方法。但我们见到的作文升格，往往都是立足于把一篇作文改得更好，而且大多是单向的，是着眼于结果的升格，甚至有不少人是着眼于技巧的，而起作用的主要是教师的示范。这对学生当然也很有启发。我们这里说的现场的提升和它并不完全相同，不是着眼于一篇文章如何写得更好，而是着眼于文章写作自我改善的动态过程。我在很多地方举过我的一个作文评讲的例子。高一议论文写作的第一个训练点是要有一个明确的观点。可第一次写作，很多同学做不到这一点。我让他们自选话题写一篇议论文，有相当一批学生文章的观点不明确。主要有两种类型：一是观点的表达很含混；二是观点的表达不够集中，也不一致。我想先解决后一个问题。我选了一篇题目叫“风”（“风”作为题目我认为也是不理想的，但这不是主要问题）的文章作为评讲内容。文章的主要问题是，开头提出了一个观点，结尾又变成了另外一个观点，中间材料分析部分又是一个不同的观点。三个观点有联系，但不完全一致。当然，作文评讲时最简单的做法，是我边读文章边点评出文章的三个观点，这样最省事，但这就没有教的过程，也没有学的过程。我采取的做法是：先读一下，让大家看看这篇文章怎么样，让学生打打分。大多数学生打 70 分，有学生打得很高。我就问他为什么打这么高？他们说：第一，语言很流畅，也很有文采；第二，还引用了很多古诗；第三，层次也很清楚；第四，话题也比较集中，紧紧围绕风展开的。我问，我们这一次作文的要求是什么？学写议论文。写议论文，最重要的是观点要明确。对照这个要求打分，这篇文章又该打多少分？有人打 70 分，没有人再打 80 分了，也有人打 60 分。我就问打 60 分、65 分的同学文章的主要问题是什么。他们都认为文章的观点不明确。我再把文章读一遍，让同学们记下文中的观点。原来文章不是没有观点，而是有几个不一致的观点。接下来我们一起讨论，让这篇文章的观点变得鲜明。我把文章的三个观点写在黑板上让大家讨论，从文章的材料看这篇文章最好以哪一个作为中心观点。结果开头、结尾、中间的观点各有支持者。我就让他们再讨论，如果以开头的观点为中心观点，后面怎么改；以结尾的观点为中心观点，前面怎么改；以中间的观点为中心观点，前后怎么改。一篇作文的评讲，评出了三篇文章。当然这是次要的，我认为最主要是对学生的写作过程形成了影响。

作文教学要作用于学生的写作过程，需要我们努力探索新的作文课型和新的作文教学方法。目前探索作文新课型的教师很多，比较成熟的还有这样一些课型。一类是以方法（技巧）学习为中心，或者以能力训练为中心的作文课。它们的教学思路一般是：

（1）明确方法（技巧）或能力训练点；（2）示范或讲解；（3）现场训练；（4）分组交流；（5）班级交流和讨论；（6）小结。这是目前最常见的一种教学模式。它的可取之处在于着眼于教学生怎么写，内容具体，讲练结合，教学的过程安排有序。一类是以活动为中心的作文课。如果说前一类课主要着眼怎么写的问题，这一类型则主要着眼于写什么的问题。这类课型的教学思路一般是：（1）活动；（2）讨论；（3）写作；（4）交流。先是设置现场活动，然后围绕活动展开讨论，发现或揭示活动中的写作元素，产生写作的冲动，写出写作欲望，再根据活动进行写作，最后是交流和展示完成的文章。这个写作类型具有很强的现场感，似乎也最真实，每个学生都亲历现场，身在其中，有感而发。目前探索这一课型的教师也比较多。第三个类型是以写作目的为中心的作文教学课型。它主要是针对作文教学和学生的写作缺少对象意识更没有实际目的而提出的教学方法。其基本思路是：（1）明确交际情境；（2）明确写作要求；（3）根据情境和要求写作；（4）写作交流和评改。这种课型在国外早就非常盛行。这三种课型各有其积极价值，但也各有其不足和弊端，这里不再讨论。值得肯定的是这三种类型都在一定程度上体现了作文教学对学生写作过程的关注和影响。我们基于本色语文的教学主张，运用共生理论从丰富的教学实践中总结提炼了共生写作教学的方法，就是以写作过程为中心，有机会再系统介绍。

最重要的是，作文教学要能够作用于学生的写作过程，教师要能介入学生的写作过程。教师不仅仅知道什么样的文章是好文章，而且知道好文章是怎么写出来的；教师不仅知道哪些文章写得不好，而且要知道怎么办才能写得好；教师不仅知道写作的一般要求，而且能够站在学生的立场，立足于学生写作的具体处境指导学生写作；更重要的是，教师对学生的写作不只是提出种种要求，而且能够切切实实地帮助学生解决具体问题。

“写出认识的变化”教学实录

师：同学们，今天我们上一堂作文课。作文课一般要有一个题目，黄老师这堂作文课的题目是——我最喜欢……（板书题目）这个题目好写不好写？

生：好写。

生：不好写。

生：表面上好写。

师：好，下面我们先听一听说不好写的同学的意见。为什么说这个题目不好写呀？

生：我觉得这个题目表面上看是挺好写的，因为它的取材范围比较广，我最喜欢什么，后面接一个什么词都可以。但是对我来说，这种比较简单的题目比较难写的是它的立意在哪里，我觉得它的主题不是特别好找。

师：这个同学特别爱思考，他说了看上去是好写的，但是要求高一点是不好写的。看上去是好写的，只要补上一个对象就可以写了。如果要在这个题目后面补一个对象，你会补什么？你准备写什么对象？

生：我最喜欢阅读。

师：可不可以说得具体一点？阅读太广泛了。喜欢阅读什么？

生：一些课外的书籍。

师：还不够具体。什么样的课外书？哪一本课外书？

生：具体到哪一本吗？

师：越具体越好。

生：《古文观止》。

师：非常好，很了不起。请简要说说，为什么喜欢读这本书呢？

生：因为我比较喜欢看文言文书籍，但是发现有的文言文真的是很难理解。

师：具体说说你为什么喜欢读《古文观止》。

生：比较易懂，因为是清朝人编的。学习累的时候，可以放松一下。

师：这位同学，如果是你写的话，你会写什么？

生：我喜欢孤独。

师：喜欢孤独，不错的选择。其他同学？

生：我最喜欢……我最喜欢班主任。

师：为什么喜欢班主任啊？

生：我觉得她不仅工作好、上课好，帮助我们做人也很好；不仅在学习成绩上有帮助，还帮我们解决困难。

师：看来你们遇到一个好班主任。很好，其他同学有没有主动的？

生：我喜欢家乡的美食。

师：大家说，根据老师的要求，她这样的选择好不好？（生：不好，不够具体）你能具体一点，最喜欢家乡什么美食？

生：我最喜欢家乡的糯米糕。

师：很好，这个糯米糕一定很好吃。前面这位同学呢？

生：我最喜欢仰望星空。

师：为什么喜欢仰望星空啊？

生：因为我比较喜欢天文学，还有就是它代表一种丰富的想象力。

师：还有同学愿意主动发言吗？希望你们能够喜欢一些和这些同学不一样的东西。除了喜欢人的，有没有喜欢动物的呀？有没有同学喜欢小动物的？你喜欢吗？

生：喜欢某一部分动物。毛茸茸的那种。

师：能不能再具体一点？狗也是毛茸茸，猴子也是毛茸茸的。我喜欢毛茸茸的动物，到最后老师也没有明白你喜欢什么小动物。所以再问一遍，你最喜欢哪一种小动物？

生：猫。

师：不错。他们喜欢班主任，我就喜欢猫呗。其他同学还有不同的喜欢吗？——我们班同学有喜欢游戏的嘛？（生笑）有啊，对啊，非常可爱。喜欢游戏有什么不好的呢？喜欢游戏也可以写篇好作文啊。只要你真的喜欢，你就能够写出好作文来。你为什么喜欢游戏？

生：刺激。可以调节学习。

师：还可以有一种成就感。对吧？好的，同学们的选材越来越丰富了。

可是这篇文章应该怎么写呢？现在黄老师根据前面一位同学的内容来写一篇，大家来给老师打打分。很多同学们喜欢班主任，我就写班主任。

——我最喜欢的是我们的班主任，我们班主任长得很漂亮，对我们很关心，她上课我们班同学都特别欢迎，不管哪个同学有困难，班主任都会帮我们解决啊。当然我还要举例，哪个同学生病给送到医院去，哪个同学家里经济有困难帮助他的。我也会有细节描写。上课的时候甜甜一笑就让我心里很温暖的。这是一个思路。就这样写 600 个字。请大家给我的作文打分。

认为黄老师的作文 100 分能给 80 分的请举手。大家给打分，能不能打 80 分？

（一位学生举手）你给老师的作文打多少分？ 60 分有没有？

生：那就 59。

师：还差一点点及格。

生：那就 50。（生笑）

师：下手太狠了。那你说说理由。

生：太笼统，说了这么多事情，但是没有一件特别的事情。

师：没有特别的事情，那我就来写一写，我就写班主任一件事情，写她上课多好多好。

生：你要通过细节描写来突出人物的个性。

师：那你来写写看。你喜欢谁？

生：我喜欢胡为民老师。（生拍手）

师：你们不要笑。关键要看他作文写得好不好，难道写胡为民老师就可以拍手啦。

生：有一次我考试考得很差，感到异常难过，胡老师看到这个场景就叫我去办公室。然后通过一些描写，比方说我当时到老师办公室的时候低着头不敢说话，这里就用一些神态描写，写胡老师非常温和地看着我。

师；很好，一下也不一定想得全，我们写的时候可以再补充。黄老师刚才写的那篇，跟他写的哪篇好？（生：黄老师好）不要因为黄老师是老师就安慰我，我们还是要尊重作文。哪篇好？认为他的好的请举手。（大部分生举手）说明大家眼力还是不错的。

那位同学对我的作文打的分，我倒没有什么意见；他的批评呢，我要说两点。他说我没有具体的内容和描写，其实我也是有的，我还写你们老师甜甜的一笑呢，关键问题是我写的作文当中，有没有“我”？没有，刚才有几个同学都是这么说班主任好的，大家都喜欢；班主任好，对我们都很关心。这个作文题目是“我最喜欢的”不是“我们最喜欢的”，就一定要写出后面的对象跟“我”的关系。很多同学在这一步就走错了，然后影响了一辈子。（生笑）因为你只写了这个东西有多好，而没有写这个东西和我的关系，对我的重要。

就像刚才那位同学说的，这个题目看起来很容易，要在这个地方写出“我”来，真的写起来并不容易。如果我在这个上面加一个字“曾”，变成——我曾最喜欢。大家思考一下，写法应该有什么样的不同？刚才是“最喜欢”，现在是“曾最喜欢”。我们首先明确一点，要不要有不同？（生：要）那么要有哪些不同呢？没有发言过的同学请主动一点。来，你来。

生：要写为什么以前喜欢，现在不喜欢了。

师：那以前喜欢要不要写？（生：要）现在不喜欢要不要写？（生：也要）还要写什么？（生：过程和原因）对，由喜欢到不喜欢的过程和原因。——这个同学说了一句话，就包含了四层意思。

那么这四个方面，哪个是重点呢？有哪个同学愿意来说说自己的思路？（指名一位男生）你说说你原来喜欢什么？

生：我喜欢“积极”。我曾最喜欢“积极”，“积极”打引号。

师：你们班的同学做文章都是高手，他最喜欢“积极”，“积极”又打引号。那你来说说你以前喜欢的“积极”是什么样的呀？

生：我以前一直喜欢在上课的时候乱叫。

师：哦，一种表面的积极。后来呢，你怎么不喜欢这个积极啦？

生：后来我喜欢在思考以后，在所有人都没有发言的时候那种积极。

师：大家想想这样写好不好？（生：好）我也觉得很好。我曾经喜欢的是假象的积极，老师一问不假思考就举手。现在我喜欢的是用心思考之后再说。但是问题也是一样的，你怎么一下就有了这种改变的呢？

生：后来我发现化学考试没及格。

师：发现考试的效果不是很好，课堂当中的假积极没有意义。这就有了转折点，交代了转变的原因。非常好。这位同学，你原来想写慈祥的胡老师，现在题目改了，你还写不写他？

生：还写他，但是题目不一样了，我曾最喜欢孤独。

师：啊？题目换了？孤独？你也写孤独？

生：不是，我一开始喜欢孤独，然后胡老师一番谈话以后，我发现孤独不好，当作转折点来写。

师：就像刚才那位同学那样，先喜欢孤独，让你转变的是胡老师的点拨。转折点有了，但问题来了，你的题目换了，你到底喜欢的是什么呢？

生：……

师：大家想一想，如果题目原来是“我最喜欢的……”，就写一个人叫 x；如果题目变成了“我曾最喜欢……”，然后我就不写这个材料了，就写 y。大家觉得这样写好不好？大家看看这样转换对象写好不好？

生：因为我觉得题目不一样，第一个题目写胡老师是他最喜欢的，现在还喜欢。然后他换了一个题目是他原来喜欢现在不喜欢，这样写比较真实。

师：你也一样吗？

生：差不多。

生：我感觉“我最喜欢”和“我曾最喜欢”，是完全相反的。如果写同一个对象，考试的时候想好我最喜欢的，但是仔细一看，是我曾最喜欢的，原来想好的那个，跟我曾最喜欢的是完全相反的，怎么写都想不好。所以应该换一个对象。

师：有一定道理。他的意思是，写作文要表达真情实感。但是，一个人会不会一成不变地喜欢一个人或一个事物呢？当你长大的时候，你一定会对你原来喜欢的东西有新的认识，而我们的作文就是要写出在你长大的过程中对问题、人、生活认识的过程，这才是好作文。说说看，你有没有发现胡老师的缺点？胡老师一定有缺点的，对不对？

生：暂时没有发现。

师：人不可能没有缺点啊。好文章要写出认识深化的过程。有没有哪位同学要来说说自己对一个事物认识的变化？

生：我以前很喜欢看童话，看郑渊洁的童话，但是后来……

师：你为什么很喜欢郑渊洁的童话？

生：皮皮鲁那个故事，特别有趣，我讲一下啊，皮皮鲁有一次……

师：嗯，他说最喜欢郑渊洁的童话，然后就说童话最有趣，这跟你的关系是什么？郑渊洁的童话给你带来什么影响？我到现在都没有听到。

生：影响就是，郑渊洁的童话让我在写作文的时候下意识地写一篇跟现实不太一样的，比如说上次我写作文写了一个梦之类的。

师：哦，学习了郑渊洁写童话的方法，通过郑渊洁的童话，培养了自己写作文的能力，提高了写作的水平。

生：后来我看到一篇文章在批判这个，说想象力一定要建立在现实当中。

师：但这个责任是郑渊洁的吗？

生：但是它批判那种天马行空。

师：这是让你感觉到，读了郑渊洁的童话，对你的写作有消极影响。

生：后来我就不喜欢了，也不是说不喜欢了，就是改变了对郑渊洁童话的认识，以后写的时候就不能太天马行空了。

师：不错。写出了变化。同学们听到我们的交流了吧？这个交流让我想到一个问题。如果我原来喜欢某一个人、某一本书、某一件事，本来很喜欢，但是后来因为其他的人、其他的事说这个事物不好了，我不喜欢它了。用其他的因素，作为我认识改变的原因。大家看看这个写法好不好？比如说我本来喜欢小猫的，但是有人讲小猫会传染病菌，我就不喜欢了。比如说我本来喜欢游戏的，但是黄老师说你不能老玩游戏，玩游戏耽误学习，而且把眼睛都累坏了，所以我就不喜欢了。大家觉得因为其他的原因，促使自己对某个对象的态度发生了转变，好不好？（生：不好）为什么不好？

生：我觉得自己没有体验的话，这个论证就不是很有力。

师：有道理。强调自己的体验非常好。不过，我们写记叙文就不谈论证了。

生：你自己都没有体验过它带来的坏处。

师：这个说得好。通过自己的生活体验，才能写出认识的变化。我们就要在作文中写出对生活认识的变化。

现在我们再把题目变一下，如果把这个“曾”去掉，加一个“还是”，改成“我还是最喜欢……”，按照前面的写行不行？（生：不行）为什么不行？后面这位男同学说说你的理解。

生：因为，如果还是最喜欢，我觉得有三个过程，以前喜欢，中间有一段不太喜欢，又因为什么原因，变得又最喜欢了。

师：这位同学的发言，考虑得非常全面。我们再讨论一下，以前喜欢，后来不喜欢，现在还喜欢，就写这三部分内容行不行？（生：不行）这位同学很坚决地表态了，你认为应该怎么写啊？

生：这三个只是三个点，最重要的是这三个点之间转变的过程。

师：他认为最重要的不是写这三个点，而是中间的转变过程。（板书）大家觉得他说得有没有道理？你能不能把你想的内容具体说说，让大家看看是不是可以。

生：我还没想好。

师：好的，刚才这位同学讲得很好，他说这里最关键的要写出过程。大家觉得当题目变化为我“还是最喜欢”的时候，还应该注意什么？好，这位同学，他一开始是写游戏的，后来是写郑渊洁的。你觉得怎么样？

生：我在想一个事情，比如说我很喜欢郑渊洁的童话，然后我看了一篇说郑渊洁童话不好的文章，但是经过我自己大脑的仔细分析，我想到了郑渊洁童话陪伴我长大对我的生活有什么影响，所以我还是喜欢这个童话。可不可以这样写？

师：你们觉得这样写可不可以？（生：可以）他这样写的是什么呢？我不喜欢是由于其他人的评价。我想了一想，想的是什么呢？郑渊洁童话以前带给我的快乐，所以我还是喜欢。有没有同学认为这样写不可以或者不好？有没有同学认为这个思路可以有值得修改推敲的地方？

生：我觉得这个写法也是可以的。但更好的话应该突出中间为什么不喜欢的过程，然后写经过更深的思考，你发现原来看这个问题还是太浅，经过自己的反复思考，发现这个东西的本质还是值得我们去喜欢的。就是说，经过你这样思考之后发现你还是最喜欢，这样的话更切题一点。

师：认同他这个主张的，请举手。（大部分学生举手）大部分的同学都举手了。我也觉得这个同学的意见非常好。这个思路有两个地方一定要注意。

一是由喜欢到不喜欢，最好不是其他人的原因，而是自己认识的变化。是别人觉得郑渊洁的童话不好，是妈妈说了小猫有病菌，是老师说了玩游戏影响学习，就缺少自己对问题的认识，这样就没有深度。

更重要的是，现在还喜欢和前面的喜欢能不能是一个原因呢？不能，至少说不好。刚才那位同学说得非常好，我们要重新去认识它对我的意义和价值。比如说我们玩游戏，一开始喜欢是用它消遣，寻求刺激；后来喜欢是从中获得很多做人的道理、人生启迪。一开始喜欢一只小狗，是因为它给你带来快乐；后来喜欢是因为它成为你的一个离不开的陪伴，一个精神的伴侣。这一次的喜欢是前面一次喜欢的深化。聚集在一个内容上，写出你对它认识的深化的过程。

我还想让大家思考一个问题，假如题目没有"曾"也没有"还是"，就是"我最喜欢……"，请问，能不能写出这两次变化？要不要写出这两次变化。首先是，能不能？

生：能。

师：有没有人认为不能的？没人。题目是"我最喜欢……"，为什么中间还要写一段不喜欢，然后再说最喜欢呢？有没有同学来说一说？为什么？

生：这样的话有波折，有助于中心更加深化。

师：也就是说要有变化，不是一览无余的，在变化中深化主题。

生：这样的文章会更加特殊，不是平平淡淡的。

师：其他同学有没有不同看法？

生：我要补充一下。最喜欢是最终的结果，中间有一个变化的过程，不会影响结果，所以我觉得它可以。

师：你们几个同学的发言，我觉得是珠联璧合。我“最喜欢”强调的是由过程到最后一个结果，这样一个变化，更能够凸显题目中那一个“最”字。我一开始喜欢可能还算不上“最”，经过中间的变化，以后再发现还是最喜欢的，这才是真正的最喜欢。

今天，我带来一篇这个题目的作文。大家听一听，评一评可以有多少分，你觉得它有哪些优点，有哪些问题，有时间再来看看怎么改。

（教师读作文）

师：如果一百分的话，这个作文能不能打80分以上？认为能的举手。（大部分学生举手）好，你没举手，你觉得能不能80分？

生：我觉得有点奇怪。

师：奇怪在哪里，过一会儿再说。你认为总体能打80分吗？

生：可以。

师：能够打80分，说明它应该是有很多优点的。有哪些优点？

生：符合命题要求，内容具体、实在，能写出变化。

师：好的，就是说，对照我们今天上课的内容，应该还是符合要求的。那你说一说，中考作文写记叙文还有哪些需要我们借鉴的。

生：我觉得细节描写还不错，转变的过程写得很清楚。

师：我觉得这个同学的感觉蛮敏锐的。大家一定要注意，我们中学生的记叙文一定要通过具体的事件和具体的描写去表现。我们一起简单回顾一下文章内容：他一开始写自己非常喜欢围棋，有一段内心感受的描写。（教师读那一段描写）后来被那个小男孩战胜的时候，一方面写小男孩坦然的神情，下子的老练；一方面又写自己输掉以后的不甘。后来又喜欢围棋以后手握冰凉棋子的感受，内心的那种坦然。应该说事件完整，过程具体，细节描写比较生动。那位同学举手，你说它的优点还有什么？

生：老师我不知道时间还够不够，我想对整篇文章进行一个分析。

师：你能不能不分析整篇文章，就直接说说这篇文章好在哪里。

生：第一点，情节起伏；第二点，像我刚刚说的那样，写先喜欢，后不喜欢，然后再喜欢，对主题进行了深化。最后最喜欢围棋，说围棋是无功利胜败的；但是一开始他喜欢围棋为什么快乐呢，他的原因是胜利的自豪骄傲，所以认识变得更加深刻了。

师：这个同学很会分析，分析得很好。原来喜欢围棋是因为胜负，但是到了后来是真正看淡了这些东西，理解了围棋的真谛。认识变化了，这个主题就深刻了。刚才说了优点，这篇文章有没有问题呢？大家想一想，如果有，我们怎么修改呢？

这位同学你刚才说有奇怪的感觉，什么地方奇怪？

生：第三个阶段来得很奇怪，没有具体的描写。

师：好的。大家一起来看，他不喜欢围棋的原因很清楚，是被一个小孩子打败了，本来以为会赢的，但是败得一塌糊涂。后来又喜欢是什么原因？一个人在家摸着棋子产生陶醉的感觉，然后就又喜欢上围棋了。你们觉得是不是有点怪？（生：是）我们这位同学的感觉不错。当时那么恨围棋，永远不想碰围棋，为什么又爱上围棋了？这当中缺少一个转折过渡的环节。是这个意思吧？怎么由这个不想玩了又想了，这个转变要写出来。

如果要帮他，你们有什么办法？

生：通过一个转折点的事情，比如看到路边有两个人在下围棋。

师：看到别人下棋，得到启发。好，现在是第一个方案——看棋，在看棋中悟到了意义不是胜负。

生：文章提到他原来喜欢围棋是喜欢获胜的感觉，是因为他求功利，后来不求功利了，那么就应该引进一个不求功利的事情。我就想把人机大战的事情引进去：人类比赛输了，但是那个棋手非常坦然地面对这个事实，告诉人们，虽然比赛是我输掉了，但是人类在进步。

师：很好，看高手是如何认识下围棋的。但不管哪一种方案，这里的内容能不能铺开来写？（生：不能）

生：我还是想通过他内心的思考来写。要有一个因素，这个因素可以是他偶然间瞥到了他放在角落落满了灰尘的围棋，这一瞥让他想起了当初沉浸在黑白当中的快乐，而不是赢得胜利的快乐。可以引发他的思考，稍微用一点字来引到下面的内容。

师：我理解了。这个同学的方案，在某种意义上更有意思。就是让自己再回首，再去想想当年围棋带给自己的快乐，他发现输赢的快乐是瞬间的，是短暂的，而真正的快乐是与围棋相伴的日子。我们班同学都是写作高手。其实再想下去，还有很多方案。这篇作文除了这个转弯太快，还有其他的不足吗？

生：我觉得前面对比赛的描写内容太多了，后面字数反而比较少，有点虎头蛇尾，而这篇文章重点应该放在后面。

生：我也觉得少个结尾，现在这个结尾显得没有深度。

师：这两个同学觉得这篇作文总体有点虎头蛇尾，黄老师也觉得有点前重后轻。那么，怎么写得厚实一点呢？（生：下围棋）对，还是要下围棋。要不要比赛？（生：要）对，后面让他再比一次。要不要有结果？赢还是输？（一部分学生认为要让他赢，一部分学生认为要让他输）有没有第三种方案的？（部分学生举手）我更喜欢这个方案，他本来不想去比了，最后还是去了，但不交代结果。因为关键是他对围棋的理解变深刻了。

其实围绕这个题目可写的可能性还有很多，一堂课的讨论也不可能涵盖所有的结果。我们就下课吧。

“记叙文情节的展开”教学实录

师：我刚才听了一节课，发现同学们身心发展非常健康，在生活中发现了很多故事。这是写好文章的基础。但是，你能从生活中发现一个具有开发价值的故事，并不等于就能写一篇好文章。一般我们从生活中看到的原始素材和故事往往都比较单薄，还不是一个丰富的故事，所以对于我们想写好记叙文的同学来讲，有一个很重要的基本素养，就是要善于对事件进行展开。（板书：事件展开）比如刚刚有个同学看到小猪，这个同学看到一对情侣，如何把你看到的这个镜头转化成一个故事呢？从看到可写的故事到有分量的文章，中间有一个比较长的过程，有很多要求。我今天和大家来尝试事件怎么展开。事件展开有很多种方式，今天我们主要学习其中一种。

先给同学们读一篇文章，这是我们班一位同学写的。我先读前面的一部分，大家听的时候就要在脑子里想一件事。想什么事啊?

生：想后续事件的发展。

师：非常好。作文的题目叫“满分”。（板书：满分）

中考前的日子，是紧张而忙碌的，不经意间一模即将来临，他，一位成绩优秀的初中生，正在努力为一模做准备。一遍又一遍地翻着书本，以至几乎能把书本内容背诵下来，就这样，他信心十足地参加了一模考试，果然考场上是一帆风顺，几乎没有遇到什么难题。过了几天，物理老师来报成绩了，宣布这次考试我们班有一个满分，在此给予表扬。他两眼发光，激动地盯着老师——王小川，接着是热烈的掌声响起。随着掌声，他的眼神却黯淡了下来，他知道这掌声不是送给他的。拿到卷子的时候，明晃晃的99分很刺眼，就差一分，就一分啊，满分就与他失之交臂。他的心中无比遗憾。翻了一下试卷，他却无比疑惑，这道题目我的答案明明是正确的，为什么扣我一分呢？“题目明确规定算到小数点的后两位，你为什么算到第三位呢？”老师呵斥。可是我算到第三位，数值上没有错啊。他的争辩显得如此地苍白无力。“那可不行，一切要按照题目的要求。你先下去吧，下一次好好努力。”

师：这个故事就先读到这个里。大家都听明白了吧？现在我们面前已经有这样一个故事了，或者说，有了这么一个事件。但它能不能算一篇理想的文章呢？或者说，能不能算一篇文章呢？

生：不能。

师：不能，最明显的是字数不够。高考要求我们作文多少字啊？

生：800字。

师：这还差得远了。更重要的不仅仅是字数的问题，是什么问题？

生：没有情节的展开。

师：对，但还有更重要的。这个同学讲还没有情节的展开，那么情节展开的目的是什么呢？文章有一个重要的标志，是什么？

生：要有思想。

师：非常好。要有灵魂。一个人长得高一点或矮一点都没关系，但是要有灵魂。故事的展开就是要表达思想，思想就是文章的灵魂。如果让你们接着写，你们觉得故事怎么发展？大家想一想，两三个同学议论议论也可以，哪个同学想到了就先交流。

（全班学生自由讨论）

师：有没有同学有比较成熟的想法？这一组先来吧，派个代表说一说。你觉得这个故事接下来会怎么发展？

生：可能是对他的激励，老师鼓励他。

师：（板书：老师鼓励）老师鼓励后怎么样？

生：继续努力。

师：你们觉得怎么样？

生：比较俗。

师：不要紧，大俗就是大雅。（学生大笑）

生：被老师批评后，他心理很不平衡，奋发向上，中考考了个很好的成绩。

师：就是被老师这么一刺激，下面就到了中考了，中考就考好了。为什么这就叫俗呢？

生：这样的情节从初中就开始写了。

师：好，如果你想到更好的方案可以再说。其他同学呢？

生：他对这个事情还是耿耿于怀，以至于在上课的时候，跟老师交流的时候，再次讨论这个问题时，老师对他已经有了固定的印象，感觉他像一个刺头一样，他们之间的交流也不顺畅了，他在物理学习上也遇到了障碍。

师：我帮你把情节概括一下，就是他跟老师交恶了，形象也不好了。这边的同学呢？有什么不同想法？

生：也许是这次考试后心里有了阴影，在下一次考试时他就特别注意，却取得了相反的效果，没有考好。经过这个事件，他再去找老师交流，老师给了他建议，他考试终于考好了。

师：我们帮他概括一下，由有阴影到考不好，最后再考好。这位同学呢？

生：故事中还有一个拿满分的同学吗？他找到那位同学的试卷，发现他也保留了三位小数，然后找老师理论，老师说一模是电脑阅卷，不能改分数，那位同学就是永远的 100 分，他就是永远的 99 分。

师：用“永远”两个字啦？

生：因为改不掉分数。

师：那也不能用“永远”，后面还有考试的呀。

生：或者是中考的时候他拿了 100 分，他的同班同学拿了 99 分。

师：好的，有点意思。找小川的卷子，那道题小川也保留了三位小数，分数不能改，维持原判。

生：还有一个故事就是他自己加了一分。

师：他这一分加到哪里去呢？是老师的记分册上还是他自己的卷子上呢？

生：加到他自己的卷子上，他觉得自己没错。

师：在试卷上添上 1 分变成 100 分。你老师不给我，我认为我是 100 分。非常好啊，请坐。后面的同学这次就不给你们机会了，但是后面机会有的是。刚才大家是想怎么说就怎么说，想怎么写就怎么写，这是写记叙文非常重要的品质。一开始撒开来想怎么写就怎么写，但是注意，要想写好文章，不是想怎么写就怎么写的。有一句话说：一篇小说一旦写成功，他就不再属于作者，而属于读者。这句话听起来有点玄乎。它的意思是小说一旦写成，到底怎么理解就不由作者说了算，读者想怎么理解就怎么理解。同样，一篇文章一旦开了头，它后面应当怎么写也不全由作者说了算。——听懂这话是什么意思了吗？就是当这个事件一旦形成，后面应该怎么发展，文章有它自身的逻辑。我们有些同学说："我的文章我做主。"就是我想怎么写就怎么写，然后我就对他说："你的文章你做主，你的分数我做主。"刚才都是你们做主的，但到底怎么样写更合理呢？大家先想一想，事件的发展必须达到什么样的要求？有没有同学想到？

生：我觉得要大致符合人的认知。

师：符合认知规律，就是要合理。（板书：合理）除了合理以外呢？还有什么要求？刚刚已经有位同学说了，要有意思。写记叙文首先要把题目变成一个故事，然后用故事表达一个意思，这很重要。怎么写后面有没有同学想到？

生：应该要出人意料。

师：应该要出人意料，（板书：出人意料）但又要合理，对不对？其实这就是我们所说的要有波折、波澜，要有变化。（板书：波折，波澜，变化）很好，摸到记叙文的门道了。要有变化，要写出跌宕的变化来。好的，其他同学想一想，有没有要求了？没有同学想到，那黄老师来补充两点。一是最好聚焦到一个点上，围绕一个点展开。（板书：围绕一个点）换一个角度从反面说，就是不能散。最最重要的是后面一个，什么叫故事呢？莫言说他是一个讲故事的人。记叙文就是讲故事，有故事就有情节。什么叫情节？事件之间的发展要有因果关联。好的，现在我们这么多要求清楚明白了。大家来审视一下上面的种种方案，你们觉得很显然哪些方案是不太好的？很显然相对好的是哪个方案？大家认为在试卷上反复写几个 100 分好不好？

生：不好。

师：为什么不好呢？首先你要反复写 100 分干什么呢？

生：骗自己。

师：骗自己。再来看，聚焦到一个点上，有没有聚焦到一个点上？我们现在的事件聚焦到什么点上呢？你认为应该聚焦到哪个点上？

生：聚焦到满分上。

师：对。再来看有没有因果？老师不给我写 100 分我就自己写 100 分，有没有因果？因为老师没有给我 100 分，所以我就自己写上 100 分。那高考的时候就不要去考了，老师把试卷发给你，你就都写 100 分。其实这个同学的发言有个漏洞，你自己写下来的这个 100 分跟考试的 100 分，是不是同一个 100 分啊？

生：不是。

师：你这个 100 分不代表成绩，只是一种不满的情绪。所以我认为聚焦还不是很集中。被老师批评后，心里感到很不平衡，奋发向上，中考考了个很好的成绩。这个方案怎么样？

生：不好。和原来的故事不在一个点上。

师：对。矛盾不集中。由有阴影到考不好，最后再考好。这个方案也有这样的问题，而且因果关系也不够合理。其他方案我们不再一一评点了，同学们自己可以想一想，也可以进行讨论。下面我们一起来看原作者是怎么展开的，看看他的展开是不是符合这些基本要求。

按照题目的要求，他一边念叨，一边离开了老师的办公室。转眼间，二模到来了。他进入物理考试的考场以后，又想起了老师的这句话，嘴里不断地念叨着："一定要按照题目上的要求。"周围的同学无不侧过头来看他。"这位同学，你在说什么呢？"监考的老师一边皱眉一边问。"没什么，老师"，他这才反应过来。前面的题目完成得很顺利，他也很苛求自己每道题百分之百正确。做到一道填空题时，他突然疑惑了。题目很简单，可是题目明明写的是"溶化"，他记得书上写的是"熔化"。他犹豫了很长时间，耳边又响起了老师的那句话，"一切按照题目上的要求"。于是他很果断地写下了"溶化"。整个考试期间他反反复复地看这道题，反复安慰自己说："一切按照题目上的要求。"可是，心里头总感觉很忐忑。考试结束之后，他特地去问了语文老师，语文老师告诉他说："要看主语，如果主语是水，液体的，那就填'溶化'；如果主语是金属，那就填'熔化'。"他悬着的一颗心终于放下了。

很快，又到报成绩的时候了，他眼中再次充满了希望的光芒。“这次考试很可惜，我们班没有一个100分，只有一位同学得了99分。太可惜啊，就因为写错了一个字。同学们，考试的时候一定要注意细节啊。”老师的话无情地破灭了他得满分的希望。

好，这是这位同学写的事件的发展。现在我们大家一起来讨论一下，比较一下。认为这位同学写的事件发展比较成功比较合理的请举手。（举手较少）都不认为成功，是吧？我们先请两个认为成功的同学来说说。好吧，你认为他的事件发展为什么比较成功？

生：这种情况是完全有可能发生的，满足了合理这个要求。而且还挺有意思的，跟平常写的内容不太一样。

师：既比较合理又比较出乎意料。这位同学呢？

生：我觉得这样写比较容易产生悬念。

师：为后面的发展提供了悬念。

生：而且这样写也有一种写老师关注细节的讽刺意义。

师：对老师的那两句话具有讽刺的意味，是这个意思吧？

生：但是我觉得他这样写的话，会不会导致读者认为这个作者是刻意这样写的。

师：怎样写的呢？

生：如果老师给他满分，这篇文章的档次就下降了。

师：这个同学已经想到了后面。有没有同学觉得这个事件的展开并不是太好的？觉得还没有我们班同学前面几个方案好的呢？（没有学生发表不同意见）这位同学，你是认可还是不认可啊？

生：稍微有一点不认可。

师：我看出了你不认可。你主要对他哪些方面不太认可呢？

生：我们刚刚讨论的时候也讨论到了，就是他太注意细节了。我觉得不够出乎意料，还在意料之中。

师：你觉得出乎意料一定要让所有人都想不到。

生：我觉得还是没有升华到一个主题吧。

师：还没有升华到什么主题，非常好。我觉得这个同学说得非常有道理。但关于他前面说的一句话，同学们不要太纠结，不要刻意强调出乎意料。有意识地强调事件的跌宕起伏就很好了，因为我们毕竟不是在搞文学创作。就算是文学创作，一部电视剧，是不是所有情节我们全都想不到啊？另一点，这个同学讲得非常好，这样写意思还不是很明白，确实是如此。

下面说说我的看法，我从总体上还是非常认可这位同学的写法。第一，事件很明显有了新的发展。我们刚刚的几个故事——老师鼓励，自己加 100 分都处理得比较简单而单调，事件没有本质的发展，没有推进。大家明白我的意思吧？第二，我尤其认可他说的，就是聚焦在一个点，矛盾很集中。考试写完了再写考试，满分还是满分，然后紧紧抓住老师一句话，那句话太重要了，因为那句话体现了因果，就是因为前面那句话导致了后面一次考试又没得到满分。有些同学抓住他和得满分的同学之间的关系，就没有抓住主要矛盾。所以，原作者的安排，总体来说还是比较好的。刚刚有两位同学已经讲到了事件的后一步。一个同学说后面肯定导致老师给他难堪，还有一个同学说这样写意思还没有明白。是的，文章还没完啊，事件还要再向前发展。下面我们围绕让它的意思更明确，想一想，让你写，事件会怎么发展。请大家注意，除了刚才的种种要求以外，还要让它不但有意思，还要意思明确。

哪位同学想到了就先说。在说的过程中想法就会更丰富起来。第一次的想法不一定就是成功的，但是想着想着就会更理想。所以，刚刚有个同学说，思路打开以后就会越来越满意的。

（全班学生讨论）

师：好，那边的同学先来，说说你们这一组的想法。

生：主题是讽刺教育制度或者是考试制度。

师：怎么讽刺？下面怎么写呢？

生：就写两次考试。写下一次考试又特别注重细节，又没得100分。

师：现在大家对聚焦的意识比较强了。一模二模，后面再来一个三模行不行？就来一个三模吧，三模考得好考不好？

生：考不好。

师：因为什么原因考不好？

生：因为注重细节。

师：因为注重细节，大家已经摸到记叙文写作的一种方式的门道了——因果关系非常重要。第三次考试他又因为老师的那句话没考好。这组同学啊，你认为怎么展开？后面要不要写考试了？

生：不写考试了。

师：那写什么？

生：他们俩的成绩不能更改了。第二次考试他没错，是改错了。

师：大家认为合理吗？（学生没有反应）我认为不太合理。原来的事件，矛盾在于老师前后的语言，在于这位同学的心理，现在变成了阅卷的失误。这两种矛盾不是一个性质，就分散了。你们三个人刚刚讨论的是不是这样？

生：第一次老师跟他说要注意细节，第二次他就开始死抠细节。我以前也因为死抠细节被扣分，但还不像他这样死抠错别字，我感觉他这样已经不算注意细节了，已经过头了。

师：那是不是说第二件事情不合理，或者说他的心理出了问题？这就像一个填空题，没有唯一的答案。你觉得应该怎样安排比较合理呢？

生：我觉得老师既然说让他注意细节，那下次就应该留心；如果说要出问题，那就是他把题目看得太认真了，把题目意思给理解错了，而不是看错了一个字。

师：这个同学的想法我觉得非常有道理。其实我的意思就是想让同学们对作者的第二次安排做出揣测。在物理考试的试卷上纠结"溶"和"熔"是没有道理的，如果换成纠结在某一个符号上导致没有拿到满分更为合理是吧？但由此可见这位同学已经不是"注意细节"而是典型的"纠结于细节"了。但这个纠结是什么原因导致的呢？大家可以思考。总之，我还是比较认同他这个说法的。你这位同学，我发现我上你当了。大家有没有发现我被他拐跑了？那位老师讲的不是一个细节问题，老师讲的是什么？"一切按照要求去做。"但这个同学把我们拐跑了，其实就是发展了另一个情节。就是后面还是要让他考一次试。再考的时候也是细节出错，看错了符号，最后又考不好。是这个意思吧？其他同学呢，有没有不同的思路？这位同学有。

生：接下来第三次考试，他碰到和第一次一模一样的问题，没注意又做错了，考完试才发现这次跟上次犯了一样的错。结果他又很懊恼，就知道自己肯定拿不到满分了。

师：怎么错的？还是小数点后面保留三位数？

生：对，还是保留三位数。但最后他却发现自己得了满分。

师：最后发现是满分？有点意思。他的情节是，再考遇到同一个题，而且是同一个答案，也是题目要求保留两位小数，他还是保留了三位数，但这回考到满分了。你认为这样好不好？

生：非常好。

师：你认为他这样写是要表达什么意思呢？

生：讽刺一下，因为一样的答案却是不一样的成绩。

师：讽刺什么？主要是讽刺老师批改试卷不认真？这是一种思路，讽刺的矛头就是阅卷老师。大家想一想这个合理不合理？

生：看起来这个安排很具有讽刺效果，其实不是很合理。对照前面的要求，还是分散了主题。

师：这个安排，我也觉得不是很好。不是不能讽刺老师，但讽刺老师阅卷粗心，和前面已有的情节不够一致。如果还能紧扣前面老师的话就好了。下面我们看看原作者是怎么写的。"紧张的日子过得飞快，一眨眼中考到了。"大家看，是中考好还是三模好？

生：中考。

师：对，这体现了事件的张力，也使结果更具有震撼力。

考试的时候，他充分吸收了前两次考试失败的经验，仔细地审视每一道题目，幸运的是中考并没有什么难理解的字眼，要求也很清晰，他小心翼翼地写着做着。直到铃声响起那一刻，他长长地舒了一口气，悬着的心终于放了下来，这一回终于能拿满分了。他心中无比欢喜。中考后的假期是轻松而愉快的，他躺在沙发上悠闲地看着报纸。看到中考答案的时候，他的心又紧张起来了。他首先翻开了物理答案，一道道题目对下来，都没有问题，直到最后一道题。怎么还有这样一道题？我怎么没看到呢？他有点疑惑了，或许是太轻松了，以至于忘掉这道题了吧。我怎么可能漏掉这道题呢？他考试从未有过这样的情况啊。他自我安慰道。愉快的日子如白驹过隙，眨眼就到了领分数条的日子。他在座位上忐忑不安，那张蕴含了无数期望的纸条从前面传过来，终于他拿到了那张轻松又沉重的纸片。他看了一眼，随即脸色煞白，无力地瘫坐在椅子上——90 分，最后一道题刚好是 10 分。

现在我们讨论两个问题。第一个问题：我们让这个同学考好好还是考差好？认为考好好的同学举手。（两个学生举手）你说说理由。

生：考那么多次，让他考好一次也挺好的。

师：他心比较软，一般心软的男孩子特别受女生欢迎。但我们不是要表现同情心，而是要思考写作的安排。你的理由呢？

生：这样安排的效果是积极向上的。

师：中国的古典作品大多是这样的，来个大团圆的结局——题目是满分，最后也是满分。但是大家要记住，最后让他考了满分，你是要表达什么意思呢？这点太重要了。你要告诉人们什么呢？只要注意细节，只要按规定要求，只要听老师的话就能考满分？所以我认为从主题的深刻性、震撼力，从阅读欣赏的角度讲，恐怕还是不要让他考好更好。下面是第二个问题：让他没考好，用什么原因比较好呢？你可以有各种各样的安排，但是必须有一条，即必须和前面两次构成一个内在的联系。最后一次、最关键的一次没有考好，没有拿到满分，原因是什么？这就是主题的指向。所以记叙文特别强调这种因果关系。好，下面就涉及主题的指向了，最后的结尾就太重要了。这里有两个结尾，我们来比较一下。

结尾1：这一学期期末表彰的名单上再也没有出现他的名字。

结尾2：一年以后，他以一个普通高中生的身份，夺得了物理竞赛的金牌。

认为结尾2写得好的同学请举手。（举手比较多）哪位同学来说说理由？

生：给读者留下了很大的想象空间。

生：我认为结尾2意义比较深刻。现在的教育伤害了很多比较有天赋的学生。

师：他的意思我明白了，就是拿满分的未必有出息，不拿满分的未必没有出息。有没有人认为结尾2不好的？

生：我觉得结尾2和这整篇文章有种脱轨的感觉。我认为结尾1比较深刻，有很深的意味，唤起了对主人公的同情。

师：我跟这位同学的意见比较接近，比较喜欢结尾1。一般来说，记叙文的结尾要干净，结尾要含蓄有意味。更重要的是，不喜欢结尾2，什么原因呢？第一，不合理。一年后，这么纠结的一个高中生夺得了金牌？不可信，让人无法理解。第二，拿金牌就是成功、就是“有出息”吗？这是想用另一种方式来肯定大家批评的教育。

现在请每个同学给这篇文章写一个结尾，要能体现我们前面提到的各项要求。——啊，要下课了。那就课后再写。黄老师写了三个结尾，你们看一看哪一个更好？

结尾a：原来往往越想得到的就越得不到啊。

结尾b：他后来才明白，或许人生本来就没有满分。

结尾c：中考结束了，他病了。可到底是什么病呢？

认为a方案好的请举手。（没有举手的）认为b方案好的请举手。（少数举手）好，找个同学说一说为什么b好。

生：文章的中心是想拿满分，最后发现人生本来就没有满分。很自然，也很深刻。

师：认为c方案好的来说一说想法。

生：我认为c方案的思考空间比较大。

生：我认为a和b的结尾和前面的内容没有什么太大关系。

师：想不想听听黄老师的意见？

生：想。

师：前面两个都是议论式的，把主题点得很明白，也很有深度。但引申得的确有些突然，而且我以为记叙文以叙述的方式结尾更好。c方案由他没有考好而生病，由他的病进行设问，很自然。到底谁病了？什么病？让读者去想。可能是心病，也可能是教育的病，当然也可能是社会的病。但是黄老师又觉得三个都不好。为什么？因为最好的结尾在你心中。好的，下课。谢谢同学们！

一切好课皆共生

一、共生教学的基本特征

语文共生教学，作为一种个性的教学方法，它具有鲜明的特征。

其基本特征是：

1. 在以活激活中实现共生共长

吕叔湘先生说："如果说教学法是一把钥匙的话，那么在所有的教学法之中还有一把总的钥匙，它的名字叫作'活'。"共生教学法的基本特征是"以活激活"。这个"活"有着丰富的内涵：活的内容，活的方法，活的过程，活的结果。

"活"，既指教师的教，也指学生的学。有教师的"活"教，才有学生的"活"学。学生的"活"学，又生成了教师的"活"教。所以，"活"是指师生之间高度融合、互相"激活"的教学情景。"活"既指多样的形式，又指丰富的内容。只有活学，才能学活。所以，"活"是指内容和形式互相统一、互相作用的有效学习。"活"既指灵动的过程，又指呈现的效果。所以，"活"是行为和结果双向互动和促进的教学境界。

共生教学法的基础，是教师的先“生”和先“活”。先“生”，即教师的学习体验和学习发现；先“活”，即教师的教学智慧和教学创造。所以，共生教学法特别强调教师的文本阅读和阅读中的发现，特别强调教师的写作体验和写作发现；特别强调教师对语文学习规律、学生认知规律和课堂基本规律的直接体验和准确把握。

“活”的标志，首先是教师的“活”教，是针对具体教学情境的教，而不是拘泥既定方案的教；是针对具体学生的教，而不是不顾对象的教；是针对具体问题的教，而不是从经验出发的教。其次是学生的“活”学。所谓“活”学的特征就是“动”。首先看学生有没有真正的“动”。真正的动，不是表面的气氛热烈，不是举手积极，不是形式上花样很多，而是看眼睛有没有动（有没有有质量的读），嘴巴有没有动（有没有有质量的说），手有没有动（有没有有质量的写），思维有没有动（有没有有质量的思考），语言有没有动（有没有有质量的语言活动和语言训练）。而这一切的“动”的核心是“动脑”和“动心”。动脑是学会思考，动心是学会感悟。激活共生的现场，还要使课堂能够呈现有质量的、群体性的、有层次的交互活动。师生之间，学生之间，要能互相分享学习的感受、体验和成果，要能互相参与阅读的过程、写作的过程，要能形成有质量的互相交流、互相启发、互相补充、互相碰撞、互相促进、互相引领。

以活激活的目的是实现共生共长。

“生”即“生成”，即体验，即感受，即发现，即创造。有教师之“生”和学生之“生”，教师之“生”是基础，而学生之“生”是目的。“长”，即成长，即提高，即发展，即丰富，即实现。有教师之“长”和学生之“长”，教师之“长”是前提，而学生之“长”是根本。在“生”和“长”之间，“生”是手段，“长”是目的；“生”是“长”的基础，“长”是“生”的目的。“共生共长”有着丰富的内涵：既有资源共生，也有情景共生；既有言语共生，也有情感共生；既有思想共生，也有精神共生；既有阅读共生，也有写作共生。

需要说明的是，“共生”和一般意义的生成既有联系，又有不同。一般意义的生成，是主要着眼于教学资源的建设和开发的一个课程理论，是指教学过程中教学资源的现场生产和丰富。它既不着眼于阅读中的师生间的教学关系，也不着眼于写作教学中的师生关系。而共生则主要着眼于教学过程中的师生关系、生生关系的互动，其目的并不是立足于教学资源的建设，而是立足于学生的阅读体验和写作体验、阅读过程和写作过程的激活和丰富。另一方面，生成更多地着眼于教学过程中新的教学资源的产生或者学生学习过程中新的教学资源的产生；而共生写作教学的“生”则是多向的，并且着眼于一对矛盾的双方，比如教师和学生、学生和学生、形式和内容、阅读和写作等。

2. 在过程学习中实现诸元和谐

结论教学最大的问题就是学习过程的缺失，而共生教学的一个重要特征就是在学习活动中让学生学会语文学习。共生教学让学生在阅读活动中学会阅读，在写作活动中学会写作，在听说读写活动中培养听说读写能力；也在语文学习的具体活动过程中立德树人，在具体的语言实践活动和具体的听说读写活动中培养学生丰富的情感、高尚的道德情操和对社会的认识能力。

共生课堂的教学过程是教学活动和学习活动的高度融合和统一，教的活动就是学的活动，教的过程就是学的过程。共生教学从不把现成的结论塞给学生，也不把获得答案作为教学的目的，更不把现成的知识和各种方法当作教学内容，而是把体验的形成、知识的获得、方法的掌握、结论的发现都融合在学习的过程之中，追求让学生在学习过程中发现和感悟。共生教学不是不要知识，但绝不简单地讲知识；更不追求知识学习的系统化、复杂化，从不把知识学习本身作为教学的主要内容和目的，而是把知识的学习融合在阅读写作和语言活动中，并且借助知识帮助学生阅读和写作。共生教学也不是不要方法，但绝不硬讲方法，更不是以方法为中心，而是让学生在阅读写作的实践过程中体悟方法、掌握方法。

无论是共生阅读教学还是共生写作教学，教师能够带进课堂的东西很少，要学生记住的答案也许并不多，最主要的是过程化的教学活动和学习活动。共生教学特别重视教学过程和教学现场本身的教学价值和学习价值。在共生教学的课堂上，并不是或者说不只是正确答案的呈现和发现，而是把错误的暴露、有差异的思考、激烈的矛盾冲突看作最有价值的教学资源。

共生教学的前提是“和谐”。它要求语文课堂教学中的种种“共生”是自然的，是切合语文学习规律和语文教学规律的，是切合语文课程特征的，是符合学生认识规律和课堂教学规律的。因此，共生教学法也被我们称为和谐共生教学法。

首先是师生之间的和谐。新课程改革提出了学生主体的教学理念。这无疑是正确的也是先进的。但如果走到另一个极端，陷入了学生为中心便是错误的。我们以为学生中心和教师中心一样可怕，教师主体失落也和学生主体缺失一样可怕。因此我们以为在语文教学之中，应该追求两个主体的和谐。从教的角度看，教师是主体；从学的角度看，学生是主体。两个主体的和谐相融才是理想的教学境界。

其次是生生之间的和谐。班级学习的优势就是它的全体性。但如果学生之间不能形成和谐的关系，则必然使这一优势成为劣势，造成学生之间互相伤害。有些课堂上，少数学生表演，多数学生被遗忘，优秀生和后进生形成强烈对比就是如此。和谐的共生教学，则发挥伙伴之间的在学习中的积极影响，互相感染，互相激活，互相促进，共生共长。

再次是内容和形式、过程和方法的和谐。共生教学，坚决反对教学的形式主义，但追求用语文的方法教语文。用语文的方法教语文，方法就是语文，形式就是内容。语文共生教学也坚决反对以方法为中心的教学，反对把方法作为教学的主要内容和目的。但语文共生教学并不是不要方法，而是让学生在学习过程中感悟方法、习得方法，而不硬讲方法。

3. 在教学现场体现成长

毫无疑问，追求生长性是语文共生教学最本质的特征。共生课堂成长性的体现内涵很丰富，比较直接地体现在这样三个方面:

第一，体现在教学内容的生长。

教学内容的生长，对于阅读教学来说首先是文本内容的生长。

共生阅读教学的基本前提，就是实现教学主体（教师和学生）与文本的共生。这个共生有内涵方面的，也有形式方面的。要注意的是，这里的文本内涵生长，既不是读者对文本的多元解读，也不是接受美学所说的读者和作者一起完成文本的创造，或者说主要不是指这两者；而主要是指教师在基于教学的文本阅读和文本处理中对文本的发现和丰富，以及学生基于学习的文本解读和文本理解中的发现和丰富。

大家知道，理想的阅读教学，不仅仅是教师带着学生读进文本、读出文本的过程，而且是教师带着学生解构文本又重构文本的过程。不少人都以为，理想的阅读教学应该是教师借助教学文本和学生一起建构一个，甚至不只一个新的文本。这就是实现了教学文本内容的生长。人们常常说的把书读厚，或许就包含了这样的意思。也许每次实现的程度不一样，我们的阅读教学都努力追求让教学的文本内容生长。

我教《我们家的男子汉》，就抓住了文章用小标题组织结构的特点。在教学中，我不仅仅让同学们抓住小标题解读文本、厘清结构，认识小标题在文章中的作用，而且在完成这些学习任务的基础上，让同学们从文中找出人物适当的语言替换原先的小标题，并比较两种小标题的不同。我认为这就是文本形式的生长。这些教学内容是原先的文本中没有的，又是从原先文本中生长出来的，而且可以借此更好地解读文本。文章中，作者概括了小男子汉的特点，其实也就是概括了作者心中男子汉的精神，并且强调这些精神是一点一点长大的。在理解了这些内容之后，我让同学们用比喻说说自己认为男子汉精神最主要的应该是什么，并且根据课文合作完成了《小小男子汉宣言》。这些活动，不仅仅加深了文本的阅读，而且实现了文本内涵的生长。教《谏太宗十思疏》，我让学生从文章中选择句子加工为生活格言，教《阿房宫赋》，我们改写结尾，让学生和原文比较，都具有这样的效果。

尽管在作文教学中，课堂教学内容的生长性特征不是非常明显（这不是作文教学本身的问题，而是我们作文教学的问题），但却是存在的。我们的作文教学常常带进一则材料或者一篇半成品作文，这些材料和半成品作文就是教学的客观性内容。教师们的作文评讲课都会或多或少地带进一些学生的作文，这些作文也是教学的客体性内容。如果作文评讲课上仅仅是让学生知道哪篇作文写得好，哪篇写得不好，这就没有生长性；如果只是一起把那篇不太好的作文修改得比较好，这个生长性也不够突出；如果能借助一篇好的习作或一篇有问题的习作，让更多人写出好作文，这就实现了教学资源的生长。

介绍共生教学时，我们特别强调一个观点：共生教学是基于现场的教学。越是成功的共生教学，带进课堂的东西越少，或者说预设的东西越少，而更多的教学内容是现场生长的。这一点在作文教学中体现得尤为显著。这里我们就不再展开论述了。

第二，体现在教学过程的生长。

教学过程的生长，首先体现在一节课前后教学环节之间的生长关系。我们常常见到一些课堂的前后教学环节是缺少内在联系的，是没有逻辑关系的，是随意的、离散的。比如先是介绍作者，接着就是字词教学，再接着是朗读课文，这之间就没有内在逻辑，更没有生长关系。这样的教学过程也没有生长。

而共生教学以为，一节课的教学过程应该是一个生长的过程，前后的教学环节之间应该有紧密的内在联系和必然的逻辑关系；一般说前一个环节应该是后一节环节的基础，后一个环节应该是前一个环节的必然发展。很多人论及课堂教学的生成，只是关注教学内容和教学资源的生成，而无视这种教学过程的生成。而共生教学不仅仅关注教学内容的生成，更加关注这种过程性的共生。所以，共生教学的课堂结构是“树式结构”。树式，就是强调教学过程的生长性。我讲授“议论文思路的展开”的过程大致是：（1）出示江苏省 2015 年的高考作文题：“智慧是一种经验，一种能力，一种境界。如同大自然一样，智慧也有它自身的景象。请以此写一篇不少于 800 字的作文，题目自拟，文体不限，诗歌除外。”（2）每个同学写出自己对“智慧”的理解。（3）交流部分同学对智慧的理解，教师板书关键词句。（4）从各种对智慧的理解中选择适当内容进行组合。（5）评选最佳组合并进行讨论。（6）分析讨论存在问题的组合并进行现场调整。（7）对一些关键句进行提炼、分解或修补。很显然，在这个教学过程之中，七个环节之间有着非常紧密的内在联系，后面的所有教学活动都是在第一个环节的基础上生长出来的；后面的每个环节也都是在前面的教学环节基础上生长出来的，没有前面的环节就没有后面的环节。

教学过程的生长性还体现在某一方面教学内容的学习或者某一个学习活动的过程之中。从纵向看，课堂是一个流动的过程，是由一个个教学环节组成的；从横向看，课堂又是由几个不同方面的内容或者是不同方面的几个活动组成的。但一方面内容的教学也好，不同活动的组织也好，它们完成的过程之间也应该是一个生长的过程。比如教授《黔之驴》这篇课文，文字的理解毫无疑问是一个很重要的内容。如果采用教师讲解、学生记笔记的方式，看起来一步到位，落实得非常到位，其实效果并不理想，因为知识在学生心中真正生根也需要一个生长的过程。我采用的办法是，先在朗读中联系读音解决对部分字词的理解，再在读驴和虎的故事时分别解决部分字词，接着在讲故事的过程中解决了部分词句，然后又在解读"好事者"和主题的过程中解决了一些疑难的字词问题。可见字词的教学是贯穿在教学整个过程之中的，而且是在不断深入不断反复的过程中完成的。这就是一个具有生长性的学习过程。而在这个教学过程中的朗读教学，既是完成文字理解、文本欣赏的一种方式，也是文言文教学的一个很重要的内容。这节课，我们组织的朗读也是具有生长性的。先是指名朗读，主要是读准读正确；接着要求读出寓言特点，再指名朗读进行评点。被指名的同学朗读得好，我们就请他领着其他同学读；他读得不够好，我就再领着同学们一起读。尽管朗读只是这节课的一个环节、一个手段，但我也力求使它具有生长性的特征。

第三，体现在学生学习的成长。

什么是课堂？课堂就是学生学习的地方，就是学生享受学习快乐、获得学习成长的地方。真正有意义的学习必须体现生长的特征。其实，从前面所有举的例子中，我们都可以看出学生学习成长的特点。当然，前文的例子主要还是从教学内容和教学过程的角度讲的，这里我们再从学生的角度做一些说明。

学生的学习成长首先体现在对知识的学习不断深入。广义地说，学生在课堂上始终是一个学习知识的过程。但知识的学习不是简单的结论传递，不是一步到位一蹴而就的，这就要有一个过程。而最容易做的方法就是一步到位，就是结论传递，也即教师讲学生记，或者播放PPT。在这些过程中，学生有学习成长的过程吗？当然没有。准确地说，连学习的过程也没有。我教《阿房宫赋》就有这样的教训。学习这篇课文，了解古代“赋”这种文体的特点无疑是一个重要的教学内容。第一次教，我就是对学生大讲赋的知识，从形成到流变，从特点到效果。可是学生反应冷漠，置若罔闻。我问几个学生为什么不感兴趣，他们都说不太懂，回去到网上再看一看。我深受打击。是的，我讲了一节课，有什么内容是学生书上看不到、网上查不到的呢？就是说我这节课对学生来说是一节毫无用处的课。于是我想办法要让“赋”的知识学习成为学生学习的过程，这就有了后来很多教师知道的课堂。我先压缩课文让学生根据课文填空，再抓住所填的关键词回读课文，进而两相比较认识“赋者，铺也，铺采摛文”的特点。我想，在这个活动中，学生认识“赋”这个知识的过程就是一个成长的过程。

就阅读教学而言，学生的学习成长则主要体现在对文本理解的不断深入。和很多教师一样，教授《背影》，我起初也主要是带着学生反复品读买橘子的场景，读出父爱，读出感动。后来我发现，这些不要我教，绝大多数学生也能读出来。更重要的是，随着对文本理解的加深，我觉得这篇课文如果就只是教“感动”、教“父爱”，似乎还没有走进文本。于是我和学生一起借助背景在文本中读出作者和父亲复杂的父子关系，读出父亲买橘子背后深沉和丰富的感情，读出作者对父亲理解的变化，读出作者理解父爱的艰难过程，让学生知道有一种爱是用“背影”来表达的，要理解这种像山一样沉重、博大、崇高的爱是不容易的。我知道，我做的未必成功，但我想我肯定把学生带到了他们自己原先没有看到的地方，让他们在文本中有了新的发现。这就是学生阅读中的成长。即使在品读“感动”的时候，我也特别关注那些起先并不感动的孩子，引导他们一步步读出感动。不少学生阅读这篇散文有一个误解：作者看到父亲翻过月台买橘子就深深地理解了父亲的爱。我就抓住文中的几处流泪让学生品读作者到底什么时候才读懂了父亲。这应该也是学习的成长。

学生的学习成长还体现在对问题认识的不断深入。教授《葡萄月令》这篇散文，有一个很重要的内容就是借助文章理解作者。我问：什么样的人才能写出这样的散文呢？有的同学说，熟悉葡萄的人；有的同学说，热爱生活的人；有的同学说，有文学才华的人；有的同学说，性格开朗的人。毫无疑问，学生的认识都不错，但都还是比较肤浅的。我并不直接点破，也不直接告诉他们“答案”。我让他们听读了作者女儿谈到这篇文章的一段话，让他们记下最关键的词，然后抓住这些关键词思考作者是一个什么样的人，由他我们可以想到一个什么人。学生很快就联想到苏轼，同时也认识到作者是一个面对困境却还对生活充满热情的人，是一个有着孩子一样心灵的人，是一个豁达淡然而又执着的人。我们相信，经过这样的教学活动，同学们对作者的理解和认识一定加深了。

就写作教学而言，学生的学习成长主要不是写作知识的学习，也不是写作能力的显著提高，而是对写作过程认识的不断深化和写作体验的不断丰富。比如前文所举的“议论文思路的展开”这个例子，就是在多个角度的思考和讨论中，引导学生进行议论文展开的写作实践，在这个过程中认识议论文展开的要求和规律。教“记叙文情节的展开”，我则设置了多个写作的情境，让学生置身于具体的情境中构思故事情节，并进行充分的讨论和比较；然后让学生比较作者和他妈妈写的两个不同结尾，再让他们自己设想一个结尾，并比较我提供的三种结尾。丰富的写作活动，不断丰富了学生的写作体验，同时也在不断深化他们对记叙文情节展开规律的理解。这也是学生学习成长的一种体现。

共生教学的成长性体现是多方面的。这里我们对其中最主要的也是最常见的三个方面做了简要阐述。恳望和我们一起实践语文共生教学的同仁专家不断丰富共生教学的成长性特征的内涵。

二、共生教学的核心主张

语文共生教学有三个核心主张。

1. 用阅读教阅读，用写作教写作

语文共生教学，不是用阅读的结论教阅读，不是用阅读知识教阅读，不是用阅读技巧教阅读，不是依靠做练习教阅读；不是用写作知识教写作，不是用写作技巧教写作，不是用作文的标准教写作，不是用优秀作文教写作。语文共生教学是用阅读教阅读，用写作教写作。

用阅读教阅读，教师必须先阅读，要读出自己的感受，读出自己的体验，读出自己的思考，读出自己的发现。用自己的阅读引领学生的阅读，用自己的阅读感受引发学生的阅读兴趣，用自己的阅读体验激活学生的感悟，用自己的阅读思考激发学生的思考，用自己的发现引导学生的发现。

用写作教写作，教师必须懂写作，必须亲历写作过程，必须有自己的写作体验，必须站在学生的角度组织作文教学。用自己的写作引领学生的写作，用自己的感受引发学生的写作兴趣，用自己的写作体验激活学生的写作体验，用自己的写作经验引导学生的写作过程。

2. 在阅读中教阅读，在写作中教写作

我一直认为，结论教学是语文教学中最为普遍也是最为严重的一个问题，这是语文教学低效率的主要原因。语文共生教学就是针对语文教学的结论化和过程缺失，在丰富的课堂实践和大量案例研究的基础上，运用共生理论总结出的教学方法。所谓结论教学，就是教学过程以结论为中心，把结论作为教学的主要内容，以学生掌握结论作为教学的主要目的；或者是直接将现成的结论传递给学生，学生的学习过程就是被动接受现成的结论，或者整个教学过程就是为了推导、印证一个既定的结论。

结论化写作教学的常见表现，就是教师出题目、学生写作文的反复循环。学生就是反复写，教师就是反复打分数、写评语。所谓写评语，常常就是给学生的作文贴一个结论性的标签，评价学生作文好还是不好，好在哪里，不好在哪里。结论性的作文指导课，就是讲写作知识、写作技巧，讲高考、中考的评分标准，就是告诉学生什么样的作文是好作文，什么样的作文能得多少分。从某种意义上说，这种以结论为中心的写作教学其实既没有“教”也没有“学”；即使有“教”有“学”，“教”和“学”也是脱节的，教师的“教”并不能对学生的写作发生作用。

在结论式的写作教学之中，写作课上没有写作，教师没有写，学生也没有写。我们常常看到写作教学课上，要么是以读为主，读名家作品、学生优秀作文、中高考的满分作文；要么是以讲为主，讲写作的道理、知识、方法、技巧、评分标准。而共生写作教学的核心主张是用写作教写作，在写作中教写作，大家一起学写作。在写的过程中学习写作知识，感悟写作规律，掌握写作方法。更重要的是，共生写作教学的写作过程，是一个互相唤醒、互相引领、互相促进的写作过程。教师用自己的写作体验唤醒、引领、激励学生的写作，学生也用自己的写作体验互相唤醒、互相引领、互相促进。

共生教学特别重视教学过程和教学现场的教学价值和学习价值，让学生互相激发阅读的感受、阅读的思考，互相激活写作的体验、写作的思路；让学生在阅读中形成阅读体验，掌握阅读方法，获得阅读经验，培养阅读能力；让学生在写作中获得写作体验，掌握写作方法，形成写作经验，培养写作能力。

对于语文共生教学来说，过程就是资源，就是教学。

3. 大家一起学阅读，大家一起学写作

传统的阅读和写作，都是个人化的，都是相对封闭的。而共生教学，开放了个体的学习空间，把个人化的阅读和写作行为集体化。充分发挥了教学现场的作用，利用教学情景激发学生参与阅读和写作，优化学习过程中的同伴关系，互相带动，互相引领，互相促进，互相提高。

美国学者、著名的学习专家埃德加·戴尔提出的金字塔学习理论，用数字形式形象显示了采用不同学习方式的学习效果。这个理论认为：在塔尖，第一种学习方式——“听讲”，也就是教师在上面说，学生在下面听。这种我们最熟悉最常用的方式，学习效果却是最低的，两周以后学习的内容只能留下5%。第二种，通过“阅读”方式学到的内容，可以保留10%。第三种，用“声音、图片”的方式学习，可以达到20%。第四种，是“示范”，采用这种学习方式，可以记住30%。第五种，“小组讨论”，可以记住50%的内容。第六种，“做中学”或“实际演练”，可以达到75%。最后一种在金字塔基座位置的学习方式，是“教别人”或者“马上应用”，可以记住90%的学习内容。埃德加·戴尔提出，学习效果在30%以下的几种传统方式，都是个人学习或被动学习；而学习效果在50%以上的，都是团队学习、主动学习和参与式学习。语文共生教学就是一种以交流、讨论、活动为基本形式的团队学习、主动学习和参与式学习。

著名心理学家勒温将物理学科的“场”这个概念引入教学过程之中，提出了“学习场”这一概念。他认为，学习场既是一种学习环境，也是一种学习系统，是指所有事件交织在一起相互作用、相互影响的具有内在统一性的整体；它是这个整体中的所有人、所有事物发挥作用的关系场，是一种刺激、促进学生的学习活动的包括物理环境和心理环境在内的充满生机与活力的“学习环境”。学习场的构建，教师不再立足于教学系统之外，而是系统中的一分子，作用于学生的学习，积极地参与学生新的学习经验的产生；每个学生也不再是孤立的学习个体，而是相互作用的整体中的一个部分，也是学习环境的一个部分。语文共生教学，就是充分利用具体的学习场景、和谐的学习氛围和协调的学习环境的教学意义和学习价值，发挥这个“交织在一起相互作用、相互影响的具有内在统一性的整体”的作用，刺激、促进学生的学习活动。学生的语文学习不再是孤立、被动的，而是在一种融合、合作、开放、主动、活跃的气氛中学习语文。

近年来，伙伴教育理论和共同体学习理论都被广泛应用到我国的教育教学领域。伙伴教育的主旨是在教育中建立各相关主体之间的伙伴关系，使主体逐渐成长为社会发展所需的良好伙伴，简单说来就是在伙伴关系中培养伙伴。伙伴教育有广义与狭义之分。狭义的伙伴教育主张将教师与学生之间、学生与学生之间的关系建设成为伙伴关系，使学生在这种积极的关系中逐步掌握社会生活所需的科学知识、实践能力，并形成其对于社会共同体价值的分享。所谓学习共同体，按照美国教育学家博耶尔的解释，它是所有人因共同的使命并朝共同的愿景一起学习的组织，共同体中的人共同分享学习的兴趣，共同寻找通向知识的道路和理解世界的运作方式，朝着教育这一目标相互作用和共同参与。可以说，共生教学是伙伴教育理论和共同体学习理论的积极的实践体现。在共生教学中，学生之间、师生之间就是一种典型的伙伴关系；每一个人都是学习的主角的同时也又都是配角——大家都在别人的学习中学会学习，又都在为别人的学习服务；师生、同学成为一个学习共同体，因共同的学习目标一起学习，共同参与，相互作用，共同分享学习的兴趣、学习的过程和学习的成果。

三、共生课堂的基本结构

传统的课堂结构，常常是指教学的流程安排和时间分配。新的课堂结构观，更多的是指课堂教学内容的组成和生成的机制。它不仅指纵横的板块之间的关系，也包括横向内容之间的关系；它不是一个线性的结构，也不是一个平面的结构，甚至不是一个三维的立体结构，而是一个多维的时空组成。语文共生教学法的课堂结构可以描述为“树式共生课堂结构”，简单说就是树式结构。

什么是“树式共生课堂结构”呢？我们概括为：“一个点，一条线，分层推进，多点共生。”如果用一个比喻说明，就是精选一粒种子，长成一根主干，伸开根根青枝，萌发片片绿叶。这粒种子，我们称之为共生原点。

所谓共生原点，既是共生教学展开的出发点，又是教学过程展开的支点，它还应该是教学活动的激发点。它和教学内容等都有紧密的联系，但又都不是一回事。打个比方，共生原点就像种子，既是树种，又是火种，它应该能长成一棵大树，也应该能燃烧成一片大火。而一般意义上的教学内容不具备这样的功能。也可以说，只要赋予了教学内容生长性，它就具有了共生原点的特征。所谓生长性，就是它能够激发学生的学习兴趣，引发学生的语文学习活动，激活学生的思维，推进教学的过程。所以说，共生原点并不是一个客观的存在形式，而是教者赋予了它共生原点的特性和意义。

阅读教学的共生原点非常丰富，可以是课文里的一项具体的内容，比如我教《孔乙己》，就是以小说对孔乙己手的描写为共生原点；可以是和文章紧密联系的一个知识点，比如我教《阿房宫赋》，就是以“赋”为共生原点，抓住“铺采摛文”“体物写志”展开教学；可以是文章的写作特点，比如《葡萄月令》的教学，我就是以说明文的内容、诗的语言、散文的意境作为教学的共生点；也可以是和文章相关的一些资源，比如我教《谏太宗十思疏》，就是以不同教材的不同版本作为共生点。

作文教学的共生原点同样也很丰富。它可以是一则材料，我教“一则材料的多种运用”，共生原点就是一个高二女生竞选班长的故事；可以是一篇比较成熟的习作，我教“记叙文情节的展开”，共生原点就是一篇《满分》作文；可以是一篇并不成熟的习作半成品，我教“用‘感激’唤醒‘感动’”，共生原点就是一个初步的写作构思；可以是一篇有问题的习作，我教“一篇作文的评讲课”，共生原点就是一位同学的习作《风》；可以是名家有影响的作品，我教“抓住特别之处写背后的故事”，共生原点就是鲍吉尔·原野的《雪地贺卡》。一个作文题目可以作为共生原点，一个话题也可以作为共生原点，一滴雨、一片树叶都可以作为作文教学的共生原点。

一节课的教学可以是一个共生原点，也可以是多个共生原点，我教《我们家的男子汉》，就是以文章的小标题和作者要赞美的男子汉精神为两个共生原点。一节课的教学，除了要确定一节课的共生原点，还要善于确定每个主要教学活动的共生原点，比如我教《阿房宫赋》，压缩课文填空、重写结尾和原文比较等，都是建立在课文教学共生原点基础上的活动原点。

共生原点的选择具有很强的丰富性和开放性。无论是阅读还是写作，每项教学内容都会具有许多不同的共生原点，这为不同的教学形态和教学风格提供了极大的选择空间。同一教学内容，不同的教师会发现不同的共生原点；同一教师教同一教学内容，也能发现不同的共生原点。

一根主干，首先就是教学的主体过程，就是由共生原点生长、生发出去的一条教学主线，就是围绕具体教学内容的教学活动的科学组合。所谓科学组合，就是强调每一个教学活动的教学价值和学习价值，每个教学活动之间应该具有内在的关联性和生长性。所谓关联性，或者是条件关系，即前一个教学活动是后一个教学活动的基础；或者是层进关系，即后一个教学活动是前一个活动的发展和深入。所谓生长性，体现在教学过程和内容上，或者是学习内容的不断深入，或者是学习要求的不断提高，或者是学习方式的不断改进；体现在学生身上，或者是对问题的不断发现，或者是对问题认识的不断深化，或者是思维质量的不断提高。

教学主线的展开，并不是一步到位的，必须分步推进；主要教学活动的组织，也不是一蹴而就的，必须分解实施。这个分步推进的过程，这个活动分解的过程，就是教学层次的体现。打个比方，就像树的年轮，就像竹竿的竹节。我们在谈到教学活动的设计策略时经常说：次要活动要整合，重点活动要分解。后者也是强调了教学层次的重要。所以一根主干这个比喻，也包含了教学的分层推进。

树式共生教学结构，有的是一堂课一个主干，即一堂课一个点一条线，我们称之为单株结构；也有的一堂课有两个主干，即一堂课两个点两条线的结构，我们称之为双株结构；还有的一堂课可能是三个主干，即一堂课多个点多条线的结构形式，我们称之为多株结构。这样的结构，除了必须要处理好双线之间乃至多线之间的关系，务求主次分明，互相补充，互相照应，而不能主次不明、互相干扰之外，其他和一堂课一个点一条线的单株结构没有什么不同。

“根根青枝”，是指在围绕主线、突出教学主线的同时，根据具体教学情景和教学需要“旁逸斜出”的“节外生枝”。“片片绿叶”，是指无论是主干还是分支，都必须追求鲜活的教学细节。在树式共生教学结构中，“种子”和“主干”更多是教师教学设计时的预设，“分枝”和“绿叶”则更多是教学过程中的生成，而两者都不可缺少教师的引领。对教学过程中生长出来的“枝叶”，教师必须及时进行“人工选择”和“修剪”，以使课堂教学既枝繁叶茂，又主干强壮，内容集中、主线突出，又充满活力和张力。

我们通常见到的课堂结构，大多是线式结构、点式结构和板块式结构。所谓线式结构，常常是按照文本内容的先后，或者按照某一教学内容内在顺序的先后组织教学。所谓点式结构，常常是按照知识点组织教学，或者是同一知识点的不同内容，或者是不同知识点的不同内容。所谓板块式结构，常常是将一篇课文的教学内容或者一节课的教学内容整合为几个板块逐一进行的教学。这几种教学结构各有特点也各有优点，而共同的长处是都比较容易掌握。由于板块式教学是基于对教学内容的整合并且着眼于学习活动的组织，所以常常比前两者更有效果。

共生教学的树式课堂结构，和这几种结构相比，不同点在于前后的教学内容、教学活动之间具有生长性和内在的逻辑性，即后一个活动以前一个教学内容、教学活动为基础。我教《阿房宫赋》，第一个主要内容是认识“赋”这种文体“铺采摛文”的特点，主要组织了这样一些活动：学生阅读课文，为我压缩的短文填空；根据所填的词语，到课文中找对应的语句；认识“铺采摛文”，用一组排比、比喻、夸张的句子表现事物具体特点的写作方法；学生听教师配乐朗读课文，体味“铺采摛文”的表现效果。很显然，这个教学过程的每一个活动都是其后一个活动的基础，后一个教学活动都是在前一个教学活动基础上进行的。第二个主要教学活动——认识“体物写志”的特点也是如此。先让同学们抓住最后一段话的关键词语，理解杜牧的写作意图；再比较我改写的结尾和原作结尾的差异，深化理解后面的议论“写志”是前文铺陈“体物”的自然延伸和发展；最后让同学们用“奢、亡、鉴”三个关键词概括文章的思路和主旨。这三个教学活动之间也显然是前一个活动都是后一个活动的基础，后一个教学活动都是在前一个教学活动基础上进行的。而两个主要教学内容——认识“赋”的“铺采摛文”和认识“体物写志”之间也是如此。这种生长性，有时候在后一个教学活动以前一个为基础的同时，学习活动的要求也在不断提高。比如我教《孔乙己》，主要教学活动是：交流阅读初步感受；从小说中“找手”；简要分析作者写手的角度；自由选择一个手的动作分析人物性格；抓住两个有联系的手的动作分析人物性格和命运；聚焦品读“走”这个动作描写；自由选择一处情景补写孔乙己的手；集体合作想象描写孔乙己死的时候手的动作；为孔乙己写碑文。不仅后一个教学活动以前一个为基础，每一个学习活动的要求都在不断提高。

需要说明的是，共生教学的树式课堂结构和通常所见的线式结构、点式结构、板块式结构也不是截然不同的，它们也有着许多共同的特点，只是它更追求教学过程的生长性而已。对共生教学课堂结构的认识和运用切不可陷入技术主义和教条主义。

四、共生教学的操作要领

1. 选好共生原点

共生原点的选择，是共生教学操作的首要环节，也是共生教学成功的基础。我们要深入研究教学内容，发现教学内容中蕴含的共生原点，或赋予教学内容共生原点的特征，充分开发每个共生原点的教学价值和学习价值。

共生原点的选择应该体现这样一些要求：

（1）共生原点应该是生长性和操作性的统一

共生原点不仅要具体实在、集中明确，而且必须具有鲜活的生长性。这是共生教学的根本特征。但这种生长性必须和操作性形成统一。在介绍树式共生教学结构的“一个点”“一个主干”时，我们分别说明了生长性的一些具体内涵，简单说，所谓生长性就是具备组织连续性的、鲜活的听说读写等学习活动的能力。但这些连续性的、鲜活的学习活动，必须是可操作的，否则就失去了它们的意义。所谓可操作，就是学生具备必要的生活准备、知识准备、能力准备、材料准备、信息准备和心理准备；教师具备设计能力、组织能力、引导能力、协调能力、变通能力、评价能力和修正能力；课堂具备时间条件、空间条件、情景条件和物质条件。

具备了这三个方面的条件，就具备了可操作性。否则，再好的共生原点也是没有价值的。

（2）共生原点应该是教什么和怎么教的统一

无论是写作课还是阅读课，无论是一篇课文的教学还是一节课的教学，确定共生原点，首先要研究和明确教学内容。这个教学内容，不是笼而统之的阅读或者写作，也不是大而化之的教什么课文或者写什么作文题目，而应该是一项项具体的内容和具体的活动。比如教《孔乙己》，理解人物特征和形象意义无疑是必须教授的内容，但仅仅关注这一点很容易成为结论教学，明确这一点的同时必须明确用什么样的教学活动和教学安排来体现这样的教学和完成这样的教学内容。作文教学也是如此，我们不仅仅是要求学生写出什么样的作文，还要考虑如何让学生写出这样的作文；我们不是布置一个作文题目，而是要考虑如何让学生写好这个题目；不是要求学生应该具备什么样的写作能力，而是要想好如何让学生具备这样的能力。

（3）共生原点应该是人文性和工具性的统一

很多人把语文上成了非语文课，就是只顾及了所谓“人文性”，而忽视了语文的所谓“工具性”。简单地说，只看到思想内容，看不到语言形式。现在这样的阅读课并不少见。只有实现了人文性和工具性的统一，着眼于形式和内容的结合，确定共生原点，这个“点”才能体现语文学科的课程特点，教学才会有充满活力的共生共长的教学情景。教《我们家的男子汉》，我把理解“男子汉精神”和这篇文章小标题的结构特点结合为教学的共生原点；教《孔乙己》，我把对人物主题的理解和小说对手的描写结合为教学的共生原点；教《阿房宫赋》，我把理解文本内容、思想主题和欣赏“赋”体文章的表现手法结合为教学的共生原点；教《谏太宗十思疏》，我把理解文章的内容主旨和学会通过比较不同注释、版本的文言文的阅读方法结合为教学的共生原点。如果说这些教学案例比较成功，那么明确、具体、集中而又把内容和形式紧密结合在一起的教学内容，是一个很重要的因素。

（4）共生原点应该是学生学习需要和教师教学需要的统一

共生原点满足了教师的教学需要，才有教师的活教；满足了学生的学习需要，才会有学生的活学。两个需要的满足，才能互相激活。教师和学生互相激活，就是共生共长的教学境界。

共生原点作为共生教学的主要元素，当然由教师发现、选择和确定。教师选择什么样的共生原点，必然会从自己的教学需要出发。但教师确定共生原点，必须要立足于学生的学习需要。他们会有什么困难，他们会出现什么问题，他们需要我们做什么，我们的问题他们会怎么回答，我们的活动安排对他们是否有意义，这些都是我们选择共生原点必须认真思考的问题。因此，共生原点应该来自文本，来自教师对文本的阅读，来自教师对教学问题的思考，来自教师的写作体验，来自教师反复的教学实践，来自学生的问题和学生的需要；而不能来自教学参考书，不能来自教学指导用书，不能来自复习资料和试卷练习，也不来自教师的主观想象，当然也不是为了标新立异，不是为了教师自己作秀。我教《阿房宫赋》有一个教学活动的共生原点是将课文压缩为一段话，并留下关键词让学生填空，共生的效果比较理想。但我起初的设计是让学生将课文压缩为一段短文，但试教之后，效果很不理想。因为这个共生原点的选择脱离了学生实际，学生没有这个能力，也没有这个必要。有教师教现代散文，要学生将散文的内容改写为旧体诗词，也是类似的问题。

阅读教学和写作教学都有着非常丰富的共生点的选择空间。

阅读共生教学常见的共生原点有：

（1）文本的节点

节点是一个很抽象和应用很广泛的概念，通俗地说就是某个大环境中的一个点或者一段，好比公交车线路中的一个站台。在不同的范畴中，节点有着不同的内涵。在教学过程中，节点很大程度上是指知识体系中具有很多榫接的具体的知识点，当我们记住这个重要的知识点，学会去联想记忆和理解，那么对于和这个知识点相关的知识的记忆和理解就会事半功倍。而文本解读中的节点与此相似，是指解读一篇文本的关键之处，抓住它们常常可以"切中肯綮"。我教《孔乙己》就是抓住作者对孔乙己手的描写这个节点，教《装在套子里的人》就是抓住"套子"这个节点，教《我们家的男子汉》就是抓住小标题这个节点，都取得了不错的效果。

（2）文体的特征

文体的特征或者文本的特点也可以是阅读教学很好的共生原点。我教《黔之驴》这篇课文就是以"寓言的特点"为共生原点组织教学活动的。先是回顾寓言的特点，再读出寓言特点，然后分别读驴的故事和虎的故事理解寓意，接着分别以驴的口吻和虎的口吻讲故事，最后讨论题目和故事的关系、驴和虎的关系，并从"好事者"的角度解读寓言。我教《我的叔叔于勒》，则以情节之间的因果联系为共生原点展开教学。先回顾故事碎片，再还原故事，寻找情节之间的因果联系，一步步解读小说。需要注意的是，以文本特征为共生原点，绝不能以讲解文体知识和课文特点为重点，否则不仅不是共生教学，反而是彻头彻尾的结论教学了。

（3）凭借各种辅助

阅读教学中凭借辅助解读文本是常用的方法。我曾专门介绍过这种策略的运用。如果一种辅助手段能够组织连续性的学习活动，可以说它就具有了共生原点的价值。教朱自清先生的《背影》，我前后运用了插图和背景资料作为共生原点。我出示插图之后，先让学生寻找对应插图的文字，再讨论插图对有关文字内容的表现，然后结合文字品读作者的感情，再讨论插图对文字表达的差距。我还把朱自清和父亲多年的复杂关系整理为一份简明的资料，让学生发现资料中和文本紧密关联的信息，并由资料解读作者和父亲的关系；对照课文解读父子之间的距离，理解父亲主动示爱和示弱的行为，认识儿子对父亲由不理解到理解的过程，理解父亲来信的矛盾，解读作者对父亲不容易的迟迟的理解。应该说这两个共生原点的价值发挥是比较理想的。

（4）文本的改造

对教学文本进行适当的改造，也是非常好的共生原点。我教《阿房宫赋》，就是先将课文缩写为一段短文，然后空下关键词让学生根据课文填空，再从课文中发现和关键词对应的文本内容，在此基础上认识“赋”这种文体“铺采摛文”的特点，再通过朗读加以体会。这就是改造文本为共生原点。我教《葡萄月令》也是运用了同样的做法：先让学生缩写课文内容，再给缩写以后的文本加一个标题，并且和课文的标题进行比较，在此基础上认识文章说明文的内容、散文的意境、诗的语言这个特点，并在此基础上对文本和作者进行更为深入的解读。

（5）各种语言活动

语言活动是我们提倡的阅读教学的三个基本策略之一。如果设计得当，语言活动也是很好的阅读教学的共生原点。徐杰老师教《我的叔叔于勒》就是以语言活动推动小说阅读教学的。先是要求同学们用一组数量短语来说明故事的相关要素；再让他们根据对故事的理解，在“一封（　）的来信”“一次（　）的偶遇”“一笔（　）的小费”这三个数量短语的中心语前面加上合适的修饰语，并说说加这个修饰语的理由；接着让同学们用“因为……所以……”的句式串联黑板上存在着因果关系的故事要素；然后再讨论在这么多的因果关系中，哪一处的语言描写最能表现人物的内心世界；最后请同学们用“虽然……但是……”这样的句式对若瑟夫的行为进行概括或评价，用“如果……，那么……”这样的句式分析若瑟夫的性格发展。一节课的推进都通过语言活动来展开。

（6）文本处理策略

阅读教学的文本处理有很多策略，有时候这些策略也可以作为共生教学的原点。我教钱锺书先生的《谈中国诗》，就做了三件事：第一件是删减，第二件是添加题目，第三件是恢复。第一件事是砍。先砍掉了前四节，再砍掉最后的几节。但这样的砍，不是简单的删减，而是对文本内容和形式的解读。既解读了被砍去的部分，也解读了它们和全文的关系，而且贯穿了抓关键句的阅读方法。对能砍的，要弄明白砍的道理；对不能砍的，也要弄明白道理；对文本主体部分的内容，也要弄清楚写了什么。第二件事是加。立足于文章说中国诗的特点的主体内容，让学生讨论题目应该怎么说才比较准确全面。学生加出的内容是“古代”“泛谈”“结构”“特点”，于是题目成了“泛谈中国古代诗的结构特点”。第三件是恢复。让学生讨论加上去的这些内容是否一定要加。应该说，这是对文本内容的第三层次的理解，也是更为深入的理解。经过讨论，立足演讲的对象、演讲的现场和特定的内容，这些加上去的内容纯粹是多余的。这样的过程，比较简单地完成了一篇内容比较复杂的实用文的阅读。而先减后加再恢复，就是我教这篇课文的文本处理策略。

写作共生教学常见的共生点有：

（1）一个作文题目

共生教学一般不主张把作文题直接作为教学的内容，更不主张把作文题作为教学的共生原点，而特别强调教师要带一粒写作的“种子”进课堂。但如果我们能够使作文题具有教学的生长性，能够借助题目组织和推动连续性的学习活动，把作文题变成一粒种子，当然以题目为共生原点并非有什么不可以，甚至是很好的选择。我教“议论性材料的审题和立意”，就以苏州市某年的高三模拟题作为共生原点。这道题要求学生根据一句非洲谚语写作文。这句谚语是：一个人走可以走得快，但不可能走得远，只有一群人走才可以走得更远。教学中，我让学生选择“走”的方式，是喜欢一个人走还是喜欢一群人走，然后为自己的选择寻找理由，再否定对方选择的理由；接着引导学生跳出简单的二元思维进行选择，然后再从这句话中发现新的矛盾进行辩证思考；最后归纳从一则材料中发现多个观点并根据自身实际确定一个观点的方法和要注意的问题。我教“议论文思路的展开”，也是就江苏省2015年的高考作文题作为共生原点的。从教学实践看，效果还比较理想。

（2）一则写作材料

带一则材料进课堂，以一则材料为共生原点，是我经常的做法。我教“一则材料的多种运用”，就是先给同学们讲一个故事。材料是一位各方面都很普通的高二女生准备竞选班长，在征求几个好朋友的意见时，她们都说要支持她。于是她认真准备参加竞选，可结果只得了一票。这节课就以这则材料为共生原点，引导同学们从话题的选择、主题的确定、思路的展开、重点的安排、叙述的视角等多角度进行讨论，让同学们充分认识到同一则材料可以有多种运用的空间。教学“材料的理解和叙述”时我也是以一则材料作为共生原点。通过一位小提琴演奏家在地铁口演奏的材料的分段、分层的呈现，组织学习活动，引导同学们认识如何从不同角度理解材料，提炼不同的观点，以及根据不同的观点叙述材料。

（3）一篇学生写作

以学生的习作为共生原点是共生写作教学的常见形式。我教“在别人的树上开自己的花”这节课就是为了培养学生的共生写作意识和写作能力。在很多教师的作文评讲课上，优秀学生作文的作用就是告诉学生哪篇习作写得好，好在哪里，而我更多地是要引导学生借助别人的好文章写出自己的好文章。2009年奥巴马访华与青年学生对话时，中国几个名牌大学的学生代表的提问引起了网民的热议；一位同学以这个事件为写作材料，以其中一个大学生口吻第一人称叙述了这个故事，反思自己的成长历程和受到的教育。文章写得很有深度。我便引导全班同学借助这位同学的习作和这个事件再度进行写作，不少同学都写出了很好的习作，很多同学写出了有一定深度的议论文，也有同学写出了构思很有新意、立意也比较深刻的记叙文。

（4）一篇半成品写作

半成品写作是共生写作的常见类型。台湾地区有专家专门研究半成品写作，据说指导学生参加高考成绩非常显著。我教“记叙文的故事与主题”就是以一位同学的习作《寻找》为共生原点展开的。这位同学的选材很好，但后半截是一大段的议论，而且主题也显得比较消极。我组织同学们借助这篇习作展开写作的讨论，开展写作活动。可以说，删去后半截的这篇习作，就是一篇半成品的作文。当然，半成品除了指这种结构上的“半”，有时候也指还没有完全写成熟的习作。一次课前演讲，一位同学讲了自己手机贴膜的故事，应该说已经是一篇结构完整、主题鲜明的演讲稿，但又的确有很多地方需要再推敲。于是我组织同学们对这则材料的主题提炼和材料加工进行充分讨论，同学们以这则材料写出了不同主题的好文章。

（5）一个写作话题

话题作文是作文命题的基本形式之一。对话题作文的命题是优是劣始终见仁见智，但我以为以一个有意思的话题作为共生写作的原点还是很有效果的。我教“记叙文中描写”，以“丢东西”作为共生原点：先让大家交流丢东西的故事，然后选择一个“点”

进行描写，再梳理大家描写的几个共同点，一起讨论这些点怎样描写更好，最后明确记叙文描写的根本要求是突出主题、为主题服务。如果没有这样一个话题，这样的作文课很可能变成知识讲解课。

（6）一个名家名篇

名家名篇永远是我们学习写作的重要资源，也是我们借鉴学习的对象。但如果只是把名家名篇作为学习的范本，就显得狭隘。如果能够以名家名篇为写作教学的共生原点，借助名家名篇组织写作活动，那就很有意义了。教“写出特别之处背后的故事”，我就是借助鲍吉尔·原野的《雪地贺卡》设计和组织教学的。我分层分段出示原作，把学生带入写作情景；和名家一起思考，一起写作，激发学生的写作兴趣和写作欲望，让学生经历写作过程，感悟写作规律，认识写作方法。实践证明效果还比较理想。

（7）一个相关事物

如果选择比较适合的实物作为共生写作教学的原点，也是很好的方法。有一位教师教“景物的描写”，把一个鸟窝带到了课堂上。先让同学们观察这个鸟窝，描写这个鸟窝，再通过想象描写这个鸟窝中有小鸟的情景，又设想这个鸟窝在一棵树上的情景让学生描写，然后又虚拟了在风雨中、清晨、傍晚等许多不同的情景让学生展开描写，非常有效地激发了学生的写作兴趣，组织了丰富的写作活动，得到了大家充分的认可。还有教师曾经以一片落叶作为共生写作原点组织了一节非常好的写作课。

共生阅读教学和共生写作教学的共生原点的选择，都有非常大的空间，这里只是撮要列举。

2. 激活共生现场

共生教学的成功与否，看的是能否激活共生现场。

激活共生现场的基本要求是：

（1）必须尊重所有学生的学习表现

在教学现场，我们很容易对学生的学习表现感到失望，这是由于我们对学生的期望太高，由于原定的教学方案脱离了学生的实际，而最主要的是，我们对学生的学习缺少应有的尊重。其实，几乎没有学生对课堂学习不尽力，也几乎没有学生想表现得让教师失望。因此我们必须尊重所有学生的学习表现。所谓尊重学生的学习表现，就是要承认学生的任何表现都是合理的，任何反应都是有道理的，学生的表现有差异是正常的。我们一旦对学生的学习表现失望，就会影响师生关系，就会破坏教学情境，就使教学共生成为泡影。

（2）善于及时发现教学现场的共生点

这不是教学技巧，不是教学的技术，而是教学的经验、教学的艺术和教学理念的一种综合的表现。我教《黔之驴》，在讨论既然课文写虎的内容更多，文章题目能不能改为“黔之虎”时，一个学生说“柳宗元会生气的”。我便问他柳宗元为什么会生气呢？这个学生便说不出来。我对大家说：“这个同学说题目改了，柳宗元就会生气。这说明柳宗元用这个题目有他的用意。那么是什么用意呢？”联系背景，大家很快就明白了作者写作的主旨是讽刺朝廷那些占据要位而又昏庸无能的人。这也是及时抓住了教学现场的共生原点形成的共生情景。

（3）善于激活学生现场的学习热情

我们要对教学气氛有理性的理解。不能以为气氛热烈、发言踊跃就是共生的最佳情境，不能以为一呼百应、一问就答、一答就对的课是好课，不要期望学生就应该像我们想象的那样去表现。我们要承认孩子和成人之间的差异，承认学生和我们教师之间的差异，承认不同学生、不同班级课堂学习态度和表现上的差异。我们要能放低教学姿态，要真正将自己和学生融为一体，用自己的情绪带动学生，用自己的感情打动学生，用自己的体验激活学生，用自己的思考引导学生，用自己的问题唤醒学生，用自己的点拨启发学生。我们还要能及时发现和调动领军学生的学习引领作用，通过他们来带领、影响整个班级的学生。

（4）对学生的学习进行及时的深度引领

共生教学不是原地踏步和原点的循环，共生的情景还指学习过程的深入发展。所以教师要对学生的学习进行及时的深度引领。学生的共生没有明确方向时，要为他们明确方向；学生的思维遇到阻塞时，引领他们冲破阻塞；学生的认识比较肤浅时，引领他们深化自己的思考；学生的思路狭窄时，打开他们的思路，这样才能促使课堂的共生情景高质量地展开。

共生教学激活共生现场的具体方法有：

（1）问题激活

通过问题来激活共生教学的学习现场，是共生教学最基本的方法。比如教《背影》，我提出的问题有：文章通过写父亲的背影表达了父爱，表达了自己对父爱的理解和对父亲的爱，如果写父亲的眼睛，那会是一双什么样的眼睛呢？文章写父亲通过各种方法表达对儿子的爱，儿子理解父亲吗？从哪里可以看出真的理解了？文章写了作者四次流泪，是不是都表现了他对父亲的理解？哪一次才真正理解了父亲的“不容易”？教《葡萄月令》，我在引导概括了文章的特点之后，问：什么样的人才能写出这样的文章呢？教《春》，我问：作者是按照什么样的顺序安排五幅图的先后的呢？教《装在套子里的人》，在品读了“恋爱故事”之后，我让学生讨论：别里科夫在华连卡的笑声中死去这样的安排合理吗？如果别里科夫不死会是什么样的结局呢？可以说，每一节成功的课，都离不开通过问题来激活共生现场。但这些问题绝不能是让学生找标准答案的问题，否则就不能真正激活学生的学习兴趣和欲望。

（2）任务激活

设计和布置适当的学习任务让学生完成，也是共生教学激活现场的常用方法。我认为，从某种意义上说，所谓学生主体就是让学生做该做的事，或者说就是学生的事学生做。该由学生做的而不让学生做，教师抢着做，课堂就死板，就没有活力。一般说学生有事可做，而且做的是能做的事，课堂就活了。我教《阿房宫赋》，原来是想让学生将课文缩写为100字左右的一段话，后来觉得这对学生要求太高，于是我自己将课文缩写后留下空白，让学生填写关键词，效果就非常好。教学结束前，我又让学生用三个词概括文章的内容和思路，激活共生的效果也比较理想。所以在备课时我总是充分考虑让学生做哪些事，做什么样的事。教《葡萄月令》，我便让学生用最简短的文字缩写全文内容；教《装在套子里的人》，我让学生概括恋爱故事，说清故事的前因后果；教《背影》的最后，我让学生根据课文补充“父爱如山一样________”。应该说这些具体的活动都比较成功地激活了共生现场。

（3）差异激活

我一直认为，差异是宝贵的教学资源。其实，差异不仅仅是教学资源，也是激活学习现场很好的方法。教学过程中，教师要善于发现差异，善于引导学生形成不同意见。我常常问的问题是：“他这样理解，你的看法和他有没有不同？”“黄老师这样看，你们的观点是什么？”很多不善于思考的同学回答问题时常常偷懒地说“我和某某差不多”，我就要求他说出“相差”在哪里。教“议论性材料的审题和立意”，出示了非洲谚语“一个人走可以走得快，但不可能走得远，只有一群人走才可以走得更远”之后，让同学们选择是“一个人走还是一群人走”，并且为自己的选择寻找理由，我要求发言的同学必须说出和持同一观点的其他同学不同的理由。在组织同学们就某个问题展开讨论时，我们要注意倾听，善于发现同学意见中相同中的不同，不同中的相同，从中发现有价值的差异，激活共生学习的现场。

（4）矛盾激活

我曾专门著文阐述矛盾在教学中的意义，提倡大家在教学中要敢于善于激发矛盾的形成，而不是为了说出那个现成的答案。课堂中只要有了矛盾，课堂一定就活；没有矛盾的课堂，常常是死水一潭。首先要善于发现文本的矛盾。教《背影》，我先通过背景介绍，让同学们发现作者和父亲的矛盾；在解读父亲的来信时，引导同学们发现父亲措辞的矛盾：他先说自己

“身体平安”，接着又说自己“大约大去之期不远矣”，并借此解读父亲内心情感的矛盾，说“身体平安”是为了让儿子放心，不要牵挂；说“大约大去之期不远矣”，是希望儿子能够理解自己的“不容易”，常常想着家里想着自己。这就是一个父亲的心。抓住这样的矛盾能够很好地激活学生的思维，这样学生对父爱和对这篇文章都会有比较深入的解读。再如教《济南的冬天》，文章的题目是“济南的冬天”，结尾是“冬天的济南”，这是什么原因？这也是一个值得关注的矛盾。除了来自文本的矛盾，更多矛盾是来自师生之间和学生之间；我在课堂是常常想尽办法激发同学之间看法的矛盾，同时也常常挑起自己和学生之间看法的矛盾。通过矛盾来激活学习现场，常常有出人意料的效果。

（5）情景激活

设置具体的学习情景，让学生置身于具体情境中思考问题，也是激活学习现场很常用的方法。我教“记叙文情节的展开”，以一篇《满分》作文为共生写作的原点，分层次呈现习作，三次让学生根据已经呈现的片段选择续写的方案；最后我又设计三个不同的结尾让学生选择，并要求同学们为作文续写一个结尾，这些情景的设置都有效地激活了学生写作的欲望和热情。我教“写出特别之处背后的故事”，以作家鲍吉尔·原野的《雪地贺卡》作为共生写作的原点，借助文章的情景让同学们设计故事推进的方案，然后针对不同的方案展开讨论，激活学习现场的效果非常明显。我教《孔乙己》，有一个活动是全班同学一起根据课文内容和孔乙己的性格特征想象描述孔乙己死的场景和手的动作，也是一个典型的通过情景激活共生现场的方法。

（6）错误激活

我们现在不少教师教学的一切目的就是要找到那个现成的答案。我常常调侃地说：找到答案眉开眼笑，找不到答案死不瞑目，答案一写便大功告成。因此我告诉大家，优秀的教师上课，不是为了找到那个既定的正确答案，而是为了让学生暴露错误的答案，课堂上错误答案越多，考卷上错误答案越少；课堂上没有错误答案，错误答案都在试卷上等你。就课堂教学的展开而言，错误是激活学习现场非常有意义的方法。这个错误可以来自教材，可以来自各种资料，可以来自学生，也可以来自教师自己。我教《背影》，其中一个活动就是让同学们先找出文中插图对应的文字，再根据文字发现插图和文章内容不一致的地方。这就是借助教材的错误激活学习现场，我教《白雪歌送武判官归京》，在描述诗句的意境时，我故意将“风掣红旗冻不翻”和“愁云惨淡万里凝”描述为“红旗飘飘”和“乌云滚滚”，让学生发现和批评。这是通过我自己故意设置的错误激活学习现场。

3. 促进共生过程

共生教学的过程，应该是不断推进的过程，而不是原点踏步、不断循环的过程。如果说课堂是一棵树，这棵树应该不断长大；如果课堂是一棵竹子，这棵竹子就应该不断抽节长高。因此，促进共生过程，是共生教学操作的一个很重要的策略。

共生过程的促进应该体现这样一些基本要求：

（1）过程推进要聚焦于共生原点

如果说共生教学的课堂是一棵树，那么共生原点则是这棵树的根。共生教学的过程促进，即课堂教学的生长应该紧紧围绕课堂教学的共生原点。如果课堂教学过程中各个环节和各个板块各自离散，不能聚焦于一个核心，就无法形成课堂的共生和生长。尽管共生教学的一节课并非是一个共生原点，尽管在教学过程也可以及时发现新的教学共生点，尽管共生教学的树式课堂结构会生长出繁茂的枝叶，但并不意味着课堂可以是随意的拼凑。教学的各个板块之间、各个环节之间应该有比较紧密的内在联系，前后环节和板块之间应该有一定的逻辑关系。

（2）教学内容的生成和教学过程生长统一

共生教学的课堂一定会有丰富的教学资源和教学内容的生成，比如丰富的阅读体验和写作体验，比如学生学习过程中的学习成果和出现的问题。但共生教学更追求教学过程的生长性。或者是学习内容的不断深化，或者是学习要求的不断提高，或者是学习难度的不断加大，或者是问题讨论的不断深入。而教学内容的生长和教学过程的生长是互相融合、互相促进的。教学内容的生成，会促进教学过程的生长；教学过程的生长，会带来教学内容的生成。

（3）学生的学习成长和教学过程生长统一

应该说，共生教学中教学过程的推进并不是我们要追求的主要目标，学生的学习成长才是共生教学的目标所在。没有学生学习成长的共生课堂，不管教学过程呈现出如何理想的共生状态，也是没有意义的。所以在促进共生的过程中我们要尤其关注学生的学习成长。学生对问题的思考是否不断深入，学生的思维是否不断完善，学生对文本的理解是否不断加深，学生的文本阅读是否不断有新的发现，学生的写作体验是否在不断丰富，学生的写作过程是否不断优化，如此等等，才是衡量课堂推进是否成功的最主要的依据。如果只是关注教学过程的推进，很可能成为舍本逐末的形式主义。

（4）主干共生和枝叶共生统一

教学过程的生长性是课堂教学的主干，自然是我们必须要关注的。但教学过程中的枝叶生长，也不可忽视。某种意义上说，枝叶的共生和学生学习的生长具有更强的关联性。没有鲜活的枝叶共生，只有主干推进的课堂没有真正的生命力；当然，只有枝叶的共生，没有教学主干的共生，课堂也一定会显得凌乱而无序。

那么，促进共生过程有哪些具体方法呢？

（1）围绕共生原点开展多层次的教学活动

比如我教《蜀道难》，课文的朗读被我安排了这样几个层次：先是集体读，了解课前读背情况，正字正音；然后是指名五位同学比较读“噫吁嚱”三个字，并且进行比较评点，感受全诗的感情基调和豪迈之气；第三个层次是指名三位同学分别比较“蜀道之难，难于上青天”一句在全诗中三次反复出现的不同朗读，通过比较评点，理解这句诗在全诗结构、感情等方面的作用；第四次是师生配合朗读全诗，我读开头的三次反复“蜀道之难，难于上青天”，同学们读其他诗句，然后讨论理解其他诗句和这三句诗的关系，以及运用的表现手法；第五次是学生根据自己对诗歌排行的处理朗读全诗，我边读边在黑板画出“图谱”，然后学生根据我的图谱曲线理解诗歌感情和语言形式之间的内在统一。这样多层次的读，就成了一个共生原点。教学过程紧紧扣住一个点，层层深入地展开，一条教学的主线清晰而鲜明。

我教“材料的理解和叙述”这节作文课，主要就是采用了分层推进的方法。这节课的共生原点是一个小提琴大师在地铁口演奏世界名曲引起不同反应的材料。材料很长，我便运用 PPT 分层次展示材料，让学生分段来讨论对材料的理解，随着材料呈现的不断推进，同学们的观点也在不断变化不断丰富，一直到材料全部呈现出来，同学对材料的整体有一个比较全面的理解，然后再要求每个同学从各种观点中选择一个并根据选定的观点叙述材料。通过这个方式非常有效地训练了同学们根据对材料的理解来叙述材料的意识和能力。

（2）围绕共生原点开展多角度的教学活动

教《黔之驴》这篇课文，抓住“寓言用故事讲道理”这个共生原点，我先让学生从不同角度读课文，理解课文：找出课文写驴的内容，讨论驴悲剧下场的原因；找出写老虎的内容，讨论老虎胜利的原因。然后，让学生以不同口吻讲故事，理解故事：以第三人称讲这个故事，以驴的口吻讲这个故事，以老虎的口吻讲这个故事。我还让学生从驴的角度讨论寓意，用古人的成语概括寓意；从老虎的角度讨论寓意，用自己的“成语”概括寓意；再从“好事者”的角度讨论寓意，用自己的“成语”归纳寓意。这些在分层基础上的多角度的学习活动，无疑使教学活动变得十分丰满，使教学主线和共生过程非常充实。

我教作文课“一则材料的多种使用”也主要是采用分角度推进的方法。在和同学们讲述了一个高二女孩竞选班长只得一票的材料之后，分别从话题、立意、叙述视角和叙述方式等多个角度展开活动，使得一节课的教学不断向前推进。教“一篇议论文的评讲课”，我主要也是采用分角度共生的方法。在出示一位同学的作文《风》之后，我先让同学们对作文的优点进行比较充分的评点；然后集中讨论这篇文章的主要问题是观点不集中不鲜明，在一篇文章中前后有几个不同的观点；接着让学生从文中选择一个观点展开写作活动，并进行交流和讨论。

（3）围绕共生原点开展多种形式的教学活动

教《我们家的男子汉》，理解“男子汉精神”，我采用了这样一些方法：第一是归纳“我们家的男子汉”身上的主要品质，第二是加工文中的话或自己的话描述心目中的男子汉，第三是全班合作完成小诗《小小男子汉宣言》。对小标题在文章中的作用的理解，分别运用了这样一些方法：一是学生先说说小标题的一般作用，二是归纳本文小标题的主要作用，三是引导学生用人物语言改换小标题，四是比较两种小标题的不同效果。教学中努力把理解“男子汉精神”和理解小标题在文章中的作用两者紧密地整合在一起。教《孔乙己》，我紧紧围绕手这个共生原点，先让学生抓住这双手初步解读孔乙己这个人物；再根据具体情节让学生展开合理的阅读想象，补充关于手的描写；然后再展开想象突出手的细节，描写孔乙己死的场景，深入人物内心世界。丰富的教学活动形式使共生过程不断推进。

我教“写出人物特点”这一课时，就在分层推进中结合运用了多种活动形式推进的方法。在通过根据我的姓名组词让学生初步了解我的特点之后，我便引导学生抓住我的外在特点写出我的内在特点，抓住事件写出我的特点，运用间接表现的方法从侧面写出我的特点。而在引导学生抓住我的外在特点写出我的内在特点时，我是让学生先写再交流评点和现场互相修改；引导学生抓住事件写出我的特点时，我是先讲故事，再引导讨论；引导学生运用间接表现的方法从侧面写出我的特点时，我是先假设讨论，再出示一篇学生习作让他们评价和续写。多种学习活动的组织，不仅丰富了学生课堂学习的形式，而且也有效推进了课堂的共生过程。

（4）有时候，还可以采用分解共生原点和转换共生点等方式促进共生过程的推进

教《阿房宫赋》，我主要是以赋“铺采摛文，体物写志”这一文体特点为共生原点展开教学的。这节课主要由两大板块组成。第一板块主要是体会、认识和理解“铺采摛文”的特点，第二板块主要是体会、认识和理解“体物写志”的特点。因为这句话引自《文心雕龙》，知识性也比较强，直接作为课堂教学的共生原点不是很适宜，所以我对它们分别进行了转换，通过更为具体、分步的学习活动来实现教学意图。在第一板块主要是将原文进行压缩留空让学生填空，然后还原到课文，再朗读体会；后一个板块主要是改写结尾，然后和原文做比较，引导学生从全文来认识结尾和前面铺陈的关系；最后再借助前面的压缩短文用三个关键词来概括全文的思路和内容，从整体上深化对赋“铺采摛文，体物写志”的认识和理解。

《孔乙己》教学实录

师：今天我们一起来学习鲁迅先生的小说《孔乙己》。（板

书课题、作者）同学们读过《孔乙己》之后，孔乙己这个人物给你留下的最深的印象是什么？

生：青白脸色。

师：对。不劳动，营养又不良。这是肖像描写。

生：穿着长衫。

师：是读书人的身份标志。这也是肖像描写。

生：只有孔乙己到了，才可以笑几声。

师：是的。这是一句耐人寻味的话。但这不是对人物的直接描写。

生：他的话，他文绉绉的语言。

师：能具体说说吗？

生："多乎哉？不多也。"

生："窃书不能算偷。"

生："君子固穷。"

师：是的。这些话是经典的语言描写，已成为"名言"。鲁迅先生对孔乙己的语言描写非常精彩。你们有没有注意作者对孔乙己哪一方面的描写最多？

生：肖像。

生：笑声。

师：作者写了孔乙己的笑声吗？孔乙己笑了吗？

生：没有。笑声是酒店里其他人的。

师：对。在这个环境中孔乙己是笑不出来的。

生：语言。

师：是有好几处语言描写，但并不是次数最多的。老师在读这篇小说时，印象最深刻的是鲁迅先生对孔乙己手的描写。下面我们分工找一找小说中哪些地方写了孔乙己的手，有几处，看是不是描写次数最多的。

（分为两大组：一组找第4段到第9段；另一组找第10段到文末。顺便理清小说的结构）

（学生交流）

生：第4段“便排出九文大钱”的“排”。

生：第7段“孔乙己显出极高兴的样子，将两个指头的长指甲敲着柜台”中的“敲”，这段的后面还有“孔乙己刚用指甲蘸了酒”的“蘸”。他有“长指甲”，可见他不修边幅，很懒惰。

师：很好。找得很细致，分析也很有深度。还有吗？

生：第8段“孔乙己着了慌，伸开五指将碟子罩住”中的“伸”和“罩”。

生：第11段“他从破衣袋里摸出四文大钱，放在我手里，见他满手是泥，原来他便用这手走来的。不一会，他喝完酒，便又在旁人的说笑声中，坐着用这手慢慢走去了”中的“摸”“走”。

师：找得很好。能说说小说是从哪些方面写孔乙己的手的吗？

生：动作，还有样子。

师：样子？

生：是外形。

师：对，外形，或者说是形状。（板书：外形动作）文中对手的动作描写最为突出。大家看看哪个动作最能表现孔乙己的性格？

生：“排”。在被嘲笑的环境下，为了证明自己的清白，他故意将钱“排”出来。

师：理解得很好，能结合人物的处境来分析。不过，这里还有个因素也应该引起我们的注意：他是跟哪些人在一起喝酒啊？

生：短衣帮。

师：对的。这些人都是没有钱的，孔乙己能买茴香豆下酒已经远远超过他们了，所以这个“排”还有炫耀得意的心理。还有哪些动词？

生：“敲”和“罩”。可以看出孔乙己的自傲与贫穷。“敲”说明他神气十足，但当孩子还要他的茴香豆吃时，他没有钱多买，就只能慌慌张张地伸出大手“罩”住了。这两个动词前后对比很鲜明，突出他自命清高、迂腐可笑的性格。

师：这位同学的思路非常好，值得大家学习。他能将两个词语联系起来分析，前后进行比较，准确把握住了人物的性格——自命清高又善良迂腐。还有哪两个动词也可以联系起来看？

生：“排”和“摸”。

师：为什么？

生：因为这里有一个前后的变化与反差，由前面“排”的自命清高到后面“摸”的自感卑贱的转变。

师：很好，这两个动词体现了人物处境的前后落差。你们觉得最能表现人物命运的动作是哪一个动词？

生（齐）：“走”。

师：为什么呢？

生：人们都是用脚走，而孔乙己用手，说明了他命运的悲惨。

生：他偷东西被打折了腿，在人们的嘲笑中“走”下场，说明他的社会地位非常低。

师：很好。用手“走”，是一个畸形的动作；一个畸形的动作，表现了一个畸形人物不幸的命运。能不能把“走”换成“爬”呢？

生：不能。因为孔乙己是要强的。

师：是“要强”吗？能不能换一个更准确的说法？

生：死要面子。

师：对。两种说法意思相近，但有差别。我们继续推敲这个“走”字。老师查过词典，“爬”是手、脚并用向前移动。（画简笔画，图示爬的动作）爬的时候身子是趴下的。孔乙己坐着用手走，他的身子是不是趴下的呢？

生：是挺着的。

师：是的，强调“走”，而不是“爬”，正是写出了他在努力挺直身子的。我们由这个动作能看到他的内心世界吗？

生：他内心还要表现他作为读书人的清高。

师：很好。腿不能动了，照应前面打折了腿的情节，试图直着身子表现了一点可怜的尊严。小说是作者的创作成果，我们读小说也是一个再创作的过程。文中写了这么多处的手，其实有些地方也还是可以写手的，而作者却并没有写。你们能找出这些地方来，来一次再创作，补写出一两句，并说说自己为什么这样写吗？

（学生读书思考并动手补写）

（学生交流）

生：第7段，在最后补写“他伸出手来准备画点什么，但见我毫不热心，又停在了空中，然后无奈地放下，便又叹了一口气，显出极惋惜的样子”。表现他对“我”不愿意看他写字的失望之情。

生：第6段，在“孔乙己立刻显出颓唐不安模样，脸上笼上了一层灰色”后面加上“双手用长指甲在桌子上掴来掴去”，表现了他受人嘲笑后的尴尬。

（有学生笑）

师：这有点像小孩子的动作。大家注意，我们的补写应该有两个要求：一是能表现人物性格，二是切合上下文。刚才几位同学总体都补得不错。

生：第4段，补写他走进酒店的时候“两手放在背后踱进酒店”。说明他自命清高，自己觉得高人一等。

师：那就是“踱进”酒店了。可孔乙己是不是顾客中最有钱的呢？

生：不是。穿长衫并且坐着喝酒的才是最有钱的。

生：第4段，在“孔乙己睁大眼睛说”后面加上“紧紧攥着拳头”，表现他的愤怒。

师：有意思。可是孔乙己愤怒的时候会“紧紧攥着拳头”吗？大家一起改一改。

生：挥舞着双手。

师：是好多了。但好像和身份还不是很吻合。

生：颤抖着双手——不对，是双手颤抖着。

师：很好。就是要学会这样的推敲。

生：第8段，补写“孔乙己用长长的手指夹起一粒茴香豆十分小心地分给小孩子们”。体现他的贫穷，没有多的豆给孩子们，既表现他的善良，又表现他的寒酸。

师：同学们主要是通过想象写孔乙己手的动作。总体不错，既能表现性格，也切合身份，而且能根据具体的语境。其实我们也可以写手的形状，作者只是说“长指甲”，其他没有写。大家可以想象一下孔乙己手的形状应该是什么样的。

生：又大又厚。

师：为什么呢？

生：给人家抄书。

师：抄书会使手大而厚吗？黄老师也经常读书写字，手是不是大而厚呢？想一想什么人的手才会大而厚。

生：劳动的人。

师：对。那么读书人的手呢？孔乙己的手呢？

生：又长又白。

生：手指细长。

师：我也觉得是这样。可是后来用手走路的时候，手还是这样吗？

生：白白的手上都是老茧。

师：还是白白的吗？（学生笑）

生：又黑又脏的手上都是老茧。

师：又黑又脏能看见老茧吗？

生：手又黑又脏的，手指就像鸡爪。

师：有想象力。同学们这都是在读小说中想象，在想象中重新创作。这样可以加深对人物的理解，对培养文学素养很有好处。读小说就要这样。文中可以补写的地方确实还有很多，我们当然不能一一补写。下面我们全班同学一起想象，集体补写一处。大家还记得小说最后一句话吗？

生（齐读）：“大约孔乙己的确死了。”

师：这句话中“大约”和“的确”是不是矛盾？

生：不矛盾，“大约”说明这里没有人亲眼见到，只是推测他死了；但从他最后出场的情况和他很久没露面可以确定他死了，所以说“的确”。

师：这位同学对课文的把握很全面、很准确。鲁迅先生根据那个社会环境，断定孔乙己是必死无疑的，但又没有人亲眼看到，所以这么说。现在，假设我们看到了孔乙己的死，你觉得会是一个什么样的情景？请大家写一段话描述一下你想象的情景。还有一个苛刻的要求，那就是必须写孔乙己的手。

生：孔乙己斜靠在墙角，两脚平伸着，双手撑在满是泥浆的地上，背还直直地挺着。

师：为什么强调“双手撑在满是泥浆的地上，背还直直地挺着”？

生：因为他不想承认自己的虚弱，要保持自己的尊严。

师：嗯，他临死还想保留那份自尊，是吧？不过有点像一个英雄形象。

生：冬日已至，寒风凛冽，孔乙己垂下了他那长指甲的满是泥巴的大手，悲惨地死去。

师：“垂下了他那长指甲的满是泥巴的大手”，描写不够具体。为什么是“冬日”？

生：因为课文里写他最后一次离开酒店，已经是深秋了。

师：从课文中找依据，非常好。

生：孔乙己歪倒在墙角，两条腿不规则地伸在地上，两只手都失去了原来的样子，简直已不能称作是手了。

师："两条腿不规则地伸在地上"是什么样子呢？"不能称作是手了"又是什么样子呢？可以换用描述性的语言吗？

生：两条腿散了架似的瘫软在地上，两只手也像是折断的树枝，无力地垂了下来。

师：刚才几个同学的想象不错。下面我们来集体想象一下孔乙己死的情景。应该是什么季节？

生：冬天。

师：为什么是冬天？

生：课文里有"一天凉比一天"。

师：什么时间？早上还是晚上？

生：夜里。

师：对，夜里好。冬天的夜里很冷，没吃没喝、身体不好的人很容易死去。什么地点？

生：街上。

生：酒店门口。

师：在街上，在酒店门口，人们会不知道？

生：在村外的破庙里。

师：再为他的手里安排两个道具才好。一只手里是——

生：是碗，因为他要要饭，还想喝酒。

师：有道理。另一只手里呢？

生：一根竹竿。

师：当然不错，因为他已经沦为乞丐了。有没有更好的方案？

生：一本书。

师：为什么？

生：他一心想中举，他始终要显示自己是读书人。

师：非常有道理，大家想象力很丰富。现在孔乙己死的情景已经展现在了我们眼前：在一个寒冷冬天的夜晚，在村外的破庙里，孔乙己死了。他蜷曲的身躯像一个少了一个点的问号，一只手紧紧地攥着一个破碗，另一只紧紧地抓着一本又破又旧的书……

孔乙己的确死了。作为他的后代，我们能为他做点什么呢？我想为他立一座碑，请同学们为他写一句碑文。有没有写过碑文？（学生笑）其实写碑文并不难，有两种基本思路。一种最简单最好写的思路，大家都应该知道。聪明的同学一分钟就可以想到。

生：上大人孔乙己之墓。

师：真聪明。可是另一种写法要动点脑筋。外国人的碑文，有一种写法常常是“这里躺着一个……人”。比如黄老师将来的碑文就可以是“这里躺着一个热爱语文的人”。（学生笑）大家按照这个思路可以想一条碑文，并简单说说理由。

生：这里躺着一个可怜的人。因为在那样的环境中，没有一个人同情他，他被打了还嘲笑他。

生：这里躺着一个可悲的人。因为他是一个悲剧人物。

生：这里躺着一个可笑的人。因为他自命清高，迂腐可笑，能给人带来笑声。

生：这里躺着一个可爱的人。因为他很善良。

师：同学们真了不起。一个词，概括了一个人物的性格，也概括了一个人物的命运。大家有没有注意在想象孔乙己死的情景的时候，老师加了一句话“他蜷曲的身躯像一个少了一个点的问号”？知道这有什么含义吗？

生：孔乙己的一生给我们留下了一个可思考的问题。

师：对。作者塑造这个人物，就是要唤起我们的思考。孔乙己给我们留下的，也许不是一个问题。这里我想和同学们讨论的是：造成孔乙己悲剧的原因是什么？

生：是封建科举制度。

师：的确如此。是封建科举制度害死了孔乙己。有其他原因吗？

生：没有人帮助他、关心他。

师：对，还有那人情麻木、世态冷漠的社会环境。还有没有其他原因呢？

生：有。就是他自己好吃懒做。

师：见解很新颖。大家同意他的意见吗？（大多数学生同意）

是的，老师也同意这位同学的意见。他自己性格上的弱点，也是造成他悲剧命运的原因之一。大家想一想，孔乙己有没有办法避免他的悲剧命运？

生：有。他本来可以自食其力，以抄书为业。

生：他受到别人嘲笑的时候就应该反省一下，为什么自己受嘲笑，然后找出自己的一条生路来。

师：大家为孔乙己设想了很多，都有一定道理。老师在读这篇小说的时候也想到了一个人。他也一生热衷科举，可始终不得志，72 岁时才补了一个岁贡生，但他没有在科举失败中迷失自己，而是收集民间故事，结合自己的经历，写下了一本文学巨著。知道这本书吗？（生齐答：《聊斋志异》）这位老人是谁？（生齐答：蒲松龄）对，是他。科举始终不得志的蒲松龄，用另一种方式实现了自己的价值。蒲松龄能避免孔乙己那样的可悲命运，一个重要的原因，是他能够走出自己那个破灭的梦想。人不能没有梦，但人的梦想不可能全都实现；梦想破灭了也不要紧，走出那破灭的梦，人生就会开辟出一条新的道路来。

这节课我们就学到这里。老师想问一问：如果下节课我们继续学习这篇课文，应该探讨什么内容？

生：应该分析环境描写。

生：应该分析小说的其他人物。

师：大家说得很对。可惜这些内容只好留给你们的老师和你们一起学习了。回家想一想：这节课对你的小说阅读有什么启发？

“一则材料的多种运用”教学实录

师：我们今天学习的内容是记叙文的写作。先问大家一个问题，如果让你写记叙文，第一个环节你要考虑什么？

生：考虑写什么事情。

师：对了，思路都很清晰。写记叙文第一个环节是选择一个事件。下面我给大家讲一个事件。大家注意听，看看能写什么样的记叙文，写什么样的话题。

在一个学校的高二年级，有一位女生长得很普通，成绩很一般，最大的优点就是和同学关系很好。这一学期班主任准备进行班级干部改选，班长是自由竞争。这个同学也萌生了竞选班长的念头，但是又不太自信，于是就找了最要好的几个铁哥们儿、姐们儿商量这个事情——你们叫“死党”，对吗？几个死党、最要好的朋友都说：你竞选，我们挺你，我们支持你，我们为你加油。然后，这个女同学就定定心准备去参加竞选，竞选演讲发挥得非常出色。结果她没选上，但她觉得自己另外几个同学优秀，还是能接受的。但是后来一个偶然的机会，她知道了同学们投票的结果，她只有一票，那一票就是她自己给自己投的。她无法接受这个事实。

故事到此为止，大家想一想，这个故事可以写什么样的话题呢？这个故事能写成什么样的记叙文呢？我们先来讨论一下，这个事件可以写什么样的话题。想好的同学可以发言。你想到的是什么？（问一男生）

生：我觉得没选上应该是她自己的关系吧。

师：你没弄清楚黄老师的问题，我没有问她选不上的原因。

生：做事情要靠自己的能力。

师：同学们，我们是什么课，是班会课吗？不是，是政治课吗？也不是。我们是作文课，我们想一想这个事件你可以用它来写哪些话题。

生：我觉得可以写友谊。

师：写友谊，非常好。第一个话题可以写友谊。友谊到底是什么呢？怎么样才是友谊呢？对，是个好话题。其他同学呢？

生：写人。

师：写人，不错，但所有写作都可以写人。你可以具体说写人的哪些方面。

生：写人与人间的关系。

师：写人与人的交往，还是写人与人的关系？

生：关系。

师：很深刻。有时候，想一想人与人的关系有点可怕。当然不必害怕。

生：我认为可以写关于鼓励的问题。

师：关于鼓励，对，因为她是在同学们的鼓励下竞选的，非常好。一个好材料总是可以写无数个话题，有无数个立意。

生：我认为从她死党的角度，写一个关于诚信的话题。

师：可以写诚信，几个死党不太诚信。这个同学的习惯很好，边思考边写出关键词，这个对构思写作非常重要。是的。写诚信，写承诺，都不错。这位同学你想到什么了。

生：要自己相信自己，因为她自己给自己投了一票。

师：她可以写自信，好的，再想。构思作文的时候想得越多越好。

生：我觉得还可以写一个做人的话题。

师：做人，做人的话题太大了，所有的事情都是做人。

生：如果这件事发生在我身上，我可能就会发奋学习，用这个来——

师：来证明自己。

生：对。

师：你是一个很要强的孩子，但还可以把这个话题再缩小一点、具体一点。这位同学——

生：我觉得可以写竞争。

师：关于竞争。

生：或者是关于抉择的，因为她的朋友在给她投票之前是在友谊和自己的理智之间抉择的。

师：很好很好。这位同学——

生：她只得到了一票，可以写一个关于意外或者惊讶的话题。

师：意外。

生：意外的结果。

师：非常好。再想下去，一定还有很多。我们理一理，应该说是两个大的思路：一个是围绕她的几个朋友，围绕她的同学和她的关系；还有一个主要是围绕她自己。现在我们思考一下，一个事件可以写很多话题，写作过程中应该对这个事件怎么进行加工呢？

生：要有侧重点。

师：能再具体些吗？

生：就是有些内容进行特别详尽的叙述，而其余的方面进行略写。

师：非常好，这可是至关重要的一步。我们一定要记住，一个材料可以写很多话题，但是每一个话题对材料的加工应该是不同的。概括一下是：有的地方详写，有的地方略写；有的地方要写，有的地方不写。另外还要注意，如果需要写但原材料没有这样的内容，怎么办？

生：要用自己的想象。

师：对，想象，补充。好的。那现在我们以两个最常见的话题来考虑写作的详略和思路。一个是写友谊，一个写成长的心路历程。那么，它们应该分别侧重写什么？请同学们各选一个进行思考。请大家认真考虑。

（学生考虑几分钟后，进行交流）

师：你选择了哪一个话题？

生：成长。

师：成长。好的。你准备重点写什么？

生：主要写她的心理变化和她的情感。

师：非常好，有没有其他同学也选择写成长的？你的想法跟他一致吗？

生：我也是写成长话题。我主要是把事件当成一个表现的线索，而内心独白穿插了整个写作过程。

师：两个人都淡化事件，主要写心路历程。现在看来有一点是肯定的，如果要反映这个孩子的心路成长历程，我们一定要突出心理的主线。具体说写什么心理？

生：沮丧。

师：沮丧？

生：因为她得知自己只有一票后，她觉得她的朋友、她的死党背叛了她。

师：你的意思是倒过来叙述？如果顺叙，你认为第一个阶段应该写什么样的心理？

生：得知竞选班长的消息，高兴和兴奋。

师：是兴奋吗？她觉得自己的机会来了，很兴奋，是吗？

生：我认为内心是忐忑。

师：忐忑？

生：对，要不要竞选，拿不定主意。

师：大家一起来讨论一下，得知竞选的消息，是兴奋高兴还是忐忑不安？我们分析一下。首先她对竞选有没有把握？

生：没有。

师：对。没有把握。因为她的表现不是很优秀，成绩很一般，只有人缘好一点，所以她觉得有点希望，但是不太有把握。大家还要注意，写记叙文要善于写出矛盾来。忐忑就是矛盾，忐，有希望，头向上；忑，头向下，没希望。找几个死党商量以后呢？是什么样的心理？

生：然后就是自信满满。

师：商量了以后肯定是自信满满，即使不是满满，也肯定有点自信了。接下去写什么呢？沮丧？这样跳得太快了——大家注意，为了文章有感染力和震撼力，主题更有表现力，要努力写得有变化。准备竞选的过程中是什么心理？

生：紧张的心理。

师：非常好。这个时候心里一定会紧张，似乎很有希望，当然还有些忐忑。这样波澜就出来了。演讲以后呢？什么心理？

生：自信满满。

师：也是自信满满？有没有把握？

生：期待。

师：对，期待好。感觉不错，但也没有把握。这个地方我们可以具体想一下，一个女孩子想象着自己做了班长的情景。后来呢，结果出来了。结果出来了以后是什么心理呀？

生：失落。

师：对，失落。知道仅仅得一票之后呢？

生：愤怒。

师：很生气，很激动。是不是就这样结束了呢？最后应该写什么？

生：乐观。

师：是不是一定乐观？

生：不一定。

师：不一定。但肯定对这件事情有一个认识理解的过程；而且这个认识和理解一定体现出她的成长。

好的，我们刚才讨论的重点是成长。其他同学有没有写朋友友谊的？重点应该写什么？

生：写竞选前她朋友和她的对话。

师：写她的朋友的表态。我也觉得这是一个重点。就写竞选前的对话？其他呢？

生：竞选之后，她和朋友再次对话的对比。

师：要写出对比。其他同学有没有写朋友关系的？你也是，你构思得是不是一样呀？

生：我觉得应该重点写她知道结果之后，知道她朋友背叛她之后的那些感受。

师：很复杂的感受。这也是形成对比。

生：我觉得还可以再扩展一下，再写她如何解决与朋友之间的矛盾。

师：写矛盾的解决？有意思。

生：写分歧怎么消除。

师：也就是她怎么走出来的。

生：然后再探寻没有选她的原因。

师：大家觉得要重点探寻没有选她的原因吗？

生：没有必要。应该写在得到这个消息的时候，她内心对过去她跟死党之间的回忆，突出她们的关系非常好。

师：我也觉得没有必要重点探寻没有选她的原因。在对话中有所交代就行了。看来，大家都强调要前后对比。大家觉得要强调前后的对比吗？同意这样写的请举手。

（大部分学生举手）

师：黄老师也举一下手，我也同意这几位同学的意见。如果要写对朋友的理解、对友谊的理解，前后的对比很重要。那么，前面除了写朋友的鼓励，还要写什么，使前后对比更强烈，表现主题更有力？

生：写她跟死党之间的交往。

师：这位同学说前面还要写她跟死党之间的交往、友谊。大家觉得要不要写？

生：要。

师：对的，我也认为可以这样写。一开始把友谊表现得越强烈，后面投票以后就越感震撼，就越痛苦，最后所要表现的主旨就越深。从我们的讨论中可以看到，同一个材料写不同的话题，材料的处理空间很大，具体安排又和具体的主旨有关。

下面请同学们来听我读一篇我们班上一位同学写的习作。请大家认真听，然后来评点一下这篇文章的可取之处和不足之处。

文章的题目叫“四叶草”。他给那个女同学起了一个名字叫臻晨，日臻完善的臻，早晨的晨。

臻晨是一个默默无闻的高二女生：身高平平，身材平平，相貌平平，就连学习成绩也是不好不差，中上游。臻晨唯一值得自豪的便是在班上有几个死党，几个人一起上学，一起回家，一起上厕所，从同学聊到老师，从班级聊到国家，可以说是无话不谈。

当那个星期五的午后臻晨告诉她的死党们她想竞选班长时，三个人几乎不由自主地同时停住了脚步。那一瞬间静得出奇，似乎连空气都凝住了。幸好小A反应比较快，率先开口打破了沉默："我们一定支持你。"小B似乎想说些什么，被小A抢先开了口："我把这一株四叶草送给你，祝你竞选顺利！"一边说一边从书包里取出一株四叶草轻轻地放在臻晨的手心里，还不忘了向小B抛出一个眼神，于是小B把刚到嘴边的话咽下了下去。臻晨自然是十分感动，小心翼翼地把四叶草放入笔袋，口中还不忘说道，你们可一定要投我一票哦。

"当然会了。"小B说。

准备竞选的日子是紧张的，臻晨必须在课间拉选票，完成竞选演讲稿，还要准备迎接各种刁钻古怪的提问。每周日准时出现在公园的那几个人也少了一个，只剩下小A和小B在商量着什么。

臻晨把四叶草固定在卧室的墙上，以此作为自己最大的动力，但竞选的结果还是不理想。尽管臻晨发挥也很出色，但在强手面前仍不能及。班长没选上，但获选为课代表，臻晨已经很满意了。在夕阳的余晖下，与死党们走在回家的路上，她感到很舒畅。有四叶草的陪伴，她晚上会睡得很香。

可是第二天早上太阳没有从东方升起，取而代之的是大片的乌云。臻晨把作业放在老师办公桌上时，不经意地瞥到了票数统计，自己的名字下赫然一条横线。那是她自己的一票。顿时，像是一块大铁块重重地砸在了她的心头，她踉跄地跑出教室，去找小A和小B讨一个说法——所有认识她的人都说从来没看到她这么凶——小A的脸上居然还是一如既往地挂满了笑容，说我看别人都没有选你，我这一票不能浪费呀。她看了一眼臻晨接着说，别急，下一次帮你多拉两票，那么我一定选你。

臻晨没说什么，她终于明白了，所谓死党也就是置你于死地的同党；她终于明白了所谓保证都不过是一句空话，所谓礼物都不过是一种形式，所谓朋友也只是为了互相利用。臻晨悄悄把卧室墙上的四叶草取下来，收藏在抽屉里。尽管她看到这个四叶草心如刀绞，但她要记住它，它刻着她成长的印记。

从此臻晨退出了原先的铁三角，取而代之的是当今的班长。臻晨变得比原先更加沉默。一年后的班长竞选臻晨没有再参加。

十年后臻晨坐在办公室里，就如许许多多的人一样，堆着笑脸应付着上司，不时地训斥着自己的下属，带着同一种微笑和所有人交往。那株枯萎的四叶草还静静地躺在她的抽屉里。

请同学们谈谈总体印象，做一个总体评价。如果你认为这篇作文能打80分以上，请举手。举手的同学不少。哪位同学做一个简略评点。好，这位同学。

生：她以四叶草为线索，构思比较巧妙。并且揭示了一个道理，即一件小事可能会影响人的一生，立意比较深刻。所以给她打80分。

师：她打80分，理由有两个：一个是构思比较好，第二个是主题比较深刻。哪位再说说？

生：我觉得她前面的铺垫比较好。开始时她们两个窃窃私语，把嘴边的话都咽了回去，对后面的结果而言会有铺垫作用。

师：这一点非常重要。后面的情况是出乎意料的，但是前面铺垫充分，就觉得不突然。是吧？

生：而且合理。

师：非常好，而且很合理。这是写记叙文很难处理好的事情。后面要有震撼力就要有突然，但是你要合理，前面就要充分铺垫，所以投票前嘀嘀咕咕已经暗示了不投票。其他有没有好的地方呢？

生：我主要是认为她的想象力丰富，有很多情节的创新都非常合理，给人以震撼。

师：是的，黄老师原来提供的是干巴巴的小材料，写成 900 字的文章，很多内容是自己补充出来的。还有一个小技巧也不错。文章的题目叫什么？"四叶草"——比直接用友谊做话题要好，更含蓄。这片四叶草在全文中起了一个很重要的作用，就是刚才同学讲的，像线索一样，和自己内心感受形成一种虚实之间的互补。应该说这篇文章好的地方还有很多。但这篇文章也有很多不足的地方，有没有发现？

生：如果最后再写小 A 和小 B 的事就好了。

师：再写什么？

生：小 A 和小 B 的事。

师：这里还要写小 A 和小 B 的表现？这是一个观点。其他同学呢？

生：我认为她的结尾比较消极，可以设计一些情节让主人翁走出阴影。

师：比较消极？

生：对。

师：他用了“消极”这个词。其实读了这篇文章以后，我还不只是感到消极，简直是——

生：沉重的心理。

师：对。很沉重。所以我专门找了这位同学，让他把这篇文章的主题调整一下再写成另外一篇文章。不就是没有当班长嘛，不就是朋友没投票嘛。你看看，一辈子活得这么累，这么压抑。好的，道理不多讲了。现在我们先动脑筋，让这个可爱的臻晨快乐起来。大家看怎么写可以让她快乐起来。首先要把问题想通。那几个死党是不是像臻晨想的那么阴险，那么可怕，那么恐怖？

生：不像。

师：我也觉得是。想一想，那几个死党不投票有几种可能？

生：根据实力来说，如果她没有实力也就可以不投她的票。说明她们还是对友谊特别珍惜。

师：那为什么你鼓励她参加竞选呢？

生：鼓励她主要是让她充满自信，不希望她做一个——

师：找不到自信的人。

生：对。

师：好的，这可以理解。我们鼓励你去竞选，就是让你自信，我们并没有说一定要投你的票。还有没有，大家想一想，如果友谊就是要投票，这是一种什么？

生：是交易。太肤浅了。

师：太肤浅，太庸俗。

生：不真诚。

师：说得多好。这才是真正的不真诚。有的人拉选票，理由就是我们是哥们儿，我们平时关系那么好，你不投我的票吗？这是对投票的亵渎，这是对权力的亵渎。对不对？票是投给谁的？是投给最适合的人的。大家接下来想一想，如何让这位受伤的女同学转变呢？

生：让她再重新相信友情。

师：对。但她已经失落到底了，对朋友们很失望了，如何完成这个转变呢？

生：她们是朋友嘛，她们不可能因为她生一次气，就完全放弃她——

师：怎么办呢？

生：我觉得她们还会试着说服她。

师：能具体一点吗？怎么说服这个同学走出这个阴影？

生：找老师。

师：这是方法，找老师也可以。还有其他方法吗？

生：可以让她看到一个故事，得到一些启发。

师：我觉得这个方法不错。读书是治疗心灵创伤的灵丹妙药。还有没有其他方法？

生：让那些同学们来帮她。

师：我觉得这是最好的方法。作为她的朋友应该这样做。不是四叶草嘛。朋友心灵受伤了，她们不能不管她。你会怎么做呢？

生：去向她解释一下。

师：这些同学聚到一起和她聊聊投票的事。

生：她当时可能太过冲动，想得太偏激。

师：大家把前因后果一讲，她或许就理解了。是的。我甚至想到，可以借鉴刚才那篇习作的方法，让她们十年甚至二十年之后再谈起这件事，让她回头一想，觉得自己当时真不应该那样。好的。一定还会有很多种方法，我们就不再讨论了。

我相信我们班的同学在作文中一定能找到好方法消除臻晨的误解。

现在我提醒大家注意刚才有两位同学的发言。一位同学强调前后对比，但是她想把前面的内容放在后面写，一开始就写震撼、沮丧、失落；另一位同学还把之前的友谊和后来事件的发展穿插起来。这就涉及一个什么问题呢？

生：倒叙。

师：对。同一个事件可以写不同话题，同一个事件也可以有不同的叙述方式。可以倒叙，可以顺叙，还可以复杂一些，穿插着写。

大家有没有想到除了不同的叙述方式还可以有多种叙述人称？有哪些人称？

生：第一人称。

师：第一人称，还有呢？第三人称，还有呢？第二人称能不能写？当然能写呀。

生：写一封信。

师：对。其实不用书信，也可以用第二人称。除了多种叙述人称还可以有不同的叙述主体。有哪些主体?

生：这个竞选的女同学。

生：几个朋友。

师：还有呢?

生：老师。

生：家长。

师：非常好。这个素材的主角就是我女儿。我女儿后来也写了一篇文章，她的主题是放在自我认识上，文章的题目叫“成长是一道明媚的忧伤”。在她写这篇文章之前，她还没走出来，情绪极度消极。黄老师给她写了一篇文章，想跟她谈谈，但是当面谈不好谈。知道我用什么方法跟她谈吗?

生：书信。

师：你们太聪明了。要下课了。大家回头小结一下写记叙文有哪些基本要求。

首先要有一个适合的事件，然后要由事件想到适宜的话题或者规定的话题，结合话题提炼适当的主题，根据话题和主题确定材料处理的详略，再根据需要确定适当的叙述方式和叙述主体。

但黄老师今天这节课的重点不是学习这些写作知识，而是要告诉大家：记叙文写作中一个材料的多种运用。

好的，下课。谢谢同学们。

让语文课看得见成长

一、追求意义实现的教学

有人问我：共生教学的课堂有什么特征？因为语文课堂教学有多少种矛盾，就有多少种共生，所以共生教学的课堂有很多特点。如果要具体说，并不是一两句话所能回答的。但如果一定要用一句话加以回答，那就是：共生教学，是看得见学习成长的课堂。

或许有人会疑问：那么共生教学和许多人提倡的“生长课堂”是不是一回事呢？我早就说过：一切妙境皆共生，一切好课皆共生。所有好课都指向同一个方向，只是表达会有所不同。但如果一定要从概念或者说要从理念的角度加以比较和区别，我要说共生教学追求的“学习成长”和所谓“生长课堂”是有着显著区别的。因为本文的宗旨并不在此，所以我们并不加以全面比较。当然，要从理念的源头来说，“学习成长”和所谓“生长课堂”自然都和杜威的“教育即生长”有着紧密的联系。请大家原谅的是，我的很多想法都来自教学实践和基于这种实践的思考，而不是来自理论的学习，尤其不是来自西方理论的学习，往往只是在总结的时候会借助一些理论概念加以表述，甚至在我已经完成总结的时候才发现和某些理论的概念有着某种相似或相关的联系。当我接触到杜威的这一理念时，我欣喜于自己的认识找到了教育名家的理论支持，但我又感到深深的遗憾。因为我查检了很多资料，几乎所有翻译都是“教育即生长”。我不懂英文，但按照我对“生长”和“成长”两个概念的理解，似乎应该翻译为“教育即成长”更为妥当。查《现代汉语词典》（第7版），生长的意思是指“生物体在一定的生活条件下，体积和重量逐渐增加”，而成长指的是“向成熟的阶段发展”。那么教育和教学是什么呢？显然不是指或者主要不是指人“在一定的生活条件下体积和重量逐渐增加”，而主要是指人“向成熟的阶段发展”。而从经验的角度看，生长单纯只是指生物体的由小变大，常常是说大小、颜色等各方面变化的过程；而成长除了指外在的变化，更多是指心理上的成熟和处事的老练。如果杜威所提出的教育理论“教育即生长”本来就是一般意义的“生长”，而不是翻译的失误，那我不能不说我的追求和杜威的理论是有着一定区别甚至是有本质区别的。因为共生教学的课堂追求的不是所谓“生长”，而是学生在课堂中获得“成长”：既包含“人”的精神的成长，也包含学生学习的成长。对于前者另有专文论述，本文则主要讨论学生学习的成长。

共生教学追求的看得见的学习成长，其内涵是多方面的，主要表现在如下三个方面：

一是学习问题的发现和解决。

应该说，课堂教学中没有问题，是目前课堂教学最大的也是最普遍的问题。语文教学自然也不例外。相当一部分教师的教学就是教“答案”。教学过程就是教师提问题，学生找答案。知道答案、完成板书就大功告成。甚至有的教学，就是教师报答案，学生记答案并回家做作业填答案，更有甚者让学生背答案。这样的教学就是告诉学生什么是对的，或者告诉学生什么是错的。与此相似的是，有的教师，上课就是展示学生已经会的，而不是像应该做的那样让学生暴露存在的问题。某种意义上说，我们提出共生教学的一个初衷就是要改变这样的教学。因此，我在很多场合和教师们说：优秀的教师不是告诉学生什么是正确答案，而是让学生暴露错误的“答案”；课堂上错误的答案越多，试卷上错误答案越少。我们很多教师，课堂上没有错误答案，什么都是“棒”“棒”“棒”，批改试卷就是“×”“×”“×”。问题就出在课堂上没有解决学生的问题，甚至不敢正视学生的问题，更没有让学生暴露问题。解决了学生的问题，就是学生学习的成长；让学生暴露问题，也是学生学习的成长。

因此，共生教学首先要善于发现学生的问题。

我经常说，学生课堂上的一切表现都有教学的价值，常常既有其合理性，也有其不合理性。采取简单的肯定或否定都是不对的。我们既要发现其正确之所在，给予他们必要的鼓励和认可，更要发现其需要纠正和完善的地方，引领他们走向正确的学习境地。我教杨绛先生的《老王》，关于理解“这就是一个幸运者对不幸者的愧怍”这个关键句，很多同学都认为作者之所以“愧怍”，就是因为自己没有帮助老王。于是我引导同学们阅读文本思考：杨绛夫妇到底有没有帮助老王呢？如果帮助不够，他们又应该怎样帮助呢？同时我又适当介绍了当时的社会背景，让同学们认识到：当时情况下的杨绛夫妇，对老王的帮助已经到了力所能及的地步；然后再根据文本，尤其是抓住老王最后一次送油送蛋时双方的心理，解读杨绛真正“愧怍”的原因。我相信，这样的问题解决，就是学习的成长。其实既是语文学习的成长，也包含了学生精神的成长。

共生教学还要善于激发学生的问题。

抓住学生学习中的问题，固然可以促进学生学习的成长，如果能够激发学生产生问题，则是更有意义的学习成长。教《谏太宗十思疏》这篇课文，我为学生提供了两个不同的版本：一个是删节较多的版本，一个是基本没有删节的版本。课文不同，注释更不同。我让学生进行比较阅读，提出自己的问题。然后我们先讨论几个不同的注释怎样写更好，再讨论文本的删节到底应不应该。我觉得这样立足于学生问题的教学比之于教师串讲式的教学，学生的学习成长是明显的。他们学会的不只是对一篇课文的理解，也不是两个文本的优劣，而是学会思考，学会发现问题、解决问题，进而学会了学习。这方面钱梦龙老师教《死海不死》可以说是一个非常经典的案例。这节课钱老师的教学主要就是两个板块：先是让大家说说哪些内容不需要教，然后集中讨论哪些内容不需要教。无论是前者还是后者，钱老师都是在激发学生自己去思考问题、发现问题。不需要教是因为他们已经解决了自己的问题，需要教是因为他们觉得自己的问题还不能解决。

共生教学更要和学生一起解决问题。基于问题的教学，发现问题激发问题固然重要，但也要追求努力和学生一起解决问题。

我们很多教师在教学中总是绕着问题走，不仅不敢正视问题、激发问题，而且当学生提出问题时，也是想办法躲开。或者是“时间关系，暂时不解决”，或者是“王顾左右而言他”。有的虽然敢于“正视”，也是形式化地进行“解决”：或者组织一通讨论了事，或者让大家课后探究，缺少诚恳的态度，更没有解决问题的行为。甚至有时候是教师要求学生提出问题，可当学生真的提出问题的时候，则又置之不理。当然，我们说要解决问题，绝不是教师站出来给一个答案，也不是所有问题都要当场解决，而是有效地引导学生学会解决，对学生的问题解决有切实的帮助，至少能够表现出诚恳的态度。从本文列举的教学事例和我们大量的课堂案例中不难看到共生教学的共生课堂在这方面的追求和作为。

二是学习行为的塑造和优化。

什么叫学习？一种经典的解释就是“行为的变化”。行为改变理论告诉我们：人和动物都有行为，但人的行为和动物的行为的本质区别在于前者具有目的性、调控性、可塑性和创造性。所谓教学就是基于人的行为的本质特征对“学”的行为进行调控和塑造，即通过教师的“教”来优化学生的“学”的行为。由此可见，所谓教学就是对学习行为的塑造和改变。

记得有一位外国学习理论专家说过，我们要像体育教练（体育教师）那样进行教学。因为体育教师对学生“行为的变化”能够起到非常显著的作用。比如教师要教学生学习跳高，他可以在简要的讲解和现场的示范之后，让几个同学先跳一跳。接着他就会具体指出试跳学生动作的问题：或者助跑远了，或者起跳近了，或者跨杆动作不对。然后再通过讲解和示范加以纠正和优化。可是对照之下，我们其他学科的教师却常常显得无能为力。一方面，现在很多学科的教师，当然包括语文教师，“现场示范”的能力都很缺乏，如果事先不把答案准备好，很多教师是很难现场讲解和示范的（比如数学教师现场做一道题目，语文教师现场解读一篇文章，或者现场写一篇文章），更重要的是不能像体育教师那样看出学生学习行为上的问题，并加以有效的纠正。当然这和学科的特点有一定关系。因为体育学科的学习行为主要是外在的，而数学、语文等学科的学习行为更多是内在的。这就对我们语文教师发现学生学习行为的问题提出了很高的要求。

要纠正和优化学生的学习行为，首先要能够看到问题和错误背后的形成原因——不良的学习行为。我们很多教师习惯的做法，就是根据答案看到什么是正确的，然后对照答案看出什么是错误的。可是这对学生的学习成长意义并不大。因此我们的学生做了很多阅读练习，然后教师进行所谓的试卷评讲，也就是告诉学生什么是正确的，指出什么是错误的。可是学生并没有学会阅读，也没有提高分数。写了很多作文，然后教师进行所谓作文评讲，也就是指出哪篇作文写得好，指出哪篇作文是不好的。可是学生并没有学会写作，也没有把作文写好。因为教师没有看到学生写得好的背后是什么原因，写得不好的背后是什么原因，更没有纠正学生阅读的行为和写作的行为。

首先要塑造策略性的学习行为。比如高考和中考的现代文阅读，学生得分普遍都比较低。绝大多数教师采取的对策就是让学生多做练习，教给学生各种答题的技巧。在他们看来学生之所以得分比较低，就是练习做少了，就是没有掌握技巧。这就是没有看到学生学习行为的问题所在，或者对学生学习问题的诊断错了。无论是没有看到问题还是问题看错了，都不能达到纠正学习行为的目的。事实上，学生阅读题得分少，少数情况是因为命题的问题，更多地是因为学生的阅读量太少，在语文课堂上没有学会阅读，考场上没有好好读懂文章就答题，或者文章读懂了却不能很好地表达自己的理解。如果我们能有效地纠正学生这些学习行为，或许问题就能够得到改善。

在具体问题思考中、具体学习任务完成中的学习行为纠正同样也是非常重要的。可以说，我们学生对所有问题的错误回答背后一定有一个错误的学习行为。我教作文课“写出认识的变化”。当以“我最喜欢……”为题作文时，不少同学都是写“我最喜欢爸爸”，“我最喜欢妈妈”“我最喜欢某某老师”。接着再以“我曾最喜欢……”为题写作时，很多同学都换了一个对象。这当然不能说绝对不可以，但这不是我希望的，因为这不能反映他们对人的认识的变化和深化。我于是问同学们：作文题目由“我最喜欢……”换成了“我曾最喜欢……”，能不能还写同一个对象呢？还能不能继续写你喜欢的爸爸妈妈和老师呢？基本上所有的同学都说不能。这反映了同学们认识上的两个误区：一个是他们认为写到作文里的内容必须和生活中的完全一致，这才是真情实感；二是在作文中不能写爸爸妈妈和老师的不好。这说明同学们的认识还比较肤浅和简单。我便问他们：你们爱你们的爸爸妈妈和老师，难道对他们的认识从来就没有发生过变化？难道你真认为你心中的爸爸妈妈和老师就一定没有缺点？作文要表达真情实感就是对生活中的材料不做加工？你们有时候觉得爸爸妈妈和老师做得并不对，可是却在作文中坚决不表达，这难道是真情实感？我告诉他们：作文总是“半真半假”，好作文一定是进行适当加工的；写出爸爸妈妈和老师的缺点，我们还是爱他们，这才是更真实也更深刻的爱。很显然，我并不是就具体习作进行评点，而是从问题的背后入手纠正他们内隐的学习行为上的问题。教《乡愁》，我让同学们为诗歌续写第五小节，当同学们进行交流时，大家都能够直接评点好与不好。可是当我出示自己续写的一节诗时，他们就一起欢呼叫好；当我展示作者自己续写的一节时，更是所有人都认为非常好。让他们说说原因，他们的理由是：老师写的，当然好了；作者写的，当然最好了。我说好与不好，不能看是谁写的，而是要根据诗歌原来的主题、结构和特点。我们只有看到学生学习结果背后的学习行为的错误并加以纠正，才能让学生真正获得学习的成长。

三是学习意义的不断发现和丰富。

我认为，教育教学都是一种发现。教育，就是引领学生发现人生的美好、生活的美好和世界的美好。凡是能发现美好的人，就会热爱人生、热爱生活、热爱这个世界。教学也是一种发现，不断发现知识的世界，不断发现学习的意义。

阅读教学就是带着学生在文本中不断发现，发现文本的意义和价值，发现文本的美和文化。共生阅读教学就是始终秉承这样的追求。我教汪曾祺的《葡萄月令》这篇散文，在认识到文章“说明文的内容、散文的意境和诗一样的语言”这样的特点之后，我让同学们思考一个问题：什么样的人才能写出这样的文章呢？有同学说，是熟悉葡萄的人。有同学说，是有文学才华的人。有同学说，是热爱生活的人。于是我读了汪曾祺女儿写的关于这篇文章写作背景的一段话，问：听了这一段话，你们有什么新的理解呢？于是同学们发现作者不仅仅是一个熟悉种葡萄、有文化才华、热爱生活乐观自信的人，更是一个能坦然地面对困境和打击的人，是一个身处逆境而能够积极地面对生活的人。接着我又要求同学们根据课文内容用一个比喻来表述作者和葡萄的关系。在再次回读课文之后，同学们发现作者是把葡萄当作孩子的，他和葡萄是父子关系。作者和葡萄园一起孕育了葡萄，作者就是一棵葡萄树，他有着一颗葡萄一样的心。在这个教学过程中，我引领学生不断去发现文本、发现作者丰富的内心世界。可以说，我的每一篇课文的教学、每一节课的教学都是如此。

作文教学也是如此。现在不少教师的作文教学，就是向学生传授写作技巧，而我则致力于引领学生写作的发现。比如“议论性材料的审题和立意”，我的环节主要是：（1）学生阅读“一个人可以走得快，但不能走得很远，而一群人则可以走得更远”这则格言并做出自己的选择；（2）为自己的选择寻找充分的理由，要求每个人选择的理由不得重复其他同学，力求从不同角度进行思考；（3）寻找理由否定和自己对立的观点；（4）寻找理由否定自己的观点；（5）跳出“一个人走”和“一群人走”这样的二元对立思考问题，提出新的观点；（6）跳出“一个人走”和“一群人走”这对矛盾，从这句话中发现新的矛盾提炼观点。我想大家很容易发现，我的每一个教学环节，都旨在引领学生从一句简短的格言中发现丰富的理解空间，发现一则材料的理解和立意有着多种层次的选择。“一则材料的多种运用”的教学中，我引领学生发现一则材料可以有非常丰富的运用空间；“写出人物的特点”的教学，我引领学生不断发现“我”的特点和表现“我”的特点的不同角度和层次；“记叙文情节的展开”的教学，我则让同学们根据一篇半成品作文，一次次地展开记叙文的故事情节，而每一次又都存在着多种选择的可能。我觉得，很多同学写不好作文，就是缺少对题目、对自己内心世界、对生活的发现。有自己的发现，就一定能写好作文。作文教学，教师就应该引领学生去发现写作，发现生活，发现自己。学生学会发现，这就是最有意义的教学，这就是学生的学习成长。

看得见学生的学习成长——这就是共生课堂的追求。

二、用语文的方式立德树人

最近我在一次讲座中和教师们交流时，其中一位说了一个让他很苦恼的案例。

他让同学们以“妈妈的爱”为题写一篇作文。有一个学生却写了一个加引号的“爱”：列数了妈妈的种种不是：好吃懒做，成天打麻将，不关心自己，也不照顾爸爸，经常和老实巴交的爸爸吵架。这位教师很想不通，一个孩子怎么会这样看妈妈呢？于是他就苦口婆心地引导这个女生，说：你为什么这样写妈妈呢？你就不能想一想妈妈好的地方吗？比如她很早起来为你做早饭，比如你放学回家她给你炒一碗鸡蛋饭，比如给你买一件新衣服，比如陪你做作业……没有想到这位同学越听越生气：她要是这样就好了！于是教师又找来很多写母爱的诗文给这位同学读，试图唤起这位同学对妈妈的爱，可是这位女生冷冷地说：我不想看这些东西。

这位教师关注对学生的做人教育，培养学生对父母的感情，引领学生的精神成长，无疑是值得肯定的。但他的做法却值得讨论，而且他的做法具有一定的代表性。无论是新课程改革之初强调“情感态度价值观”还是现在强调“立德树人”，不少教师采取的方法就是简单说教。教《有的人》，就是让学生说说要做什么样的人；教《热爱生命》，就让学生说说如何热爱生命。课文写友谊就讨论友谊的重要，课文写青春就讨论青春多美好。有时候看上去气氛很热闹，学生的发言也不失精彩，但效果却很让人怀疑。因为人们早就发现说教式的教育效果常常并不理想，更何况是语文学科的“情感态度价值观”教育和“立德树人”呢。相比之下，这位教师就已经不错了，他能够和学生好好交流，通过阅读来娓娓引导。可是他为什么也没有取得预想的效果呢？我认为一是脱离了学生实际，一是脱离了语文学科的实际。所以，我们提倡的共生教学主张在具体的语文学习活动中引领学生的精神成长，体现语文学科的立德树人。

比如这位教师说的案例，既然是作文课，我们就应该在作文中解决问题。我们不妨这样和这位同学交流：看来你觉得你的妈妈和许多妈妈不一样，她有着许多你不喜欢的缺点。但所有妈妈都是有缺点的，你能发现你妈妈身上的优点吗？那么你就以“妈妈的优点”为题写一篇作文。如果这位孩子真的不能从她妈妈身上发现优点，我们当然不能强势逼迫或者简单强加，那么可以这样交流：既然你现在还不能发现你妈妈的优点，那么你就写妈妈的缺点，请你以“妈妈：你能改掉你的这个缺点吗？”为题写一篇作文。如果这位同学说：我不敢这么写。那么我们不妨这样交流：既然你不愿意直接写妈妈的缺点，那么我们可以换一个角度，你不喜欢妈妈现在的样子，那么你心目中的妈妈应该是什么样子呢？好吧，那请你以“我心中的妈妈是这样的”为题写一篇作文，或许你妈妈看了这篇文章就会改掉她的缺点，成为你喜欢的样子。或许这位同学还是不愿意，那好吧，既然不愿意直接写妈妈，那么你还可以转换一个角度啊，你不喜欢你妈妈现在的样子，那么将来你自己如果做了妈妈，会是怎样的呢？好吧，那请你以“我会做这样的妈妈”为题写一篇作文。当然可以采取的方案并不只有这些，我们通过这样几个方案只是为了说明，写作课就要在具体的写作活动中引领学生的精神成长，培养学生的丰富情感。简单说，语文课只有实现语文学习和立德树人“情感态度价值观”的共生，才能既不失语文学科的特点，体现语文学科的价值，又能在培养学生语文学科素养的同时培养学生做人的素养。

通过具体的语文学习活动引领学生的精神成长，有很丰富的内涵和多种方式。

1. 在具体的语文学习活动中培养学生对人与人之间感情的深入理解，培养丰富美好的情感

我一直觉得，很多初中教师教授《背影》这篇课文，和小学教师教《背影》没有什么差别，都只是抓住父亲买橘这个片段理解父子之间的亲情。这样的教学，一方面对文本的处理比较肤浅简单，另一方面对学生亲情的培养也很简单，似乎父亲很艰难地为“我”买橘子才可见父亲对“我”的爱。我教这篇课文，不仅仅和同学们细致品读这个片段，而且带着同学们抓住具体的语句读出父亲和“我”之间的距离，读出父亲为了消除和“我”的距离所付出的种种努力，读出“我”如何渐渐理解了父亲的“不容易”，读出最后父子如何消除了以前的矛盾。最后让同学们完成“父爱如山一样____________”这样一个补写句子的活动。当同学们写出“父爱如山一样厚重”“父爱如山一样沉重”“父爱如山一样内敛”“父爱如山一样坚硬”这样的解读之后，我对同学们说：“黄老师补写的句子是‘父爱如山一样坚硬而柔软’。因为世界上有一种爱叫父爱，它如山一样坚硬，也和所有爱一样柔软。中国式的传统父爱就是这样的爱，我们生活中的爱有时就是这样的。”我想，在这样的活动中，学生对父爱、对人与人之间的感情一定有了更为深刻的理解，不会再简单地认为谁对我温柔谁就是爱我，我要什么给我什么就是爱。这或许就是长大。

在几次作文课中，讨论到作文的选材时，都有同学说不能写爸爸妈妈和老师的缺点，因为他们担心这样写就不能表现对爸爸妈妈和老师的爱了。我说：发现爸爸妈妈的缺点，说明你长大了。人都是有缺点的，但即使爸爸妈妈有缺点，我们还是应该爱他们，这才是更真实更深刻的爱。我想这也是在具体学习活动中培养他们对亲情的深刻理解。

2. 在具体的语文学习活动中培养学生更为健康的人格和更为健全的精神世界

培养学生健康的人格和健全的精神世界，是立德树人和引领精神成长的非常重要的内涵。如果通过说教的方式来体现这样的追求，效果一般都不够理想，而在具体的语文学习活动中培养健康的人格和健全的精神世界常常会有很好的效果。

我教《我们家的男子汉》这篇课文，所有的教学活动都追求语文素养培养和男子汉精神培养的相融共生。其中最主要的活动有三个：一是抓住人物语言转换文章的小标题，理解人物身上的男子汉精神；二是让学生说说男子汉精神最主要的是什么；三是根据课文内容完成小诗《男子汉宣言》："我是一个男子汉，自己的事情自己干。我是一个男子汉，男儿有泪不轻弹。我是一个男子汉，男子汉不怕有困难。我是一个男子汉，生活的挑战敢面对。我是一个男子汉，生活的责任我承担。"（横线上的内容为学生根据课文补写）我相信，虽没有一句说教，但学生一定会深深受到男子汉精神的教育。

3. 在具体的语文学习活动中认识作品的深刻主题，培养学生认识社会、认识生活的能力

很多作品常常有非常深刻的主题，理解这些作品的主题是阅读教学绕不开的内容；最为常见的做法还是教师讲解或者用PPT直接呈现。我以为这样生硬的灌输效果很不理想。在我的阅读教学中，都是通过具体的语文学习活动让学生理解这样的主题。

我经常和大家举的例子是《欧也妮·葛朗台》的教学。巴尔扎克是著名的批判现实主义作家，《欧也妮·葛朗台》是他的代表作之一，深刻揭露了资本主义社会金钱对人性的扭曲，批判资产阶级金钱至上的人生观。但如果把这些主题直接讲出来，那几乎就成了政治课。我的做法是：先在黑板上画了一个失衡的天平，低下去一边的托盘里有一个方框，升上去一边的托盘里有四个方框。我要求同学们先根据课文的内容在五个方框中填写上适当的内容。经过讨论，大家基本一致地填出了有关内容：低下去一边的托盘里的方框中填的是“金钱”，升上去一边的托盘里的四个方框里填的内容是“女儿的生命”“妻子的生命”“女儿的爱情”“夫妻之情”。再让同学们根据这个图示连词成句写一句话：在葛朗台心目中，女儿的生命、妻子的生命、女儿的爱情、夫妻之情，都没有金钱重要。学生在填词写句的具体活动中理解了小说的深刻主题。

再比如教鲁迅的小说《孔乙己》，就着孔乙己的悲惨命运和结局告诉学生科举制度对读书人的毒害和扭曲这个主题不是不可以，但总觉得很生硬，于是我设计了一个写碑文的活动。先让同学根据课文内容写一个竖式的碑文：……之墓。同学们很快根据课文内容写出了“孔乙己之墓”。我在问了这个名字的出处之后说，碑文的格式一般是在人的名字之前还要加上人物的身份，请大家在“孔乙己”之前再加一个身份。于是有的同学加上了“读书人”，有的同学加上了“上大人”。我再让同学们写一个横式的碑文：这里躺着一个……的人。这一次写法就很丰富了：这里躺着一个追求功名的人，这里躺着一个被科举制度害死的人，这里躺着一个被社会抛弃的人。这表明同学们对主题的理解已经非常深刻了。当然，也有同学写的是“这里躺着一个热爱读书的人”“这里躺着一个喜欢喝酒的人”。我再引导同学们讨论：小说是写孔乙己如何爱读书吗？如果写他爱读书，需要写他爱喝酒，需要写他自命清高吗？需要写他在孩子面前卖弄“茴”字的写法吗？需要强调他“是站着喝酒而穿长衫的唯一的人”吗？在这个写碑文的活动中，所有主题的理解都在其中了。

4. 在具体的语文学习活动中引导学生认识美好人性、理解生死等复杂问题的

语文教材中，常常有一些作品的内涵非常深刻，有时候会涉及人性、生死等复杂的问题。遇到这样的作品，教师做必要的讲解也无可厚非，但常常很难讲得清楚，而且效果也不好。如果能设计适当的语文学习活动，则可以收到化难为简的效果。

《我的叔叔于勒》这篇课文，有不少教师在教学中对其主题的理解仍然仅仅定位为认识资本主义社会人与人之间的金钱关系。这固然不能说错，但如果从作品的全貌和对学生更为深刻的思想引领来看，这样做并不能说非常理想。我教这篇小说，在引导学生认识到人和人之间的金钱关系之后，问：在这样的金钱社会里，有没有人没有被金钱扭曲呢？“有”，同学们异口同声地回答。谁呢？若瑟夫。我问：在这样的社会里，若瑟夫长大后会不会变成像他爸爸妈妈一样的人呢？这时候矛盾出现了。有人说会，有人说不会。在引导大家充分说出各自的理由之后，我出示了被教材编者删去的小说原文的结尾，让同学们根据这个结尾补写小说被删去的开头，再根据这个开头和结尾讨论：长大后的若瑟夫有没有变成他爸爸妈妈那样的人呢？这样的活动，拓展了小说的阅读空间，对学生学会对小说的阅读、深化对文本的理解，都起到了很好的作用；同时让他们对人性的复杂和美好有了非常深刻的理解。

教《我与地坛》，理解生和死是一个必须面对的问题。我看到很多教师的做法是引入大量资料和学生讨论如何看待生和死。

我的做法是：先让同学们找出课文的三个关键词：地坛，我，母亲；再根据课文内容，用三个词写一个句子。有的同学说：让我悟到“死是一个必然降临的节日”的地坛，和赋予我生命、陪我走过人生低谷的母亲，是我生命的两个精神支柱；有的同学说：让我看到了生的乐趣和死的自然的地坛，和让我感到生的责任和意义的母亲，教给我向死而生的坦然；有的说：让我对生和死有了新认识的地坛，是我生命再生的另一个母亲；有的说：给我生命，又让我感受到活着的意义和责任的母亲，是我精神中的另一座地坛。我不敢说学生对文本、对生死这样的复杂命题都理解了，但我相信他们一定有了自己的感悟。

毫无疑问，立德树人，引领学生的精神成长，是语文学科必须承担的责任。但如果脱离具体语文学习活动，立德树人和“情感态度价值观”的培养就会成为空洞的说教。语文共生教学追求的是语文学习活动和立德树人两者的融合共生、相得益彰，让学生的精神成长和语文素养的提高共生共长。

三、教与学的融合与共生

教和学，是课堂教学最主要的一组关系，也是课堂教学最基本的一对矛盾。课堂教学的很多问题都集中体现在师生关系，或者说教和学的关系之中。成功的课堂教学，最基本的要求是有教有学，教学相融。语文课堂教学的评价有诸多视角，但我以为从“教”和“学”是否融合的角度进行课堂诊断是一个最基本的维度：一看学生有没有学的活动；二看教师有没有教的活动；三看教师的教学活动和学生的学习活动是不是互相融合；四看学生的学习活动和教师的教学活动对学生语文素养的提高是不是有价值。遗憾的是，从这样的基本视角诊断语文课堂，教和学的关系中仍然存在许多值得关注的问题。

一是无教无学。

不少课堂，其实也是最让人忧心的课堂，基本是没有教也没有学。比如以讲结论为主的课。上课就是教师把已有的结论告诉学生，这个句子怎么理解，那个句子有什么含义，什么地方运用了什么方法，什么手法有什么效果。再比如以答案为中心的课堂。教学过程就是教师提问题，学生找答案；学生找不到答案，就是教师报答案，学生记答案。至于高三和初三，不少课堂就是教师拿着答案讲答案。告诉学生什么答案是对的，什么答案是错的。答案分为几个要点，答案来自文章的哪些句子；主要有几种错误，分别会怎么样扣分。还比如以播放 PPT 为主的课。整个教学过程就是以播放 PPT 或者视频为主，学生除了记 PPT 上的内容，几乎什么事也不做。

二是有教无学。

我们也经常看到一些课堂，教师的教学设计不可谓不用心，甚至可以说很精彩；教师上课很辛苦很卖力，或滔滔不绝地讲解，或挖空心思地启发引导，想了不少办法进行调动鼓励，但学生常常无动于衷，一片漠然，师生格格不入。这背后的原因，一是教师的心中只有自己，备课只想着要讲哪些内容，而不想学生应该干什么、能够干什么。所以他们设计的教学活动，纵然再精致再有创意，也没有什么价值，因为对学生的学习没有什么意义。记得听一位教师教《寡人之于国也》，让学生分小组讨论一个问题，结果学生活动一分钟不到，教师就说时间紧张，不讨论也不交流了，然后匆匆忙忙用 PPT 补充了一段又一段资料。学生讨论问题就“时间紧张不讨论”了，教师自己要播放 PPT 就时间不紧张了吗？不少教师上课一心想的就是呈现自己、展示自己，把学生抛在一边。通俗地说，就是教师只顾自己玩，不带着学生玩。我经常对教师们说，你抛弃了学生，学生就会抛弃你。你不带着学生玩，学生就不再和你玩。等到有一天你想哄他们玩，他都不和你玩。

三是有学无教。

有些课堂上，学生忙得不亦乐乎，活动不可说不多，一会儿朗读，一会儿讨论，一会儿交流，一会儿表演，可是教师对学生的学却基本没有帮助，教师最多就是一个主持人。所谓教学评价大多就是一味说好，或者带着学生鼓鼓掌。教师对学生的学习问题视而不见。我们常常看到学生主动提出问题的时候，有些教师也不能正面面对，甚至有时候教师对其要求学生提出的问题也置之不理，或“王顾左右而言他”，或不知所云，陷学生于一片茫然之中。某种意义上说，这样的课堂比之于前面两种情形要好得多。不管怎么样，学生读书、讨论、交流，他们多少都会有一点收获。但作为课堂教学来说，这仍是极不正常的。教和学是一个过程的两面，缺少任何一面都不是“教学”。如果教师不能对学生的学习过程发生作用，尤其是在学生学习内容和学习行为出现问题的时候教师不给予帮助，不引导解决，都是不应该的。有学无教的课堂，只是学生的自学，而不是课堂教学。

四是教和学的脱节。

我们也经常发现在一些课堂中教师的教和学生的学是脱节

的。教师讲的不是学生需要的，学生做的不是教师需要的；学生的问题教师不能加以解决，教师要求学生做的不是学生应该做的；学生需要教师讲的教师不讲，学生需要教师做的教师不做。最典型的表现是教师的教不是为了学生的学，甚至和学生的学无关。有时候，一些教师在课堂提出的问题并不是学生学习中会出现的问题，也不是学生会提出的问题，或者也不是学生应该思考的问题。作文教学中有一个最典型的表现是，有些教师先让学生根据要求写作，然后交流，最后教师便出示一篇自己的习作。教师为什么要在最后出示自己的文章呢？这对学生有什么作用呢？和学生的写作是什么关系呢？阅读教学中也常出现这样的情况，教师会莫名其妙地展示一些内容，安排一些活动，而这些内容和活动与学生的学基本没有关联。对学生的要求不合理不明确，也属于这一类的问题。比如有些教师常常要求学生"概括地复述课文内容"，学生复述得太具体了，他说不够概括；学生说得比较概括，他就说太简单了，不是复述。让学生莫名其妙，无所适从。

五是学是为了教。

这是问题最严重的一种做法。教师的教不仅不能为学生的学服务，而且还让学生的学为自己的教服务，让学生为了所谓教而学。学生做的事，学生思考的问题，并不对学生的学习有帮助，而是为了满足教师教学的需要，是为了"配合"教师的教学。记得一位教师教黄河浪的《故乡的榕树》，其中一个环节是让学生用快板词的形式概括文章不同段落的内容。同学们当然概括不出来，概括出来的教师也说不像快板词。等到同学们都交流之后，教师出示了自己概括的快板词，并且拿出一个道具"嘀嘀嗒，嘀嘀嗒”地说起了快板。这时候我才明白，教师让学生写快板词的原因不是这篇文章的内容适宜用快板词概括，也不是要训练学生学会写快板词，而是他自己会写快板词。其实这一类的做法还是比较普遍的。

我以为，课堂教学的基本要求应该是教和学的相互融合，为学而教，因教而学；而共生教学追求的是教和学的共生，教促进了学，学推动了教。其主要的做法是：

1. 组织“教学一体”的活动，实现教就是学，学就是教；教中有学，学中有教；在教中学，在学中教

在一些教师的认识中和课堂上，教和学是两个完全对立的概念，始终是互相分离的。《学记》引用了《兑命》中的话说：“学学半。”这句话告诉我们：（在教学过程中）教与学是一个事情的两个方面。明白地说，教就是学，学就是教；教中有学，学中有教；在教中学，在学中教。而这也正是共生教学所追求的境界。

一般说，我们在备课中常常考虑的是，有哪些内容要完成，有哪些知识要教给学生，这样就很容易导致教学活动仅仅成为教的单边活动。《预约课堂的精彩》一书和相关文章都特别强调，教学活动应该是教和学的和谐统一。只考虑如何教和只考虑如何学的教学设计和教学组织都不是好的教学活动。理想的教学活动应该让教和学成为一个和谐融合的整体。

这方面，我教《阿房宫赋》可以说是一个非常典型的案例。这篇文章我教了好多年，也教了好多遍。起先的教学内容也就是让学生能够理解每一句的意思，基本的方法也就是所谓串讲。后来发现，这样教学实在是辜负了这篇“千古第一赋”。从文章、文学和文化的角度，这篇文章还有丰富的内容和价值。《文心雕龙》说：“赋者，铺也；铺采摛文，体物写志也。”我发现可以用一个“赋”字，把《阿房宫赋》的所有内容都笼到一起：作者采用了铺成的手法，写阿房宫规模之大、宫女之众、珠宝之多和耗费之巨；再用议论表达了自己的“志”，而在这其中体现了一个古代知识分子的天下情怀和责任意识。怎么写“志”的呢？就是分析六国和秦灭亡的历史教训，告诉后来的君主：六国的灭亡不是秦造成的，而是六国自己造成的；秦的灭亡也不是天下人灭亡了它，而是秦国自己灭亡了自己，这就是历史留下的一面镜子。于是我教《阿房宫赋》就从这个“赋”入手。可是怎么教呢？一开始我还是从概念入手，从这个知识入手，从这个判断入手，从这个结论入手，让学生到文章中找具体的例子，再分析，再讨论，再小结，得出结论：赋是什么样的文体，语言有什么特点，如何表达自己的思想。可是发觉效果很不理想，因为这样的教学，教和学是隔离的，或者说只有教没有学，甚至可以说没有教也没有学。学生所做的事情就是按照我的要求去找，然后就是记下我讲的内容；而我呢，就是发出指令让学生去找句子，然后再把已经有的知识和结论告诉学生。当我的共生教学思想已具雏形之后，我便设计了一组既是教也是学的教学活动。其中一个主要活动是将课文前面铺陈的内容压缩为“阿房之宫，其形可谓（　）矣，其制可谓（　）矣，宫中之女可谓（　）矣，宫中之宝可谓（　）矣，其费可谓（　）矣，其奢可谓（　）矣。其亡亦可谓（　）矣！嗟乎！后人哀之而不鉴之，亦可（　）矣！”这样一段话让学生填空。这段话是我根据课文缩写的，我要用它引导学生去阅读课文，感受和认识“赋”的“铺采摛文”的语言特点和表现手法——这是教的活动。学生自己要去认真阅读文章，概括文本有关语句的内容，推敲合适的字词填写在括号中——这也是学的活动。更重要的是，在这个过程中，教发生在学之中，学发生在教之中。学生参与我的活动，我也参与了学生的活动。没有学生的学的精彩，就没有我的教的成功；没有我的教的体现，学生的学就没有理想的效果。事实上，很多同学后来所填的词语比我预想的要好，但我一直也没有修改既定的参考答案，因为这个参考答案实在是非常次要的。还有一个活动是，我写了“观古今之成败，成，人也，非天也；败，亦人也，非天也。成败得失，皆由人也，非关天也。得失之故，归之于天，亦惑矣！”这样一段话替换了原文的结尾，让学生比较两个结尾不同的表现效果。这也是一个教与学高度融合、互相共生的活动。我根据自己的思考写了这样一段话，替换了原文的结尾，用它来引导学生理解文本的思想内容和认识“体物写志”的结构特点——这是教的活动；但这也是一个学的活动——学生要进行比较，就必须从语言特点、思想内容和文章结构等多方面思考和讨论。同样，这个教学活动的目的不是告诉学生谁的结尾更好（这是不用讨论的），而是在这样的教与学的统一的活动中深入解读文章的思想内容，充分认识“赋”体文章的特点，同时理解作者和古代知识分子的家国情怀。

2. 基于课堂教学特定情境的需要，随机实现教师和学生两个角色的交替互换

《教练和陪练：共生教学对教师角色的新定位》一文指出：“在共生教学之中，教师角色就是教练和陪练的统一体。要强调的是，陪练并不是陪玩，陪练是教方法和过程；陪练就是教师的‘练’不是为了自己学会，而是为了让学生更好地学会。就是说，陪练游泳不是为了自己学会游泳，而是为了让学习者学会游泳和游得更好。乒乓球运动员的陪练，拳击运动员的陪练都是如此。好的教练常常首先是陪练。”很显然，在共生教学的基本理念之中，教师不仅仅是一个单纯的教的角色，而是一个“教练和陪练”的双重角色的统一，前者强调“教”的角色身份，后者强调“练”的角色身份。我们是教学生学习的教师，我们也是和学生一起学习的学生，就像随时准备跳进游泳池去和学生一起游的游泳教练。但我们知道很多教师是把这两个角色分得很清楚的，自己固守的就是一个教的角色。上课就是发号施令，就是对学生提出要求，就是对学生的学习进行评价，就是判定学生学习成果的优劣正误，甚至就是批评和指责。我们常常见到一些教师指导学生朗读课文，先是讲一通朗读的知识，如何轻重，如何延长，如何停顿，如何用气，然后就是学生按照教师的指导进行朗读。或者是个别朗读，或者是集体朗读。教师所做的就是评点谁好谁不好，甚至学生反复练不好的时候，他也绝不肯读一句，更不肯和学生一起读，即使和学生一起读，也是分工明确，各司其职。有些教师上课经常说，下面请听教师范读一下课文。这就是典型的表现。

《学记》里说：“善歌者，使人继其声；善教者，使人继其志。”所谓“继其声”，就是大家跟着一起唱；所谓“继其志”，就是大家跟着一起思考。课堂里的读书绝不是剧场的大合唱，要讲究声部和分工，讲究程式和配合；更不是演戏，各人的任务就是演好自己的角色。在我的课堂上，我和学生的角色并不是非常明确的，而是经常互相越位的，我们常常就是大家一起读读书，我读的时候你跟着读读，你读的时候我也跟着读读。讨论问题也是，你说说，我也说说。所以，我们提倡的共生教学的一个核心主张，就是“大家一起学阅读，大家一起写作文”。我教《白雪歌送武判官归京》，有一个环节就是和学生一起比赛读课文，常常是学生读得比我好。我教《黔之驴》，按照我的备课，是在同学们朗读之后（我估计他们读不出文言文的味道）我再读，然后领着他们一起读。结果有一次第一个读的同学就读得非常好，比我好多了。于是我就让他带着大家一起读，我也跟着一起读。当然，如果遇不到这样的同学，我就再领着他们一起读。再如我教《白雪歌送武判官归京》，其中一个环节是让同学们找一个自己认为能够体现“诗中有画”的句子，描述诗句的画面。一般情况下，同学们都会挑“忽如一夜春风来，千树万树梨花开”“山回路转不见君，雪上空留马行处”等一些他们自己认为容易的进行描述，似乎不容易看出画面的诗句他们便不再描述。这时候怎么办呢？在鼓励等待一番之后如果还没有人响应的时候，我就会转化角色，主动介入学生的学习行为。我说：“好。刚才是你们描述，我主要评点。现在我来描述，你们进行评点。”于是我就会挑一些诗句进行描述让他们发现错误（我是一定在描述中隐藏着错误的）。这时候，我和学生的角色就互换了，我是学生，他们是教师。其实，从另一面来看，我还是教师，他们仍然是学生。教和学的双边角色在这里并不是容易分得清楚的。有意义的是，接下去，他们也会跟着对一些不容易的诗句进行描述。活动到此并没有结束。对那些他们自己认为容易看到画面和比较容易进行描述的诗句，我还要在他们描述的基础上提高要求进行集体的描述。比如“忽如一夜春风来，千树万树梨花开”“山回路转不见君，雪上空留马行处”这几句诗看到画面是容易的，但很恰当地描述意境并不容易。我会和同学们一起围绕这样一些问题展开深入讨论：“千树万树”是什么样的树？“梨花”和雪花有什么样的共同点？雪花又是什么样的雪花？是一朵一朵还是一片一片？是一团一团还是一堆一堆？“山回路转不见君，雪上空留马行处”，如果要根据这句诗画一幅画，画面应该有哪些内容？要不要有人？是什么样的人？我想，通过这个案例，大家应该很容易明白在共生教学的教学活动之中教和学是难以简单分开的，教师和学生的角色是随时随机地进行互换而又是互相融合的。

3.教师积极介入学生的学习行为，并引导学生介入教师的“教学”行为，实现教和学两个行为的互相融合

毫无疑问，在教学过程之中，教师首先要能够承担好自己“教”的角色。我认为，教师的课堂角色主要体现在三个方面：一是组织教学过程，二是引领学生学习，三是对学生提供学习支持。第一个任务主要是组织教学活动，控制教学节奏，防止教学过程的跑偏和失控；第二个任务主要是激发学习兴趣和学习动力，明确学习的方向和要求，不断把学生带进新的学习领域；第三个任务主要是适时对学生的学习行为和学习成果进行评价，更重要的是在学生需要的时候提供帮助和支持。

然而我们提倡的共生教学还有更高的追求。共生教学要求教师在承担好上面三个角色的基础上，还要能够积极介入学生的学习行为，并且引导学生介入“教”的行为。而这一特点在共生写作教学之中体现得尤为突出。可以说，每一节写作课，我都会介入学生的写作过程。比如我教“记叙文情节的展开”这节课。我以一篇学生作文《满分》为共生原点，安排了四次写作活动。每次写作活动，我都和学生一起思考、讨论，一起优化方案。当最后一次讨论结尾的写作时，我先让大家比较了原作者和他母亲写的两个不同结尾的优劣长短，再补写一个结尾。在同学们写出了一两个结尾感到并不满意甚至有的同学还写不出的时候，我便写了几个不同的结尾供他们讨论，以启发他们的思考。在教“写出认识的变化”这节课中，我不止一次根据学生的思考和讨论，把他们原来并不清晰的思考清晰化，然后顺着他们的思路现场口头作文，然后再让他们讨论：这样写好吗？教“写出特别之处背后的故事”，其中也不止一次梳理出同学们面对特定情节的思路选择：两个人要不要见面呢？如何见面呢？谁去找谁呢？这样见面会有什么结果呢？尤其是有些同学的思路初步打开还不够清晰的时候，我进入他的思路，帮他把思路打开，然后再和他一起进行斟酌怎样的思路更好。

有些教师觉得，教师介入学生学习行为是比较容易做到的，让学生介入教师的思路是不大可能的。我们多年的教学实践告诉我们并不是如此。我教“用‘感激’唤醒‘感动’”这节课可以说是一个典型的案例。那是一次普通的作文训练课，题目是“感动”。好像当时人教版高中语文教材第一个写作单元就有这样一个题目，我也觉得这个题目很适宜高一学生的写作训练。可是把作文收上来一看，比预想的要差得多，一个普遍的问题是没有“感动”。我教的班级是我们学校的尖子班，可是几乎没有让我满意的作文。我找了几个同学聊天，问他们为什么写不好时，他们几乎异口同声地说：没有什么好写的。是的，这就是问题的症结所在，因为他们看不到生活中能让他们感动的事。怎么办呢？讲讲写作要关注生活的道理，讲讲做人要懂得感激的道理，都是容易的，但往往没有什么效果。我的做法是讲自己的生活故事，讲自己的写作困惑，让学生参与到我的写作中来。于是我讲述了自己在生活中遇到的一件事，说了我准备把它写成文章的思考，让同学们为我的材料确定主题；在学生思维停步不前时，我再谈自己的想法，引发学生的讨论，师生互相共生；最后，我再顺势利导，归纳经验，讲评作文，引导学生“再度写作”，取得了不错的效果。类似的请学生帮助我解决写作困惑、参与我的写作构思活动，让学生在这样的活动中学习写作，我是经常进行的。对于我的长篇小说《红茅草》的创作，我当时任教的班级的同学不止一次介入进行写作活动。

4. 基于现场教学的具体情境，对教学目标、教学内容、教学活动和教学思路进行随机调整，促进教与学的融合与共生

有不少青年教师问过我如何才能把课上活。是的，大家都想把课上活，但却常常不能如愿。把课上活涉及很多因素和很多条件，其中很重要的一点就是不能拘泥于教学计划。不少年轻教师上课，完全是按照计划一步一步进行，甚至每一句话都是课前准备好的。这样的课是无论如何也是活不起来的。现在有一个流行的说法，叫以学定教。我觉得，以学定教，最主要的并不单单是备课的时候从学生出发，从学情出发，而是指教学过程中能够从学生出发，从学情出发，从教学现场出发。因此，尽管共生教学并不排除教学内容的精心预设和教学活动的精心设计，但其根本性特征的体现还在于它是基于现场的教学。

一是基于现场的教学目标调整。

关于教学目标的确定，我们的基本观点是：语文课堂不能没有教学目标，但不能刻意追求目标的达成。语文课堂没有教学目标，教学就没有指向，课堂教学很容易出现随意性。刻意追求目标的达成，就会无视至少是忽视学生的现场学情，就会牵着学生走，就会赶进度，就会成任务式，课堂自然就活不起来，更不可能实现共生。这一方面是由于有些目标一节课很难完成；另一方面由于课堂现场的学情是复杂的、变化的，并不和我们的预期完全一致。所以，共生教学要求，必须基于现场对教学目标进行及时调整。教《白雪歌送武判官归京》，在我制订的教学计划中，第一个目标就是学生能够默写课文。可是，在某一个学校教这篇课文，开始上课以后，我发现学生的基础比较薄弱，对预习要求也不清楚，预习也不够到位，于是我及时把“默写课文”的目标调整为“抄写课文”。我想，如果仍然按照原计划，要落实默写课文的目标，那节课的整体效果就会受到严重影响，甚至“默写课文”的目标也未必能够很好地实现。我教《孔乙己》，其中一个教学目标是认识孔乙己悲剧的自身因素。即在认识到封建科举制度和人情冷漠的社会是孔乙己悲剧形成的原因之后，通过孔乙己和蒲松龄的对比，认识孔乙己自身也是悲剧的原因之一。但在许多情况下，这个目标我是放弃的。因为不同的学生，不同的阅读能力，不同的课前学习，不同的课堂反应，前面的学习任务完成情况所需要的时间和效果都不一样，我不能为了完成所有的既定目标而不顾前面学习任务的完成效果。于是这一教学目标就成了我用一节课教这篇课文的机动目标。教学目标的及时调整，会使我们的教学更加切合学生实际和课堂实际，这就为其他教学目标的落实和教学活动的开展提供了更为充分的空间，使教学的共生有了更好的条件。

二是基于现场的教学内容再生。

教学内容的生成，已经是一个老生常谈的话题。我们在谈共生教学的生长性时，也已经涉及这个内容，但无论是一般意义上的内容生成还是教学内容的生长性，似乎都还不能完全等同于这个问题。我们在谈到什么是好的语文课堂教学时说过，从共生教学的角度看，如果一节课的教学内容，参考书上的内容多，试卷上的内容多，往往很难是好的课堂；而教师带进课堂的内容少，课堂上再生的内容多，学生在文本中现场发现多，学生在现场的写作体验多，才是好课。

下面我们通过一个写作教学的案例来说明这个问题。我教“格言的改造和思想的提炼”这节作文课的主要环节为：（1）交流你喜欢的格言。请同学们每个人拿出一张纸，写下一句自己印象最深刻的格言。（2）用你的格言证明你的观点。让同学们用自己写下的格言先证明一个道理，再证明一个不同的观点。（3）改造加工格言。即引导大家对名人的格言进行改造，借助对格言的改造提炼自己的思想，并了解通过格言改造提炼思想的常见的方法。（4）运用了解的常见方法，改造自己喜欢的格言，然后进行交流。（5）把故事变成格言，能把对生活的认识用格言的形式表达出来。我先讲述一个生活故事，大家一起提炼格言，然后大家再根据格言提炼故事中蕴含的思想。

有教师说过，我的课常常是“空手道”。这当然是对我的鼓励，也只是一个比喻的说法。但这些教师的确看出了我的教学追求和共生教学的本质特点。我上课带进课堂的东西常常很少，而追求课堂现场再生的内容多。如果说这个说法有一定道理，这节课应该是一个典型的案例。教这节课，我几乎什么都没有带，只有一个教学的主题和思路，一切基本来自教学现场，整节课的教学内容基本都是一步步由前一个教学环节、前一个活动中学生现场反应而来。学生会说出什么样的格言事先不知道，学生用格言证明什么观点事先也不知道，学生怎么改造他们的格言我也不知道，这些内容都是教学现场的再生。细心的教师们很容易从我的教学案例中发现这样的教学情景。这就是教学内容的现场再生。我知道，不少教师以为这样上课风险太大，但没有风险就没有回报。只有这样的课才真正能享受到共生的魅力。

三是基于现场的教学活动组织。

说教学内容的现场再生，可能很多教师都有共同感受，也都比较容易理解；但说教学活动的现场组织，可能很多教师，尤其是年轻教师会觉得难以理解。而要把课教活，要课堂教学真正实现共生，基于现场组织教学活动是必不可少的。我教《黔之驴》课文朗读这一活动，按照我约定的计划，是先让学生举手主动读课文，主要是要读准字音，读清句读；再指名读，主要是读出寓言的特点。评讲学生的问题后，我再范读，让学生体会寓言的特点，接着我再领读。可是江苏省首届苏派语文教学研讨会在靖江中学举行，当我指名一个同学读课文时，那个同学朗读得非常好，寓言的特点，文言文的味道，驴和虎的形象，体现得都非常到位。怎么办呢？于是我及时调整了教学活动。对他的朗读做了高度评价之后，我说：“这位同学朗读得比老师都好，下面请他领着大家一句一句读课文，好不好？”同学们异口同声地说：“好！”不仅气氛异常活跃，效果也非常好。如果我再继续“范读”，无疑是“狗尾续貂”。可是我在听课时，就发现过类似的情况。一位教师教一首诗歌，主要的方法就是朗读法。她先指名一位学生朗读，然后评点指出了几个方面的错误。我觉得很奇怪，我觉得人家读得不错啊。接下去我明白了她这样做的原因。原来她设计的后面的环节是“针对这位同学的朗读错误，老师要教给你们朗读诗歌的方法”。如果这位同学不出错，她的方法就没有价值了。其实，这样的做法是非常可怕的，对学生的伤害是很严重的。我教《白雪歌送武判官归京》，设计的一个教学活动是通过朗读比较，让学生准确把握诗歌基调。我一般都会问：有同学愿意和黄老师比一比朗读课文吗？当然我准备好是自己朗读得有问题。很多时候，会有学生愿意，而且都会读得不错。这样我的教学意图就完全实现了。但也有很多时候，没有同学愿意。那怎么办？我总不能强拉一个来，万一人家都读得不好，不是伤害人家吗？于是我就会说：好吧。你们都不愿意，那黄老师朗读，你们来评点可以吗？这样做孩子们都乐意。如果他们只说我好，不说我的不足，我就反问他们：真的就没有问题吗？最后的效果也和对比朗读差不多。

四是基于现场的教学思路变通。

一堂课都是由一个个环节、一个个活动组成的。这个由教学环节、教学活动组织成的链条就是教学思路，用字母表示就是：A → B → C → D → E。我们在说共生教学的生长性时强调共生教学的教学过程后一个环节都是由前一个自然而来的，整个过程应该有一个内在的逻辑关系。但从教学实施的过程看，这样预先设计的生长关系有时候也并不能完全良好地体现。就是说，我们备课时预设的思路未必都切合学生的实际和课堂的实际，这就要根据课堂教学的现场加以变通。可我们经常看到一些课堂，教师总是拘泥于既定的教学思路。在谈到课堂教学的小组讨论时，我们曾经说过，有些教师在教学中安排小组讨论，不管学生有没有讨论，也不管讨论的结果如何，他都是按照既定方案教学；或者小组讨论非常热烈，学生形成了许多有价值的意见，但教师却弃之不管，仍然是指名一个个同学发言。这就是缺少变通。没有变通就没有教学的共生，课堂就不会活。比如我们前面列举的我教《白雪歌送武判官归京》这个案例，我预先设计的思路是找一个朗读得好的同学和我进行朗读比较。前面我们谈到教学活动组织时说到如果没有同学愿意朗读怎么办，那么我就只能自己朗读让同学们评点。但如果有一个同学愿意朗读，但读得真的很差怎么办呢？接下去还能按照既定思路对比我们的朗读，说他多么成功，我多么不好，或者说我怎么好，他朗读怎么不好吗？当然不能。我们只能调整思路，让同学指出我们朗读得好的地方和不足的地方，然后明确朗读这首诗的要求：既要有对朋友的不舍，有送别的伤感，又不能过于悲伤，尤其不能凄凉，而且还要有一点豪迈。如果没有同学愿意朗读，我就再读一次让同学们评点，看能不能达到要求。正由于我经常变通教学思路，所以有些听我的课、研究我的课堂实录的教师，发现同一节课、同一篇课文，我的教学思路常常是不一样的。

《阿房宫赋》教学实录

师：上课！

今天我们一起学习《阿房宫赋》。同学们在课前预习课文时，提了很多问题。但是大家提的问题我们在课堂上不可能一一解决，实际上也没有必要一个一个地解决。因为很多问题，只要把注释用心地琢磨一下，把上下文结合起来想一想，就能够自己解决。在这里，我们一起研究几个具有普遍性的问题。（略）

师：同学们，我读《阿房宫赋》，反复读反复读，越读越短，读到最后呢，这篇文章只剩下几个句子，我大胆地把它缩成这样一段话：

（投影显示）阿房之宫，其形可谓（　　）矣，其制可谓（　　）矣，宫中之女可谓（　　）矣，宫中之宝可谓（　　）矣，其费可谓（　　）矣，其奢可谓（　　）矣。其亡亦可谓（　　）矣！嗟乎！后人哀之而不鉴之，亦可（　　）矣！

现在请同学们根据你对课文的了解，想一想在这些括号里填上什么样的词比较合适。

根据你对课文的熟悉程度，你能填出哪一个就填哪一个。最好填的，我觉得是宫中之女可谓——

生全体：美矣。

师：大家想到的是“美”，（生笑）可是否写宫女的美呢？——“明星荧荧，开妆镜也；绿云扰扰，梳晓鬟也；渭流涨腻，弃脂水也；烟斜雾横，焚椒兰也”是说宫女美吗？

部分生：是说多。

师：是的。是说宫女之多。宫中之宝可谓——

生全体：多矣。

师：多矣。其费可谓——

生全体：巨矣，奢矣。

师：巨矣，巨大的巨。这个“费”就是耗费。其奢可谓——

生全体：侈矣。（笑）

师：大家填的这个词应该修饰“奢”，“奢”“侈”二字意思相近，我们常常说“这个人简直奢侈到了——”

生全体：极点。

师：对，其奢可谓极矣。其亡亦可谓——

生全体：哀矣，必矣。

师：哀矣，必矣，都有道理，但是我填的不是这两个词，我填的是《六国论》里刚学的一个词，有哪位同学想出来了？（有生答“速”）对了，速。你想，秦始皇自己筑阿房宫，还没筑好，秦已经亡了。其亡亦可谓速矣。后人哀之而不鉴之，可谓——

生全体：哀矣。

师：哀矣。但是呢，哀之而不鉴之，可谓哀矣，从行文来讲——

生全体：悲矣。

师：对，悲矣。大家总体上和我理解是一样的。我写的是这么一段话：（投影显示）

生全体：阿房之宫，其形可谓雄矣，其制可谓大矣，宫中之女可谓众矣，宫中之宝可谓多矣，其费可谓靡矣，其奢可谓极矣。

其亡亦可谓速矣！嗟乎！后人哀之而不鉴之，亦可悲矣！

同学们，把我缩写的《阿房宫赋》一起读一遍，好吧？

（生齐读）

师：读得很好。你们知道“制”是什么意思？

生全体：规模。

师：哪里有“制”作“规模”讲，哪里有？

师生全体：《岳阳楼记》：“增其旧制，刻唐贤今人诗赋于其上。”

师：现在同学们再读课文，画出相关的句子。第一组同学看看课文中哪些句子是写阿房宫其形的雄伟壮丽、规模的庞大；第二组看看哪些句子具体地写出宫中之女的众、宫中之宝的多；第三组找一找“其费可谓靡矣”；最后一个组找“其奢可谓极矣”体现在哪里。如果自己的任务完成得很快，可以把所有这些和课文中相对应的句子集中起来思考。有些同学比较慢，也可以集中找一两处。

（生看书）

师：好，有没有找好？下面我们来交流交流。先请第一组说说课文中哪些内容、哪些句子描写了阿房宫其形的雄伟壮丽、规模的极为庞大。（指名）你找到的是哪里？

生：我找的是第一小节。

师：你把句子读一读，好吗？

生：“覆压三百余里，隔离天日”，是写规模庞大；“二川溶溶，流入宫墙。五步一楼，十步一阁”，是写阿房宫很雄伟；然后“盘盘焉，囷囷焉，矗不知乎几千万落”，写规模很大；“一日之内，一宫之间，而气候不齐”，也是写规模很大。

师：好的。这位同学抓住课文第一部分，既读了有关句子，还做了简要分析。我们再看看后面哪些句子写宫中之女的众、宫中之宝的多。第二组同学哪位同学来说说？（指名）你找到了？

生：第二节，“妃嫔媵嫱”一直到“焚椒兰也”，都是写宫女的“众”。

师：你能简要分析一下，作者是怎样写出宫女的“众”的？

生：他是从侧面来写的，比如“渭流涨腻，弃脂水也”。

师：对。在这里有同学提出一个问题，不知你能不能解答。“绿云扰扰，梳晓鬟也”，这个“绿云扰扰”是指什么东西？你有没有想过这个问题？（生摇头）没有？好，请坐。其他同学有没有想过“绿云扰扰，梳晓鬟也”是写什么？

生全体：头发。

师：对，是头发，这也表现了宫女的多。刚才那位同学说，主要是从侧面间接地写，其实作者用了多种方法，夸张、排比、比喻，等等。“绿”在这里可以理解为黑，我们在日常生活里有没有注意到，有人说“这衣服的颜色绿得发黑”，说明这黑色和绿色到了一定程度以后，相互之间是难以区分的，所以这里其实就是说“黑云”，“扰扰”是说飘飘的样子，说明宫女的确很多。那么写“宫中之宝可谓多”的在哪里？哪个同学说说？

生：“燕赵之收藏，韩魏之经营，齐楚之精英，几世几年，剽掠其人，倚叠如山，一旦不能有，输来其间”，表现了宫中宝物的多。

师：好，这里想请你解决一个问题。有同学问“韩魏之经营”

的“经营”是什么意思，你能回答吗?

生：都是指金玉珠宝等物。

师：好，请坐。其实我们这里要注意一个问题，就是文言文理解的方法。其实理解这个“经营”，可以从哪些词语中寻得启发和门径，就是可以从哪些词语入手?

生全体：“收藏”“精英”。

师：对。虽然这三个句子从修辞来讲，不能算是互文。比如说“朝歌夜弦”就是典型的互文，你不能说早上就唱歌，晚上就弹乐器，应该是早晚唱歌弹乐器，这叫互文，互文不“合而见义”，就不能“解其义”。但是像这一种排列的句子，可以互相参照，是一种反复，同时又回避词语单调简单的重复。所以“经营”“精英”，都是六国费尽心思从其他国家争抢、抢夺来的宝物。

第三组同学说说“其费可谓靡矣”?

生：“鼎铛玉石，金块珠砾，弃掷逦迤，秦人视之，亦不甚惜。”

师：哦，这是耗费的奢靡。有没有不同理解?

生：“蜀山兀，阿房出。”

师：“蜀山兀，阿房出”，就是说把蜀山的东西都砍光了。好的，请坐。其他同学有没有补充理解的?

生：从“使负栋之柱”到“多于市人之言语”。

师：好的。有同学问“瓦缝参差，多于周身之帛缕”，这个句子书上没有注释，他不懂，你能解释一下?

生：参差的瓦缝比身上的帛缕还多。

师：好。这个“帛”是布，“缕”是什么?

生全体：丝。

师：对。这告诉我们房子上一片一片的瓦形成的瓦缝比我们身上穿的衣服上一缕一缕的丝还要多。作者仍然是用夸张、比较、衬托的手法，来突出它的耗费之靡。好，请最后一组同学说说“其奢可谓极矣”体现在哪里？

生：我认为应该是“鼎铛玉石，金块珠砾，弃掷逦迤，秦人视之，亦不甚惜”。

师：对，这是非常典型的句子。把宝鼎当作破锅，把金玉当作沙砾，可见其奢靡的程度。其实《阿房宫赋》通篇都在表现秦始皇、秦王朝的——

生全体：奢侈。

师：对，奢侈。我们前面学过一篇《赤壁赋》，《赤壁赋》说不上是一篇典型的赋。我对你们说过，苏轼对散文的重大贡献，是对赋的拓展，是“以文写赋”。《阿房宫赋》可以说是典型的赋文，有人称之为“千古第一赋”，它典型地表现了赋的内容和特征。“赋”的形式特征是什么呢？有同学知道吗？“赋”特别重视——

生全体：铺陈。

师：对，铺陈排比。它能从多角度反复描写同一个对象。我写一个字，他写一大排句子，对吧？我写几个句子，他用通篇来表现。这就是铺陈。铺陈的作用大家体会出来了吗？

生：更能突出表现描写的对象，语言有气势。

师：哦，主要有两点。一是更突出事物的特点，还有一点是语言有气势。怎样使语言有气势啊？对，是将大量的排比、比喻和夸张组合到一起，表现了语言的气势，语言具有了超乎寻常的表现力和魅力，征服了我们。下面我想通过诵读，请大家整体感受一下语言的美、语言的气势和文章所表现的阿房宫的特点。

（师配乐诵读全文）

师：刚才老师诵读了全文，为了加强效果，配上了古典的音乐。现在同学们可以先自由诵读一下，有谁愿意尝试一下，选择一两个句子、一两个片段，能够在诵读中表现赋的特点。有哪位同学主动试一下？（指名）你读一下第二小节。

（生读第二小节）

师：总的来说不错，就是意味的表现稍微欠缺了一点。比如“而望幸焉”这里，可以稍微慢些，表现期盼、等了好久都等不到皇上的心理。当然读好这一段，关键在于虚词的处理，你们知道是哪一个？

生全体：“也。”

师：对，大家数一数，这里一共有几个“也”？

生全体：六个。

师：那你们体会一下这六个“也”表达的效果是否一样？有哪一个“也”和其他“也”作用是不同的？有没有发现？

生全体：最后一个。

师：对。前面五个“也”是表判断，而最后一个“也”更多地是强调。前面五个句子并列关系更为紧密，而最后一个句子要相对疏离一些，所以大家读的时候，最后“辘辘远听，杳不知其所之也”，车远远地来了，宫女心中就充满了希望——“要到我这里来了”，车又慢慢地远走了，心中的失望随着车声的远去而增强。皇帝看不见了，车声听不到了，我们要读出一个效果来，让我们觉得宫女仍然在翘首盼望。下面同学们集体把这一段再读一下。

师："杳"字还是读得太急了，同学们课后再仔细琢磨一下。"辘辘远听，杳——不知其所之也"，不要太急。

课前有同学提了一个问题，说是"本文的中心段，也就是作者要表达的意思是哪一段？"还有同学问得更具体，"本文点明主旨的句子是不是最后一句？"这些同学都在思考，你们看是不是最后一段？

生全体：是。

师：是不是最后一句？看来大家有不同理解。其实我觉得不一定要落实到具体的某一句，这一段都是作者在表达他的思想。

本文和《六国论》不一样，它不是一篇史论，但作者仍然表达了他对历史的感悟、见解，在告诫我们这些后人。大家想一想这一段中的"后人"是指什么样的后人？"使六国各爱其人，则足以拒秦；使秦复爱六国之人，则递三世可至万世而为君，谁得而族灭也？"谁能够消灭他们呢？"族灭"就是"灭族"。"秦人不暇自哀，而后人哀之；后人哀之而不鉴之，亦使后人而复哀后人也。"大家注意，这里四个"后人"的内涵、所指的对象是否一致？

生全体：不一致。

师：怎么不一致呢？哪位同学分析一下？（指名）你说说对这几个"后人"的理解。

生：第一和第二个"后人"，是一个意思，相对于秦人的后人；第三个"后人"是相对于前面两个后人的再一个"后人"，是后人的后人。

师：是后人的后人。我们解读文章的时候，注意文章的背景。如果从杜牧写作的年代、时期来看，他写于唐，唐敬宗大造宫室，不问政事，所以这个“后人”，我们可以把它理解为“唐以后的后人”。最后一个“后人”是第三个“后人”的意思呢，还是前面两个“后人”的意思呢?

生全体：和前面两个一样。

师：对。四个“后人”两层意思：一、二、四是指秦以后的人，第三个是指唐以后的人，是这样的吧?其实，这四个“后人”两个意思，又指一个共同的对象，是什么?

生：国君。

师：对，主要是指君主、皇帝。黄老师在读这篇文章的时候，想法也很多，读到最后一段的时候，我忽然有感而发，把杜牧的最后一段改写了一下。也许是狗尾续貂——可我改写以后蛮得意的，现在呢，“敝帚不自珍”，让大家比较一下，作者写的和我写的哪一个好，好在哪里。你不要觉得杜牧写得好，黄老师也不差的哦。(生笑)现在同学们集体把这段话读一下，然后品评一下，看看哪个好。

(投影显示)观古今之成败，成，人也，非天也；败，亦人也，非天也。成败得失，皆由人也，非关天也。得失之故，归之于天，亦惑矣!

下面我们齐读这一段，我读到“嗟乎”，你们就接着读下去。“灭六国者六国也，非秦也；族秦者秦也，非天下也。嗟乎！”

(师生全体朗读)

师：大家读得很好，说明大家对这段话理解得很到位。下面同学们自由发挥，谈自己的评价，不要碍我面子。哪位同学先说说？（指名）你喜欢哪一个？

生：我觉得都有长处。（生笑）

师：“都有长处”，还有半句话，言外之意，你们能补充出来？

生全体：都有短处。

师：你说说看我们的长短。

生：原文前面一半写到“谁得而族灭也”，是单指秦国破灭这件事情，而您写的范围更大一点，所以前面一半您写得好。到后面，他的思维又上升到了更高的一个层次，而您最后“得失之故，归之于天”，只是对前面再来一个总说，而他写的思想更上了一个层次。

师：这位同学从语言、思想内容等角度进行了评说。我听得出来，她更喜欢杜牧的。（生笑）尽管她在比较的时候，说我写的也有优点，从时空来讲，更有时空感；另外从语言形式说，杜牧的文章思想上在不断加深，而我写的最后一句只是前面观点的重复而已。其他同学有没有不同意见了？

生：我觉得杜牧写得好。（生笑）

师：不要紧，你说杜牧好在什么地方？

生：因为这篇文章前面写的都是阿房宫和秦始皇的奢侈，目的是要使后人以史为鉴；而您写的是关于成功和失败的。

师：就是和前面的描写关系不是太紧密？哦，她是从文章的章法进行比较的。你能不能发现一点我写得好的地方？（生笑）

生：您这段话的观点是正确的。（生笑）

师：我这段话的观点是正确的，就是放在这篇文章里不好？

（生笑）好，请坐。有没有不同意见的了？大家肯定还有很多想法，现在不能一一讨论了。刚才两位同学比较得还是不错的，但是我觉得你们对我不是很公平。（生笑）什么道理呢？我就觉得杜牧从秦的灭亡、秦的奢，来告诫历代君主、以后的君主要引以为戒，但是我觉得这局限了历史思考的意义。我做君主吗？我不做。我们在座的同学将来会做君主吗？可能性也不大，是吧？所以我们这些普通的人读《阿房宫赋》，就不能从中汲取一点什么吗？

刚才一位同学说我写的内容和前文不太一贯，我觉得还可以啊。（生笑）他说，“灭六国者六国也，非秦也”，六国的灭亡是自己导致的；“族秦者秦也，非天下也”，也是秦自己导致的，对不对？所以我说，嗟乎！普通的人虽不能占有一国，成功是我们都要追求的。所以说我的观点更广泛一点。不过有一点倒是真的，就是从全文结构来看，从语言形式来看，杜牧写得肯定是比我好。一千年以后肯定有人记得杜牧，一千年以后肯定没有人记得我黄某。（生笑）

这时候我就想到一开始我说的，这篇文章我读到后来就成了几个字，其实用三个字就能把全文的内容和结构都表现出来了。

现在同学们回想全文内容，或看黄老师缩写的这段话，（投影显示）在这段话里挑三个字，概括全文内容。《阿房宫赋》洋洋千言，其实三字足矣。大家想想，哪三字呢？“阿房之宫，其形可谓雄矣，其制可谓大矣，宫中之女可谓众矣，宫中之宝可谓多矣，其费可谓靡矣，其奢可谓极矣。其亡亦可谓速矣！嗟乎！后人哀之而不鉴之，亦可悲矣！”谁愿意说说？

生：“奢”“亡”“鉴”。

师：对。我读到最后，只剩下这三个字。课后，同学们好好背一背这篇千古第一赋，同时让我们永远记住这三个字。奢必亡，这是国君要借鉴的，也是我们这些普普通通的人所要借鉴的。

好，今天就到这里。下课！

“格言的改造和思想的提炼”教学实录

师：高考议论文写作，名言是一种常用的论据。所以，应对高考作文，多积累一点格言是很有必要的。

1. 交流你喜欢的格言

师：请同学拿出一张纸，写下一句你印象最深刻的格言。

（学生写格言）

师：好，下面我们交流一下大家写的格言。

生：你对人类最大的贡献，就是让自己幸福起来；你对自己最大的贡献，就是让自己内心强大起来。强大不是因为你战胜了自己，而是接纳了自己。——（美）克里斯托弗·肯·吉莫《不与自己对抗，你就会更强大》

师：很好，你写出了格言，还指出了它的作者。我们在文章中引用格言，最好要指出作者。当然，记不准确就不要写了。

（问一生）你的格言是？

生：我没有格言。

师：一句格言都没有吗？

生：写作文不一定要格言……

师：有道理。不用格言也能写出好文章。你呢？

生：卡尔维诺说的，“痛苦消失了，美也就消失了”。

生：我写了两句，第一句是帕斯卡尔的“人是有思想的苇草”。第二句是罗素的“参差多态，乃是幸福的本源”。

2. 用你的格言证明你的观点

师：很好。看来我们班同学还是积累了不少格言的。有了格言之后，当然是引用，现在请大家用你的格言证明一个道理。

生：路是由“足”和“各”组成的。“足”表示路是用脚走出来的，“各”表示各人有各人不同的路。作者是三毛。

师：你用它来证明一个道理。这句话告诉我们——

生：路要靠自己去走。

师：你的名言是？

生：黑夜给了我黑色的眼睛，我却用它寻找光明。

师：这告诉我们什么道理呢？

生：在黑暗中也不放弃对光明的追寻。

师：你的名言是？

生：爱拼才会赢。

师：这个道理我们都懂。

生：上帝为你关上了一扇门，就会为你打开一扇窗。

师：这也是大家熟悉的名言。用它证明什么观点？

生：希望永远存在。

师：很不错。引用名言证明自己的观点是很常用的论证方法。善于写文章的同学，能从一句话里懂很多道理，或者说能引用一句名言证明不同的观点。这句名言告诉我们什么道理，还告诉我们什么道理……我们班同学能做到吗？

（学生沉默）

师：好的。刚才引用三毛“路是由‘足’和‘各’构成”的这句格言的同学，你能尝试一下用它证明两个不同的道理吗？

生：可以。一是说明路是自己走出来的，告诉我们要敢于实践、敢于尝试；还可以证明不同的人可以选择不同的路。

师：很好。你写的格言是什么？（问另一位学生）

生：是金子总会发光的。

师：这句话告诉你——

生：有才能总会被发现。

师：还能证明什么道理？

生：真正的才能是遮不住的。

师：似乎还是一个道理。

生：要能够耐得住寂寞。

师：这个角度就不一样了。“总会发光”，一方面告诉我们迟早是能得到认可的；另一方面也说明，要得到认可常常有一个过程。

（再问一位学生）你的格言呢？

生：柔和的心灵最坚强。

师：好像老子也说过类似的话。这句话说明了什么道理？

生：一颗宁静的心能应对任何风雨。

师：非常好。还能证明什么道理？还能看得出第二个道理是——？

生：最坚强的东西不是最坚硬而是最平和的。

师：刚才那个同学说的卡尔维诺的那句“痛苦消失了，美也就消失了”也很好，能证明什么观点呢？

（学生没有说清楚）

师：看来你记住了这句名言，但还没有好好琢磨。我们大家可以一起琢磨一下。这句话是不是告诉我们痛苦产生美？

生：就是这个意思。

师：我就知道你是明白的。刚才只是没有想到很好地表达。还能用它证明另一个观点吗？

生：是不是可以证明，能经受痛苦的人才能真正享受到美？

师：我觉得很好。你的格言是帕斯卡尔的“人是有思想的苇草”。能用它说明不同的观点吗？

生：可以。一是可以说明人必须要有思想，否则和草木无异；二是可以证明人其实和芦苇一样脆弱。

师：是很好。看来大家不仅积累了不少格言，而且大多有自己的思考，能够为自己所用。

3. 改造加工格言

师：刚才一个同学说，写文章不一定要引用格言。这是很有道理的。真正的高手，不是引用格言，而是改造格言、生产格言，借助对格言的改造提炼自己的思想。正如武侠小说里说的，真正的高手是不带刀的，而是摘叶飞花，皆能伤人。当然这是高境界的。格言引用的最高境界就是改造格言和自己生产格言。

接下来，我们尝试改造加工，借助格言生产出属于我们自己的格言来。我在教新一届高一时，都要让同学们在书前面的空白页上写下一句我的格言：语文好则治人。能写出下句吗？

（学生没有反应）

知道我这句话是模仿了一句什么话吗？

生：劳心者治人，劳力者治于人。

师：是的。我就是借助这句话想出来的。现在知道下句了吧？

生：语文好则治人，语文不好治于人。

师：大家都要记住这句话，好好学语文。比如“爱拼才会赢”，大家能不能由它产生一个新的想法，生产一句新的格言？

生：试试就能行，争争就能赢。

师：你这句话是对它的解释，还没有形成新的想法。而且形式上似乎也算不上格言。

生：不拼也不输。

师：嗯，好。有新想法，形式上也像格言了。但是，不拼是一种逃避，生活中能不能总是逃避呢？黄老师不希望大家都逃避。

有没有谁能写出一种境界更高的？要紧紧抓住这句话来思考。

生：爱闯才会拼。

师：稍微改一改，会更好。

生：爱赢才会拼。

生：爱拼不为赢。

师：非常好。有高度，有境界。可见，格言加工其实并不怎么难。

一位同学考试考得不好，在随笔中表达了很消极的情绪。他的班主任老师给他写了两句话鼓励他，我一看就是很好的格言：“生活永远没有你想象的那么糟糕……”

你们能想到后面一句话是什么吗？

生：生活只是不善于表达它的美好。

师：意思不错。但形式上和上句不相称，对举是格言的基本格式。

生：生活也永远没有你想的那么美好。

师：形式很好，是两个相对的句子。但这是鼓励吗？生活永远没有你想象的那么糟糕，生活也永远没有你想的那么美好。似乎什么也没有说。

生：生活永远比你想象的更加美好。

师：这就对了。那位同学，思想还是没有拐过弯来，在老师写的话后面又模仿老师的话也写了两句。大家想一想这位同学会怎么写。

生：生活永远比你想象的还要糟糕。生活永远也没有你想象的那般精彩。

师：看来大家也有过类似的情感历程，写的和那位同学基本一样。

格言的格式很多，最常见的就是并列对举型，也有的是递进型。比如老子就有一句堪称中国第一的名言，大家知道吗？

生：天地不仁，以万物为刍狗……

师：圣人不仁，以百姓为刍狗。——这的确是老子的话。但这句话很难懂，知道的人不是很多。意思一般理解为天地圣人任凭万物自然生长。当然，我说是第一名句，别人未必这样认为。我说的那句是“道生一，一生二，……”，后面怎么说？

生：“一生二，二生三，三生万物。”

师：这应该是大家很熟悉的名言，说不定高考要默写的。意思是：道生一，一是太极；一生二，二是阴阳；二生三，三是阴阳配合而生出的天、地、人；三生万物，万物是万事万物。当然也有不同理解。这就是递进式的。

我们班经常有同学觉得生活太无聊了，我就送他们一些格言，大家如果觉得有必要就记下来：人生就因为经常做一些无聊的事，才显得不无聊。还有一句是递进式的，希望大家能够和我一起完成：一个人无聊是无聊，两个人无聊——

生：两个人无聊更无聊。

师：这递进了吗？不错，也是一种递进，“更”就是递进，但我说的递进，最好在意思上能够有新的思考在里面。

（学生没有反应）

师：那我说出第二句，大家接着说第三句。好吗？一个人无聊是无聊，两个人无聊是浪漫，三个人无聊是——

生：三个人无聊便是无趣。

师：看来，有些同学看待生活比较低沉。我弄不懂，这么年轻看待生活怎么会这么黯淡呢？不过也有同学续写得不错的：一个人无聊是无聊，两个人无聊是浪漫，三个人无聊便是故事。我觉得很有道理。

改造格言最好的方式是转折。转折之后，就可以有一个全新的观点了。比如有一句名言，“冬天已经来了，春天还会远吗？”是谁说的？

生：雪莱的名言。

师：这句名言告诉我们什么道理？

生：现在是最困难的时候，越是最困难的时候越要看到后面的希望。

师：是的，这句话告诉我们，黑暗后面就是光明。大家能不能用转折，加一句，形成完全新的意思来？能否产生一句新的格言？冬天已经来了，春天还会远吗？然而——

生：冬天已经来了，春天还会远吗？春天来了，冬天也不远了。

师：非常好。用了转折的方法，而且产生了全新的意思。但有两个问题：一是还是显得消极了一点，二是语言还要斟酌。语言达到一个新境界，思想也会达到了一个新境界。琢磨语言的过程，其实也是在琢磨思想。

生：然而，我们还要为冬天准备。

师：意思也很好。冬天已经来了，春天还会远吗？春天来了，还要为冬天准备。但是不是不像格言了？我们写作文，尤其是写议论文，能把中心观点推敲得像格言就好了。其实写记叙文也是，把点题的话推敲得像格言那就不得了。

生：春天来了，后面还有冬天。

师：真的不简单。大家看，冬天已经来了，春天还会远吗？春天来了，后面还有冬天。多好。告诉我们，生活中永远有希望，最黑暗的时候都要看到希望，但迎来春天的时候，还要想到生活中永远还有冬天，永远还有新的挑战。

我们的教材中有一篇课文，不知大家有没有学？课文的题目是：不自由，毋宁死。这是美国人帕特里克·亨利在一次演讲中的最后一句，现在常常被人们引用。这句格言告诉我们什么道理？

生：自由很重要，自由比生命更重要。

师：你能由此引申出新的认识吗？

生：没有自由的人，也应该好好活着。

师：很好。这就是由格言产生的新的思想。能不能用相似的格言形式表达？

生：不自由，也可活。

师：不错。不自由，毋宁死；不自由，也不死。能不能在此基础上，再把思想往前推一步，能否再向前想一想？

生：身不自由，心自由。

生：要自由，无须死。

生：生命是自由的基础。

师：很好很好。要自由，无须死。多好啊！比帕特里克·亨利更有境界！生命是自由的基础。虽然格式和原句不一样，但思想提炼得也很好。生命没有了，自由的价值在哪里呢？身不自由，心自由。真正的自由就是心灵的自由，而且没有人能剥夺我们这个自由。

其实，我们还可以逆向思考，跳出来思考。是不是自由了就一定最好？大家想一想，自由了会不会死呢？

生：得自由，也会死。

师：是的。自由是宝贵的，但有时候自由带来的不是幸福而是灾难。我们在高速公路上自由了，其结果必然是——

生：事故，甚至死亡。

师：而且，有时候，自由了，死去的不是一个人，而是一个团队，一个集体，一个民族。同学们，现在你们应该看到思想的花是怎样盛开的。

4. 改造自己喜欢的格言

现在请大家对你一开始写下的格言进行改造，不管用哪种方法都可以。

（学生改造格言）

师：好，现在我交流大家改造的格言。这位同学你的格言是什么？有没有改造出新的格言？

生：顾城的“黑夜给了我黑色的眼睛，我却用它寻找光明”。——黑夜即有光明，因为黑夜就是眼睛的颜色。

师：似乎很有哲理，但我一下子还没有明白。这位“爱拼才会赢”，你如何改造的？

生：爱赢才会拼。爱拼不为赢。

师：很了不起，一下子改造出两个。这位女同学——

生：我的格言是冯唐《万物生长》中的：“我不要天上的星星，我要尘世的幸福。”我改造的是——我愿与你执手相望于星海，即使屋内的炊烟遮住了我们的眼睛。

师：你是一位很有诗意的孩子，希望你有诗意的人生。这位男同学——

生：我的格言是：己所不欲，勿施于人。我自己改造的是：人所不欲，勿施于人。

师：很机智。这位同学——

生：来而不往非礼也。不来而往胜礼也。

师：这位——

生：第欧根尼说：“不要挡住我的阳光。”我说：心灵的阳光是挡不住的。

师：很有气魄。这两位都很有气魄，都比伟人想得更深刻。

5. 把故事变成格言

师：改造格言，最重要的是提炼生活，提炼思想。因此，最有意义的，是能把对生活的认识用格言的形式表达出来。

我的一个学生毕业多年后告诉我，“黄老师，你的一句格言救了我们”。原来他们夫妻都是我的学生。高一的时候，他们就陷入了朦朦胧胧的爱情。我在班会课上给大家送了一句名言：“不要把一个美丽的童话变成一个庸俗的故事。”后来他们俩就将这份美好的感情珍藏起来，大学毕业后写成了一个美丽的故事。

现在，我给大家讲一个故事，看大家能不能根据这个故事提炼一句格言。

有一次，我去外地参加活动，由于赶一篇稿子，从家里出发迟了，我估计肯定要赶不上高铁了。结果到了车站，广播里正在通知，我的那趟车延误了，我心里松了一口气：运气不错。可是，过了一会儿，广播又说我乘的那一趟高铁延误，延误时间不明，需要改签的到……需要退票的到……我赶紧到改签窗，和人家打了招呼插了队改签了车票。没有想到，一会儿广播里又通知，我改签的这趟车也晚点了。就在我无聊地等着的时候，我原来的那趟车却来了。

听了这个故事，大家有什么感想？

生：这就是命，人有时候要认命。

师：是的，我当时也是这样想的。我在手机上写下一句话：命运不可改签。

但我后来觉得这句话太消极，有点宿命的感觉。同学们能不能帮我加一句话，更积极一点？

生：心态要时时改签。

生：且看窗外风景。

生：心态由你决定。

师：大家的心态都比我好。我后来想的一句是，生活可以选择。我们班有一位同学加得也很好：命运不可改签，生活因意外而精彩。

同学们，用好格言，不仅仅是引用它们来证明自己的观点；更重要的，是要借助格言学会智慧的表达，提炼自己的思想；如果能够从事件中，从生活中，提炼出属于自己的格言，那就更好了。

最后，布置一个作业。选择你喜欢的格言进行改造，也可以选择由一个事件提炼出有一定哲理的格言；然后以这句格言为主旨写一篇作文。